はじめての
アメリカ法

INSPIRING AMERICAN LAW

★

HIGUCHI NORIO
YUHIKAKU

樋口範雄

有斐閣

目　　次

授業を始める前に ————————————————— 1

▶ アメリカ法を中心にすること（2）／　英語を交えること（3）
／　具体例に則して話を進めること（5）

第1部　アメリカの契約法

第1回　契約書を読もう ——————————————— 10

1　はじめに　10

▶ 井戸水供給に関する契約書（10）／　契約書の欠陥（13）

2　契約とは何か　15

▶ 契約の役割（15）／　翻って日本では（18）／　契約と
contract（20）

第2回　WとBの隣人訴訟 ——————————————— 24

1　WとBの争い　24

2　裁判の流れ　26

▶ Wの訴状（26）／　Bの対応（28）／　陪審審理（30）／
説示の内容と陪審の評決（32）／　その後の経過（33）

第3回　判決文を読もう ——————————————— 37

1　WとBの事件の最高裁判決　37

▶ 弁護士は法律を知っている人ではない（39）／　最高裁判決に
戻ると（42）／　法はどこにあるか（45）／　成文法対判例法
（47）

2　日本とアメリカの隣人訴訟　50

▶ 日本の隣人訴訟（51）

第4回　約因法理とは何か ——————— 56

1　はじめに　56

2　約因とは　58

  ▶ Mills v. Wyman（1825）（59）　／　Hamer v. Sidway（1891）（60）　／　2つの判決を比較すると（62）　／　将来の交換取引を契約法で保護する理由（63）　／　叔父と甥の約束のケース（65）　／　約因の機能（67）

3　約因の定義　69

第5回　契約を破る自由 ——————————— 73

1　はじめに　73

  ▶ 自転車工場の悩み（73）

2　日本での対応　76

  ▶ 学会報告の顛末（77）　／　大銀行の合併事件（80）

3　アメリカ契約法におけるルール　81

  ▶ 具体的なルールの数々（84）　／　その理由は（86）

第2部　アメリカの不法行為法

第6回　不法行為法と過失責任主義 ——————— 92

1　はじめに　92

2　子どもの三輪車事件　95

  ▶ 三輪車の事故（96）　／　三輪車事故訴訟の分析（99）

第7回　泥棒にも三分の理 —故意と過失— ————— 106

1　はじめに　106

2　泥棒へのショットガン・トラップ　107

  ▶ 日本でなら（108）　／　アメリカの議論（109）

3　故意と過失　112

4　大火の教訓　116

第8回　2つのマクドナルド事件 ─────── 120

1　はじめに　120

2　マクドナルド・コーヒー事件　120
- ▶ コーヒー事件の概要（122）　/　クレージーだと思わせる点（124）　/　訴訟の後（127）

3　マクドナルド・肥満訴訟　128
- ▶ 手続上の小さな疑問点（131）　/　肥満訴訟の影響と意義（134）

第3部　アメリカの司法制度

第9回　コモン・ローとエクイティ ─────── 140

1　はじめに　140

2　コモン・ローとエクイティの区分の現代的意義　141
- ▶ 判決（142）　/　この判決の意義（143）

3　イギリス法の歴史概観　146
- ▶ アングロ・サクソン時代──コモン・ロー成立以前（146）　/　コモン・ローの成立──14世紀まで（148）　/　エクイティの生成と発展──14世紀から18世紀（150）　/　現代へ──コモン・ロー裁判所とエクイティ裁判所の統合（153）

第10回　陪審と裁判員 ─────── 157

1　はじめに　157

2　裁判員制度との違い　158
- ▶ 裁判員と陪審の違い（160）　/　服部君事件（161）

3　アメリカの陪審制　166
- ▶ 独立前の2つの歴史的事件（167）　/　陪審制の概要（168）　/　陪審制に対する賛否の議論（170）

第11回　三浦事件と二重の危険 ─────── 178

1　はじめに　178

2 二重の危険（double jeopardy）181

▶ 二重の危険の意義（181）／ 他の裁判権の行使と二重の危険
——連邦の立場（184）／ 他の裁判権の行使と二重の危険——
州の立場（186）／ カリフォルニア州の判例（189）

3 まとめ　191

第12回　アメリカの弁護士・法律家 ——————— 196

1 はじめに　196

▶ 2009年連邦最高裁では（196）／ ソトマイヨール裁判官を紹
介する演説（197）／ 連邦裁判所の構成員（201）

2 アメリカの弁護士　202

▶ 弁護士と広告（203）／ 直接勧誘の禁止（206）／ 弁護士
のイメージ（207）

3 法曹倫理　209

第4部　アメリカの憲法

第13回　アメリカの独立と合衆国憲法 ——————— 214

1 はじめに　214
2 独立宣言とアメリカ法の成立　216

▶ アメリカ法の形成（218）

3 アメリカ合衆国憲法の制定　221

▶ アメリカ合衆国憲法を見る（222）／ 前文（223）／ 第1
編（224）／ 第2編・第3編（226）／ 修正条項と人権規定
（228）

第14回　違憲審査制 ——————————————— 231

1 はじめに　231
2 Marbury v. Madison（1803）232

▶ 事件の背景（233）／ マーシャルの発想（235）

3 Dred Scott v. Sandford（1857）237

▶ 事件の背景（238）

4 Lochner v. New York（1905） 240
▶ 事件の背景（241） ／ 差別を禁ずるための（242） ／ ロクナー判決（243）

第15回　実体的デュー・プロセス ———————— 248

1 はじめに　248
▶ 設例（250）

2 ロクナー時代の実体的デュー・プロセスとその終焉　251
▶ ロクナー時代の終焉と憲法革命（252）

3 実体的デュー・プロセスの新たな活躍の場面　254
▶ 実体的デュー・プロセスの復活（255） ／ 婚姻と家族のあり方に関する自己決定権（256） ／ 妊娠中絶の自由（259） ／ 医療の場面での自己決定権（262）

授業の終わりに ———————————————— 269

判例・法令索引（273）　／　事項索引（276）

授業を始める前に

　万葉集の学者として名高い犬養孝さんに『万葉の人びと』という名著があります[1]。これは NHK で 15 分ずつ 37 回にわたって万葉集について語ったものを，できるだけそのままの形で文章化したものだそうです。文庫になったものには，五味智英教授の解説が付されていますが，そこには，万葉ブーム，あるいは明日香ブームといわれる中で，万葉集についても数え切れないくらい著作があるものの，「その筆者が果たして万葉が好きなのかどうか分からないことが多い。が，著者は明らかに万葉が好きである」とあり，それはこの一連の講演の語り口にはっきりと現れているというのです。

　私は，30 年以上，英米法の研究をし，いくつかの大学で英米法という名前の講義もしてきました。その中で，そもそも英米法という講義がなぜあるのかが少しずつわかってきたような気がしてきました。本書はそれを伝えようとする試みです。犬養先生には及びもつかないでしょうが，できれば，英米法について考えることが意外なほど面白いこと，その面白さがどこから来るのかを考えることの意義を語ってみようと思います。

---

　1)　犬養孝『万葉の人びと』（新潮文庫・1981 年）。なお，本書では特に重要な語句等をゴチック体にしたり，下線を付けたりします。引用文についてそうする場合でも，それらは原則として私が付けたものです。

以下，私が実際に行ってきた授業の一端を 15 回に分けて記すことにしますが，最初に，この一連の講義（あるいは語り）の約束事を決めておきましょう。

▶ アメリカ法を中心にすること

　英米法というのは，実は英国（イギリス）法＋米国（アメリカ）法という意味ではありません。英語で Anglo-American law という言い方はむしろ例外で，通常は，**コモン・ロー（common law）**と呼びます。それは元々イギリスで発展し，イギリスが世界中に植民地を持ったために広がったイギリス法を中心とする法体系を指す言葉なのです。アメリカも元はイギリスの 13 の植民地から発展したので，もちろんアメリカ法も入ります。カナダやオーストラリアやシンガポールなども英米法の仲間です。仲間でないのは，たとえばフランス法やドイツ法で，これらヨーロッパ大陸の国々の法は，元々，ローマ帝国の法を継受したと考えられている点で共通性を持ちます。それに対し，イギリス法はローマ法と無関係に発展したとされるのです。そこで，自由主義，あるいは資本主義国の法は，英米法系とヨーロッパ大陸法系の 2 つの系列に分かれることになります。

　日本は明治期に法の近代化を図ることにしたとき，主としてドイツやフランスの制度を参考にしました。日本法は，基本的に大陸法系に属しているのです。

　そこで 2 つのポイントが出てきます。英米法を学ぶと，必ず「日本ではそうではないのに」と思うような違いが目につくだろうということです。そこに英米法を学ぶ意義や面白さが見いだせるかもしれません。

　もう 1 つは，英米法を学ぶというのが，英米法に属する国の 1

つひとつの法を吟味するという意味ならそれはほぼ不可能だということです。そうではなく，同じ系列だというのであれば，そこにまさに共通な要素（common law と呼ぶにふさわしい特色）があるはずで，それに注目するというのが，通常の英米法の授業の目的になります。そして，その系列のどこにでも見られる特色を抽象的に追いかけるのではなく，まず特定の国に焦点を当てて考察するほうが容易で話が具体的になってわかりやすいはずであり，私の授業では，アメリカ法を中心にしています。大きな理由は，私自身がアメリカで勉強した経験があり，長い期間ではありませんが生活したこともあるため話がしやすいからです。そういうわけで，この本のタイトルも『はじめてのアメリカ法』になりました。ただし，そうはいっても，アメリカ法はイギリスから始まっており，イギリスから何を受け継いだのか，それにもかかわらずどのような点が違うのかも，講義の中で触れることがあります。

▶ 英語を交えること

　アメリカ法を語るのですから，どうしても英語が交ります。英語が入るのは，英語の好きでない人には少し抵抗があるかもしれません。プライバシーやインフォームド・コンセントなど英語の法律用語がすでにそのまま入っていることの多い日本では，英語の法律用語に慣れるのも実は大切なことですが，それ以外にもっと重要なことがあります。それは日本語だけでアメリカ法の話を聞いていると，知らず知らずに法律用語も法律観念も同じだと誤解しかねません。原語を交えると，少なくとも読者に警告信号を発することができます。日本での思い込みが必ずしも通じないという事実に気づくきっかけになります。

　たとえば，"supreme court" は通常の辞書では「最高裁」です

が，ニュー・ヨーク州だけは第1審の裁判所をこう呼びます。"supreme court" と「最高裁」が1対1で常に対応しているのなら，原語を付ける必要もないかもしれませんが，それはありえません。何しろ違う言語で違う国の法制度が運用されているのですから。そういう点を意識していれば，次のような明白な誤りを発見することが容易になります。

2001年のいわゆる9.11のテロで犠牲になった日本人について，「ニューヨーク州最高裁は2002年1月14日，死亡を宣告」と伝えた新聞記事がありました。残念なことに死亡があまりに明白だったため早期に死亡宣告がなされたわけですが，それだけ明白だったからには最高裁まで上告されて争われたはずがありません。これは，日本の記者が，"supreme court" といえば「最高裁」と，何も考えずに思い込んだからです[2]。

もっと微妙なものは，たとえば「契約」というごくありふれた概念にもあてはまります。英語では "contract" ですが，本当に "contract" は「契約」なのだろうかと自問してみる必要があります。そういうことをいえば，実は，法＝law なのだろうか，権利＝right なのだろうかということ自体が問題です。アメリカ法を

---

2) さらにこの小さな記事からは，いくつも発展事項があります。1つには，わが国では民法上，家庭裁判所による失踪宣告という制度があるが，この事件のような特別なケースでも1年は待たねばならないこと（特別失踪という制度，民法30条2項）。それに比べて，ニュー・ヨーク州の裁判手続が早いこと（この事件ではテロの4カ月後です）。2つめには，逆に日本では，家庭裁判所での失踪宣告を得なくとも認定死亡という制度があり，死亡の原因となった事件を調べた官公署から市町村に報告がなされ，戸籍上死亡（推定）となり，相続も始められる制度があること（戸籍法89条）。実は1年待って失踪宣告を求める必要がないのです。しかし，アメリカでは，遺体が見つからないようなケースで，裁判所の手続がないのに人が死亡したとされてしまうことはありません。それは裁判手続が身近であることや，行政よりも裁判への信頼を象徴しているかもしれません。

語るうちに，日本でいう「法」とは何か，「権利」とは何かがきっとあらためて問題になるに違いありません。そのためには，原語での表現や少なくとも判例などの法律文書の原文を参照してみるのが助けになります。

　もう1つだけ例を挙げましょう。日本語で，ある人が「特権」を有するというのと，「権利」を有するというのでは，どちらのほうが法律的に見て手厚い保護を受けていると思いますか。

　人によっては，「権利」の上に「特権」が認められているというので，日本語だけで考えると「特権」の方が優越的な地位にあるように考えないでしょうか。

　英語では，「特権」は "privilege"，「権利」は "right" です。そして，憲法上のデュー・プロセス（この場合は適正手続と訳すことができます）による保護は，前者にはないが後者にはあると，かつて長い間説かれてきました。要するに，「権利」の方が「特権」よりも上にあるのです。「権利」は簡単に奪うことのできないもの，それに対し「特権」は簡単に奪われても仕方のないものなのです。日本語の翻訳だけで考えるのは危険だと思いませんか。

　そうはいっても，あまりに多く英語が交ると辟易する人もいるでしょう。多用はしませんから，そういう人も，慣れればこの程度なら何とかなると考えておつきあいください。

▶ 具体例に則して話を進めること
　英米法の泰斗に田中英夫教授がいます[3]。その著書の1つに

────────
　3) 田中教授は1992年に亡くなられましたが，大著『英米法辞典』（東京大学出版会・1991年）を編纂されるなど，わが国において英米法を知るための基礎を充実させる努力を積み重ねられた人であり，『英米法総論(上)(下)』（東京大学出版会・1980年）は今でもこの分野の基本書です。

『実定法学入門』という本があり，1965年に刊行されました[4]。
法学入門という書物は多数あるのですが，この本はその当時，類
書のない斬新なものでした。それは，法とは何かを概念的に論ず
るのではなく，何よりも具体的な判決文を読むことから法につい
て考えてもらおうとしたものでした。田中先生自身が，「畳の上
の水練ではなく，まず水に入ることから始めないといけないのは
法律学も同じ」と語っています。そこで，この本の読者にはいき
なり具体的な事件の判決文を読む機会が提供され，それについて
いくつかの設問が出されて，読みながら考える本になっています。

　現在ではわが国でも法科大学院が数多くできて，そこで用いら
れている教材は**ケースブック**（casebook）と呼ばれることもあり，
具体的な判例や設例と質問や課題が並ぶ形式になっています。学
生はそれを予め読んで一定の理解をしていることを前提に授業が
行われるのです。

　驚くべきことかもしれませんが，アメリカでは大学に法学部は
ありません。法律を学ぶ人は将来弁護士その他の専門法曹になろ
うとする人たちであり，大学で法律学以外の学問を学んだ人，す
でに何らかの学士号をもつ人が，**ロー・スクール**（law school）と
呼ばれる3年制の専門職大学院に入って，初めて法律を学ぶので
す。しかも，そこでは，まさにいきなり判決文が教材となって毎
回の授業が行われます。教材はケースブックと呼ばれ，この
caseとは判例・判決のことです。

　田中英夫著になる『実定法学入門』は，まさにそれを日本でも
行おうとしたものであり，1965年時点では本当に斬新な試みで
した。実定法学とは，ある社会で実際に行われている法に関する

4）　田中英夫編著『実定法学入門』（第3版・東京大学出版会・1974年）がま
だ現在でも刊行されています。

学問という意味であり，学者の頭で整理したことを中心に体系づけられた法律学ではなく，「現実の法」を学ぶための，あるいは「現実の法」を素材として，法とは何か，法はいかにあるべきかを，学生1人ひとりが考えるための教材を作ろうとしたのだと思われます。

　本書でもその驥尾に付して，できるだけ具体的な問題や判例を通して，アメリカ法について考えることにします。

　さて，あまりにも序文が長すぎたかもしれませんね。いよいよ，第1回では，アメリカにおける契約の意義を考えてみましょう。

●・　蛇足ですが　・●

　本書では，脚注を使います。従来，縦書きの日本語の教科書や論文では，注は，たとえば1章の最後に置かれ，本文にある注と対照するのが容易ではありませんでした。ところが，英語は横書きなので，アメリカの教材や論文ではfootnote（脚注）方式です。同じ頁の下（foot）に注もあるので，本文の記述に何か補足事項やその典拠があり，それを見たいと思うときには本当に便利です。しかし，こうやって日本語は横書きでも表現できて，脚注方式だってわがものにできる，これはもしかしたら日本の柔軟な対応能力を示す例かもしれません。問題は，法や裁判が同じように柔軟な能力を示しているか否かです。

　なお，読者でいちいち脚注を見るのが面倒な人は本文だけ読んでください。本文には本文の流れがあるはずで，脚注をそのたびに見ているのでは「流れに棹さす」，いけない，これは誤用だそうですね，正しくは「流れに逆らう」ことになりかねません。気楽に本文だけお読みください。

第1部	★

アメリカの契約法

第1回	契約書を読もう
第2回	WとBの隣人訴訟
第3回	判決文を読もう
第4回	約因法理とは何か
第5回	契約を破る自由

INSPIRING AMERICAN LAW

第1回

契約書を読もう

1　はじめに

　アメリカのロー・スクールでは3年制の1年目はすべて必修科目を学びます。通常の必修は6科目で，契約法，不法行為法，財産法（物権法），民事訴訟法，刑法，憲法です。前にも述べたように，1年生はまだ法律学を学んだことはありません。その1学期の最初からこれらの必修科目が始まりますが，ある契約法のケースブックでは，次のような契約書から授業を始めます[1]。言い換えれば，参加者はこの契約書を読んで考えてくることが求められます。

▶ 井戸水供給に関する契約書

　1962年11月28日，ベンコウスキー（Benkowski，以下，Bとします）およびその妻と，ホワイト（White，以下，Wとします）およびその妻との間で，Bが所有する不動産にある井戸から隣地の所有者Wに井戸水を供給することに関し合意がなされ，次の

---

1)　R. Summers & R. Hillman, Contract and Related Obligation 5 (5th ed. 2006). 2人の著者はコーネル大学ロー・スクールの教授です。以下の記述は，樋口範雄『アメリカ契約法』5頁以下（第2版・弘文堂・2008年）に基づいています。

ように契約することにした[2]。

---

1. Bは，Wの家屋に，1962年11月から10年間，水を供給する。
2. Wは，それに対し月3ドルを毎月初めに予め支払う。さらにWは，上記の井戸水供給システムに要する維持費および修理費の2分の1を負担する。モーター，タンクその他の付属品の取替えに要する費用も同様とする。
3. 本契約は，地方自治体によって上水道が提供された場合，現在ある井戸が枯渇した場合，2軒の家に水を供給するのが不適当になった場合，Wが自ら井戸を掘った場合のいずれかの状況が発生した場合には，無効となる。
4. 第1項に規定する10年の期間が終了した後については，Wは本合意を更新する選択権を有する。
5. 本合意は，両当事者の権利の譲受人，相続人，遺言執行者，遺産管理人などすべての権利の承継者を拘束する。

　　両当事者の署名

さて，問題です。「この契約書に何か欠点があるでしょうか」。

少し背景となる事実を説明しましょう。Wは住宅ローンを組んで不動産を購入しました[3]。所はウィスコンシン州ミルウォー

---

2) ケースブックでは，BもWも実名が掲げられています。そうです，これは本当にあった契約なのです。日本では，判決文ですら教材にするときに仮名にするのが普通になりました。プライバシーだというのですが，その言葉の発祥地であるアメリカでは，判例であれ論文であれ教材であれ，裁判の紹介は実名のままです。私自身は，日本のやり方には再考の余地があると思います（第3回の蛇足参照）。

3) アメリカでは土地と建物を区分して登記することはありません。この場合，1戸建て住宅を購入したということです。建物は土地に付随するもので一体として扱われます。わが国のように，土地と建物がまったく独立して登記の対象となる制度がどこから来たのかや，異なる制度の利害得失の比較は面白いテーマとなりえます。

キーの郊外，時代は 1962 年のことです。この購入には 1 つだけ残された問題があり，それはこの地域に上水道が引かれていないことでした。近隣では皆，井戸を掘って生活していたのです。ただし，それには相当深く掘る必要があり，ローンを組んで高い買い物をしたところなので，W はどうしようかと考えました。すると，不動産業者の A が，隣の B に話を持って行き，うまく話をまとめてくれたのです。パイプをつなげば親切にも水を分けてくれるというのです。そこで，不動産業者が作ってくれたのが先の契約書で，両家は何の異議もなく署名しました。不動産業者は法律家ではありませんが，不動産の仲介に絡んで相当の法律知識は持っており，この契約書も原文を見ると，いかにも契約書らしい法律用語が並んでいるものでした。

　ポイントは，契約書を作成した不動産業者も，まさにそれによって利害関係を有することになる当事者 B も W も，これを読んで何ら疑問に思わなかったところです。おそらく，ロー・スクールの 1 年生として最初の授業でこれを読んでいる学生も大半はこれで問題ないと思うでしょう。実は私もそう思いました。

　ところが，アメリカの弁護士がこの契約書を見ると，問題が多いというのです。そこで学生は学び始めます。非法律家とは考え方を変えなければならないと。法律家の考え方のことを日本ではリーガル・マインド（legal mind）と呼びます。アメリカでは，このような言い方をすることは少なく，"think like a lawyer（弁護士のように考える）" ともっと直接的な言い方をします。そして，先の契約書を見て，弁護士ならこれは素人が作った契約書だと考えるというのです。そこで，おそらくこのケースブックを使った授業であれば，先生は学生たちに尋ねます。先ほどの質問を。「この契約書に何か欠点があるでしょうか」。

そういわれれば，アメリカの学生たちも考え始めます。そして何らかの欠陥を指摘します。本当は，それまでは欠陥など意識しなかったかもしれないのに。しかし，それが弁護士になる第一歩です。素人と同じように考えるのなら専門家は不要だからです。

▶ 契約書の欠陥

先の契約書は，一見，完璧です。各当事者の権利（債権）と義務（債務）がそれぞれ明確であり，システムに故障があった場合，上水道が引かれるなど事情変更があった場合にもある程度対処し，さらには当事者の交代まで考えています。もちろん契約の存続期間や，その後の更新条項まで付いています。しかし，アメリカの弁護士が一読すればまだまだこれでは不十分と考えます。ここでは水の供給を受ける W の弁護士になったとして考えてみましょう。

第1に，想像力が必要です。たとえば，市の水道が引かれるとこの契約はただちに終了という意味です。しかし，水道はカルキくさいかもしれません。水道料が非常に高いケースも考えられます。それでも契約上は井戸水はあきらめねばなりません。そうであってもいいと思って契約書にサインしているのかどうか，弁護士なら W に確認します。

また，W は 10 年後に更新権が認められており，普通ならこれはさらにもう 10 年と解釈されるので，W は 20 年間の保証を得たことになります。しかし，不動産を購入して居住することを考えると，実は 20 年以上そこに住む可能性があります。20 年後はどうするのか。そこまで決めておかなくともいいと確信してこの契約を結ぶのであればいいが，その後についても定める機会（チャンス）は今だと弁護士なら助言するでしょう。

あるいは，この契約には水質について定めるところがありません。何らかの原因で水が汚れても，契約上は一定の代価を支払わねばならぬというのがこの契約の趣旨です。それでいいのか，と弁護士ならきくでしょう。

第2に，この契約がフェアな内容かについてもアメリカの弁護士は言及する可能性があります。まず，使用量に制限がなく，水の代金も一定に見えます。10年どころか，Wには更新権があるので20年保証されているという解釈も可能です。しかし，実際に契約が始まり，Wが使い放題に水を使い，消費者物価も上昇しているのに同じ代金で何年もその権利を享受しているというのは，W側に有利に見えますが，実はそうではありません。何よりもWには水が必要であり，本件ではBにとっておそらくその代価は生活の基盤になっていません。言い換えれば，Wにとってこの契約に関する紛争は生活自体を脅かすのに対し，Bにとってはそうではありません。そして，紛争はどちらかの当事者がこの取引はアンフェアだと思う場合に起こることが少なくないのです。そうだとすると，アメリカの弁護士であれば，条件を改めて，使用量に応じた対価や，消費者物価指数に応じた増減を定める条項を入れておくのがよいとWに助言する可能性があります。それが何より大事な紛争予防（preventive law＝紛争を予防するための法）につながるからです。

第3に，弁護士は紛争についての専門家であり，アメリカの弁護士なら，今述べたように，まず第1には紛争が生じないようにすること，第2には紛争が生じたらどうするかを考えます。たとえば，この契約では，Wに一方的に有利に見える条項がある点は紛争を引き起こす誘因になりやすい点です。他にも，「2軒の家に水を供給するのが不適当になった場合」に契約が終了すると

いう条項などは，inadequate（不適当）という文言があまりにも曖昧な概念なので，互いの考えの違いを生み出しそうです。したがって，できるだけ契約条項を明確に，かつフェアにと考えます。誰のためかといえば，W の弁護士ですから W のためです。W に有利なら W のためになると簡単に考えないのが，弁護士の弁護士たるゆえんです。

それでも紛争が生じ，争いが長引けば，それは W の利益になりません。水がストップした状態が続けば W の生活に大きく影響するからです。そこで，W の弁護士であれば，何らかの紛争が生じたときにもすぐに解決のできる条項を予め入れておくよう助言するでしょう。たとえば，違反をした当事者が予め定められた損害賠償金を支払うことで解決するという条項（これを**損害賠償額の予定条項**＝liquidated damages clause といいます）を入れておくとか，紛争について簡易に判断する手続（ADR：alternative dispute resolution＝**代替的紛争解決**）条項を定めて，紛争仲裁を誰に頼むかを決めておくことなどです。

2 契約とは何か

▶ 契約の役割

以上のように，アメリカの弁護士が介在した後の契約は，次のような性格のものになります。

①何よりも契約はプランニング（計画・企画）の手段です。何のプランニングかといえば，大きくいうと人生のプランニングです。W にとっては水を安定的に確保する必要がある。それをきちんと計画立てて考えるということです。

そのためには未来への想像力が必要になります。契約は当事者

の合意を確認するだけの確認書ではありません。それ以上に，当事者が今は考えていないような点まで弁護士の助言を得て考え，将来のリスクを，当事者同士で予め明確かつフェアに配分する道具です。

　今予想されている範囲での互いの義務の履行（performance）をきちんと行うための取決め（これを performance planning と呼びます）だけでなく，将来起こるかもしれない事態（risk）についてもできる限り明確に定めて，将来の紛争を未然に予防しておく手段なのです（こちらを risk planning と呼びます）。

　②その結果，アメリカの契約では，明確さと詳細さがその特色になります。いい加減に決めておくこと，あるいはまったく決めておかないことは，プランニングと呼ぶに値しません。明確さと詳細さが必要なら，当然，契約は書面化されるでしょう（今なら電子書面でしょうが）。また，Wにとって，契約で定められている義務は（義務だけは）その責任であり，それ以上の責任はありません。契約は，責任を基礎づけるというより，明確に責任を限定する道具なのです。それは相手方のBにとっても同じことで，それぞれ自己責任で契約を結んでいるのです。

　日米間の取引に精通し，多くのアメリカ人の弁護士を友人に持つ日本の高名な弁護士が，かつて契約書の作り方や解釈について，次のように語ったことがあります[4]。契約書にA，B，Cが将来生じた場合，効果はXと定め，実際に起きたのがDだとすると，しかも，DはA，B，Cと同種だとすると，日本では当然その場合の効果もXだと考えられるが，アメリカの弁護士は「Dについては書かれていない」という。非常に形式的な態度をとるのが

───────────
　4)　樋口・前掲注1) 357 頁以下。

理解できない場合があるというのです。しかし，アメリカの契約が明確かつ詳細なものであるのなら，そこに書かれていないことは，まだプランニングされていない事柄と考えるのです。両当事者がDについてXだというのなら問題ありませんが，意見の相違があるのなら，それはまだ合意されていないことであり，第三者（たとえば裁判所）が勝手に解釈と称して意味を付け加えるべきものではありません。

　③つまり，契約は当事者のものなのです。私的自治とか契約の自由という観念が，アメリカでは愚直に信じられているということなのです。自らの人生を，誰に強制されるのでもなく自ら考え，計画立てて実現していく，そのための手段なのです。

　そのプラスの積極的イメージは，契約が win-win game（**両方勝者のゲーム**）と呼ばれることで倍加します。通常のゲームは，野球であれサッカーであれ，zero-sum game（合計がゼロになるゲーム）です。一方に勝者がいれば，他方には敗者がいます。一方の3勝1敗は他方の1勝3敗であり，合計はゼロになります。しかし，契約は違います。

　たとえば先の契約では，Wは水を得て，Bはその代価を得ることができます。どちらも満足しており，契約によって今までよりよい状態になりました。少し見方を変えて，井戸やその付属設備も，この契約のおかげで，従来ならB一家だけを満足させていただけだったものが，今度はWの家にも供給できるようになり，従来より効率的な利用が図られるようになったのです。しかも，誰に強制されるのでもなく，当事者自らがそのような合意をしているのです。どこにも敗者はいません。これをすばらしいといわずに，何というのでしょうか。

　大きなことをいえば自由主義を基本とする資本主義社会は，こ

のような考え方によって動いているのです。アメリカ社会はそういう意味での「契約社会」です。

▶ 翻って日本では

どうですか，日本の「契約」とアメリカの "contract" は同じものでしょうか。ここでは日本の契約について３つのエピソードをまず紹介しましょう。

イ）　オリンピックのボイコットと放映権契約

かつて冷戦の影響でオリンピックがボイコットされた事件が２回ありました。最初は 1980 年のモスクワ・オリンピック。アメリカその他が参加せず，日本も参加を見送りました。続いて 1984 年のロサンゼルス・オリンピック。今度は，当時のソ連・東欧諸国がボイコットしました。そのロサンゼルス・オリンピックの際に，ボイコットがはっきりし，国際オリンピック委員会と放映権契約を結んでいた日本の放送局は，事情変更が生じたからといって放映権料減額を申し入れたのですが断られたそうです。アメリカのテレビ局は，契約中にボイコット条項を入れていたので自動的に大幅に減額されたのに。何億円か何十億円か，ともかく日本側が支払わずに済んだはずなのに支払った金額は，結局，回り回って消費者に転嫁されたはずです。

ロ）　がん告知をめぐる最高裁判決

2002 年，最高裁は医師ががんの告知をしなかった秋田県のケースで，患者の遺族に救済を認める初めての判決を出しました[5]。次が主要な判示部分です。

「ところで，医師は，診療契約上の義務として，患者に対し診

---

5)　最判平成 14・9・24 判例時報 1803 号 28 頁。

断結果，治療方針等の説明義務を負担する。そして，患者が末期的疾患にり患し余命が限られている旨の診断をした医師が患者本人にはその旨を告知すべきではないと判断した場合には，患者本人やその家族にとってのその診断結果の重大性に照らすと，当該医師は，診療契約に付随する義務として，少なくとも，患者の家族等のうち連絡が容易な者に対しては接触し，同人又は同人を介して更に接触できた家族等に対する告知の適否を検討し，告知が適当であると判断できたときには，その診断結果等を説明すべき義務を負うものといわなければならない」。

　要するに，医師と患者の間の契約によって医師の責任が発生するというのです。そして，これは最高裁ばかりでなく，日本の法律家は，医師患者関係が契約関係であることに疑問を感じていないのです。しかし，果たしてそれは契約なのでしょうか。いくつかの疑問を提起してみましょう。

　1つめ。この判決では，医師は，会ったこともないかもしれない家族に対し「診療契約に付随する義務」を負うことになっています。2つめ。その義務の内容ははなはだ曖昧です。告知の適否を検討し，それが適当だと思うのなら説明すべき義務を負うというのですから。3つめ。医師患者関係が契約だといっているのは法律家です。当事者である医師や患者が自らの関係を契約と考えているのか，契約と考えたいと思っているのかは大いに疑問です。むしろ契約だとは思いたくないという傾向が強いといわれます。契約というと「ドライで冷たい」感じがするからです[6]。それなのに法律家は……。

---

　6)　これについて詳細は，樋口範雄『医療と法を考える──救急車と正義』9頁（有斐閣・2007年），同「医師患者関係と契約──契約とContractの相違」棚瀬孝雄編『契約法理と契約慣行』77頁（弘文堂・1999年）。

ハ）　誠実協議条項

　日本の契約書には，次のような**誠実協議条項**が置かれることが多いといわれます。

　「本契約に定めのない事項，または本契約について甲乙解釈を異にした事項については，双方誠意をもって友好的に協議のうえ解決する。」

　この条項では，何ら明確なことは定められていません。解決されない場合どうなるかもわかりません。どの程度の「誠意」が必要かもわかりません。

　そればかりでなく，アメリカの弁護士ならこれはアンフェアだと考えるかもしれません。というのは，実際に何か予想外の事態が生じた場合，両当事者に平等に影響が及ぶのではなく，どちらか一方が不利な（相対的に見てより困った）状況に陥っていることが多いからです。そうなった時点で「誠実に」協議するといっても，それは強者と弱者の協議になります。そういう状況になるのを放置していること自体がアンフェアです。

▶ 契約と contract

　このように見ると，アメリカの契約（contract）と日本の契約は同じだといえるでしょうか。アメリカとの対比では，次のような点が問題となるでしょう。

　まず，契約が自分で決めたものであり，自らの将来に向けたプランニングの手段だという意識が少ないとすれば，日本での契約は何のためのものなのでしょうか。本当に私的自治の手段なのでしょうか。

　次に，アメリカに比べて，日本の契約が明確でも詳細でもないとすると，曖昧な部分はどうするのかが問題になります。それは，

実際には契約以外のもので決まることになります。そして，自らの責任が契約で書かれている範囲だけともいえなくなります。契約によって責任限定がされるわけでもないのに，「契約を結んだのだから」といわれて思いがけないことまで自己責任とされる可能性はないでしょうか。

最後に，契約に，win-win game というような前向きのプラスのイメージがあるでしょうか。そうであるなら，どんどん契約を結びましょう，というのが社会の方針になります。しかし，そうでないのなら，契約を結ぶことには慎重にならざるをえないでしょう。

しかも問題を複雑にするのは，わが国では，民法典だけで性質の異なる契約類型を13用意し，それにあてはまらないものは無名契約といって，まさにさまざまなものがあるとされていることです。アメリカだっていろいろな契約があるはずだといわれそうですが，少なくともアメリカでは両当事者にとって取引やプランニングの手段としてのものだけが契約とされているので，贈与や委任は契約とされていません。

日本でも「契約社会」という言葉が用いられることがあります。しかし，アメリカの契約社会と同じ意味だとするのにはくれぐれも注意が必要です。

次回は，WとBの契約から生じた紛争をテーマに，それを解決する裁判について考えてみましょう。

●● 蛇足ですが ●●

契約の中で「5. 本合意は，両当事者の権利の譲受人，相続人，遺言執行者，遺産管理人などすべての権利の承継者を拘束する」という条項がありましたね。日本の法律家なら，相続人はともか

く，契約で，その契約の当事者ではない第三者，具体的には不動産の譲受人を拘束することなどできるはずがないから，この部分は無効だと考えるかもしれません。アメリカでは必ずしもそうではありません。

　日本的リーガル・マインドでは，「契約は債権関係であり，第三者にまで効力を及ぼすのは物権であって，契約で物権を作ることはできない。**物権法定主義**というものがあり，物権は当事者の自由に作ることが許されず，法律で認められたものだけに限られている」と考えがちです。

　しかし，そういうマインドを捨てて，当事者の立場になって考えてみてください。今回結ばれた井戸水供給契約は両当事者の満足のいくものである，そうだとすると，何らかの事情で相手が引っ越すと無意味になるのでは困る，と考えるのではないでしょうか。とりわけ W の方は。そうだとすると，それを実現するための「契約」が必要になり，それこそがあの契約だったのです。それならと，法もそれを支援して当然ではないのでしょうか。

　ところが，日本的リーガル・マインドには，どうやらまず概念があるようです。契約とは，債権とは，物権とは，というような概念があり，現実の契約をそれに適合させて，あてはまらないものを切り捨てるという感じがします。

　アメリカ法は，先ほどのような条項に一定の需要があることを認め，restrictive covenant（制限的土地利用約款）として法的保護を与えます。具体的には，このような井戸水供給契約が付属している不動産の譲受人が，それを知っている限り，この契約の効果を否定することができません。つまり効果を持ちます。そこに物権であるとか債権であるとかいう理屈はありません。そもそもこの条件を主張する相手との関係で効果が認められればよいので，

あらゆる第三者に対抗する権利というような大上段の議論をする必要がありません。ただし，まったく善意の譲受人には効果が及びません。そこで，Wの立場からすると，あの契約の中に，Bが不動産を第三者に譲渡する場合，井戸水供給の義務が付随することを必ず伝えるよう義務づける点を明示し，それに違反した場合の救済条項も記しておくことが考えられます。

　ともかく最大のポイントは，契約は法律概念でもありますが，アメリカでは法律家のものではなく，当事者がそれを使って生きていくための道具だということです。法の役割はその道具を使いやすいように配慮することです。

> **今回のポイント**
>
> 　契約といえば，どのようなイメージを持つでしょうか。アメリカの contract は契約と訳されますが，実は相当に違ったものをイメージしているかもしれません。「異国」ですから当然ですね。

第2回

ＷとＢの隣人訴訟

1 ＷとＢの争い

前回の第1回ではアメリカの契約書を見てみました。今回はその続編です。残念なことに，井戸水の供給契約を締結したＷとＢの間で，その後紛争が起こります。しかも，裁判となってウィスコンシン州最高裁まで争うのです。その経緯を語りながら，今回は，この紛争を解決するためのアメリカ法の性格がどのようなものか，手続がどうなっているのかを説明することにします。これは一種の隣人訴訟ですが，わが国にも「隣人訴訟」として有名な事件がありますので，それとの比較を次回に行うためでもあります。

さて，紛争の経緯を次のような表にしてみました[1]。

1962年11月28日	井戸水供給契約締結
1963年 9月頃から	両家の間がうまくいかなくなる
1964年 3月頃から	たびたび，Ｗ家の水道が止まる
7月	Ｗの弁護士がＢと交渉，まとまらず
9月 4日	Ｗ側から**訴状**（complaint）の提出

---

1) 以下の記述は，樋口範雄『アメリカ契約法』22頁以下（第2版・弘文堂・2008年）に基づいています。

9月20日	B側から請求の趣旨が法律上不十分であるとする一部棄却の申立て
10月 9日	上記申立てに関する審理で申立却下
10月28日	B側から**答弁書**（answer）提出
1966年 9月26・27日	陪審審理による**事実審理**（trial）
9月27日	事実審理終了後，裁判官から陪審へ**説示**（instruction）
9月28日	**陪審の評決**（verdict）（W勝訴，塡補賠償10ドル，懲罰賠償2000ドル）
12月17日	第1審判決（原告のW勝訴，名目的損害賠償1ドル）
1967年12月22日	最高裁判決（W勝訴，塡補賠償10ドル）

　当初，仲のよかった隣人同士が何らかの原因でうまくいかなくなります。契約から2年近くになって，Bが，Wは水の使い過ぎだと言いだしますが，それが本当の原因だったのかはわかりません。ともかく，ぎくしゃくした関係になってから，W家では水の蛇口をひねっても水が出てこないという事態が発生するようになります。ずっとではありません。時々15分とか20分とかですが，水を使う側からすればストレスですね。原因は隣家にあるのではないか，嫌がらせで止めているのではないかと思うようになりましたが，Bはきっぱり否定しました。しかし，Wにはそれ以外に考えられないのです。

　そこで，Wは弁護士に相談し，弁護士を立てて交渉しますがうまくいかず[2]，訴訟になりました。Bの方でも対抗上，弁護士を雇いました。

訴えを請求する根拠となる法律的な理由を請求原因（cause of action），訴えを請求してどのような救済を求めるのかを請求の趣旨（remedies）と呼びます。Wの弁護士は，背景となる事実を簡単に説明し請求原因と請求の趣旨を記した訴状を作成し，裁判所に提出するとともにBにも送達しました。これによって訴訟が始まります。

2　裁判の流れ

▶ Wの訴状

　この事件の場合，請求原因は契約違反でした。要するに，被告であるBが，井戸水を提供するという約束をしたのにそれを時々止めるという形で契約違反を行ったというのです。請求の趣旨は損害賠償請求ですが，注目すべき点がありました。

　①損害としては，被告の契約違反により，不衛生な状態や不便が生じ，原告の健康や安全に損害を与えたこと。それに伴い精神的な損害も与えたこと。
　②それに対する損害賠償を求めるだけでなく，本件の契約違反

---

2)　なおアメリカの場合，和解交渉がこじれきったから訴訟を提起するという順番になるとは限らない点に注意を要します。まずとりあえず訴訟を提起し，そのうえで和解交渉するのがむしろ普通です。あるいは少し交渉があり，訴訟が提起され，さらに和解交渉が進むということもあるでしょう。ポイントは，「訴訟は最後の手段」というのは日本的思い込みだということです。それには制度的理由があります。1つには訴訟提起の段階では多くの費用がかからないこと（訴額に応じた印紙代という制度になっていないので，莫大な金額を請求する訴訟も安価に提起することができる），2つめには，訴訟を提起すれば開示（discovery）手続に入ることができて，さまざまな情報収集が可能になることです。たとえば，おそらく相手に過失があると信じていてもどこに過失があるかわからない場合，訴訟を提起し，過失立証に必要な情報を相手方からも引き出すことができます。

は悪性の強いものであるとして**懲罰的損害賠償**（punitive damages）も加えて，合計 5000 ドルを請求すること。

③その他，裁判所が適切と考える正当かつ衡平な救済（just and equitable relief）も求めると付記されていること。

　この訴状にはいくつか気になる点がありますね。まず，目立つのは懲罰的損害賠償です。以下，懲罰賠償と短くいいますが，これは損害賠償といいながら損害の賠償ではありません。損害賠償に加えて，ひどい被告を懲らしめるための賠償です。したがって，損害額との関連性より，被告の資産額や利得との関連性を重視して金額を決めることができるとされてきました。大金持ちには，たとえば 50 万円などチップ程度かもしれず，懲らしめにならないからです。これはイギリス起源の制度で，アメリカで大いに活用されている英米法独特の制度です[3]。

　次に，この訴状では 5000 ドルの請求と書かれていますが，実は，アメリカの訴状では損害賠償を請求するとだけ書いて，金額を明示しない場合もありえます。それはその後の開示手続をへて徐々に明らかになることでもあり，原則として「とりあえず訴える」のでもかまわないという立場がとられています。もちろん，通常は，請求金額を明示しますし，それが裁判所の管轄権を決める際に必要であれば必須事項でもありますが。

　それと関連して，「その他，裁判所が適切と考える正当かつ衡平な救済」という部分にも注目すべきです。衡平というのは難し

　3）　懲罰賠償にはアメリカでも賛否があります。日本でも，**制裁的慰謝料**として導入すべきだという議論もあります。これについては，樋口範雄「制裁的慰謝料論について――民刑峻別の『理想』と現実」ジュリスト 911 号 19 頁（1988 年），同「アメリカの懲罰賠償と日本法」落合誠一編『論文から見る現代社会と法』69 頁（有斐閣・1995 年）。

い言葉ですが, equity (エクイティ) の訳語として定着していま
す[4]。要するに, 裁判所が適切だと考える救済があればそれも付
けてください, ということで, 本件ではそれはなかったのですが,
たとえば裁判所が「水が止まったかどうかを監視する監視員をB
の負担において任命する」ことだって可能です。重要なポイント
は, 裁判上の救済は, 当事者が求めるものではありますが, 裁判
所の方でも職権で救済を与える固有の権能を持っているというこ
とです。固有だという意味は, 民事訴訟法というような議会の定
めた法律で先ほどのような命令を出すことができるとする根拠条
文がなくとも, 当然に裁判所であればこのような命令を出すこと
ができるという意味です[5]。何しろ, 裁判所は紛争について救済
を与えるべき存在であり, 英米法の場合, イギリスでは議会がで
きるずっと前からそれをしてきたのですから。

▶ Bの対応

　Wから訴えられたBには選択肢として3つの対応があります。
1つは何もしないこと。何もしないでよい結果が得られるのは世
の中で稀なことであり, この場合も, B敗訴の欠席判決 (judg-
ment by default) がすぐに出されます。それがいやなら争うこと
になります。

　訴訟の争いには, 事実について争う場面と法律的な部分で争う
場面とがあり, それに応じて2種類の対応が出てきます。もちろ

---

4)　英米法における equity の意味と重要性については, 第9回で取り上げま
　　す。
5)　しかも民事訴訟の手続自体, 民事訴訟法ではなく裁判所が定める裁判所規
　　則, 民事訴訟規則で定められています。連邦民事訴訟規則は裁判所が作り,
　　改訂するものであり, 一応, それを連邦議会にかけるものの議会はそれをそ
　　のまま尊重するというのが慣例になっています。

ん，どちらかというのではなく，どちらもするほうが普通です。さらに，重要なポイントとして，アメリカ法を学ぶ場合，この事実と法の区別はさまざまな場面で大事な点になることも注意しておく必要があります[6]。

法律的な面で争うというのは，たとえばこういうことです。この事件では，実際にBの弁護士はまず訴状が法律上不十分であるという申立て（motion to dismiss for failure to state a claim）を行いました。これは，たとえ事実関係が原告のいうとおりであったと仮定しても，それは法律上意味のない事実だという申立てであり，本件では，契約違反の訴訟において懲罰賠償を求めるのは，そもそも法律上認められていないとして，その部分の訴えをただちに棄却すべしと主張したのです。第1審裁判所の裁判官は，いったんこの申立てを却下しました。

しかし，もしこの申立てが受けいれられていれば，懲罰賠償の請求部分はその時点でなくなります。本件ではそれは請求の一部ですが，場合によっては，原告の訴えの法律上の問題点を指摘し，それがすべての請求に関するものであるなら，それだけで全体の棄却判決が出される可能性があります。

現実には，私たちの問題としている事件では，次にBの弁護士が答弁書（answer）を提出しました。これは原告の訴状に書か

---

6) 最も重要なのは，アメリカの訴訟では第1審裁判所は事実審（trial court），控訴審以上は法律審とされていることです。日本では高等裁判所も続審といって事実審理を行いますが，アメリカでは法律問題の形でしか争えません。次に，それと同じくらい重要なのは，陪審の役割は事実認定，裁判官は法律問題の判断というように陪審と裁判官の役割が分かれている点です。それだからこそ陪審審理の可能性のある第1審裁判所だけが事実審ということにもなります。もちろん，第1審でも事実を認定した上で法律を適用して判断するのは当然ですから，事実審といっても事実だけ争うわけではありませんが。

れている事実についても争うための文書です。その要点は，Bが
水を意図的に止めたというWの主張を全面的に否認するもので
した。したがって，当然，訴えを棄却すべきこと，逆に，現在の
井戸が枯渇または2軒の家に水を供給するのが不適当になったと
して，契約の終了を認める判決を出すよう主張したのです。

▶ 陪審審理

その後，和解の試みがあったと思われますが，結局，和解に至
らず，陪審がついての事実審理（jury trial）が行われることにな
りました。

アメリカでは，**アメリカ合衆国憲法第7修正**で民事事件につい
ても**陪審審理**の権利が保障されています[7]。陪審審理を受ける権
利は基本的人権なのです。ただし，問題が複雑なのは，この第7
修正が適用されるのは連邦裁判所の裁判だけであり，州の裁判所
での訴訟には適用されないとされている点です。WとBの訴訟
はウィスコンシン州の裁判所で争われているのですから，第7修
正が直接は関係ないことになります。しかし，実際には大半の州
で州の憲法により，あるいは法律で，民事陪審の定めが置かれて

---

7) 合衆国憲法第7修正「コモン・ローの訴訟において，訴額が20ドルを超
えるときは，陪審審理を受ける権利が保障される。陪審によって認定された
事実は，コモン・ローの準則による場合以外は，合衆国のいかなる裁判所も
再検討してはならない。」アメリカ合衆国憲法は1787年，世界で初めての共
和国の成文憲法として起草されたものです（成立は翌年です）。その修正は，
本体部分を直に修正するのではなく，その後ろの部分に修正条項を改正順に
付け加えていくことになっています。現在まで27の修正がありますが，実
は第1番目から第10番目の修正は一括してなされ，第7修正を含めて1791
年に（つまり制定直後に）付け加えられました。アメリカ憲法の話は第13
回で取り上げます。合衆国憲法を連邦憲法と呼ぶこともあり，州にもそれぞ
れ憲法があることと対比されます。なお，第7修正にあるコモン・ローとい
う言葉の意味は重要ですが，それは第9回を見てください。

いて，アメリカではどこの州の裁判所の民事事件でも陪審審理を
受けることができます。ウィスコンシン州でも州憲法で明文の保
障がなされています。

　陪審審理について重要なポイントの1つは，それが当事者の権
利であり，権利であるからには放棄できるということです。民事
事件のすべてが陪審審理になるわけではありません。実際にも，
商取引に関する契約の事件では両当事者が陪審審理を放棄し，裁
判官だけの審理が行われることが多いといわれます。それに対し，
不法行為事件では原告が陪審審理を請求することが多いとされて
います。

　いずれにせよどちらかの当事者が陪審審理を望めば陪審審理に
なります。何しろ陪審審理は当事者の権利ですから。陪審制度は
やはりイギリスに発しアメリカが継受した制度ですが，それとわ
が国の裁判員制度との違いなど重要な論点がいくらでもあるので，
それは第10回で取り上げることにします。

　Wの事件の場合，おそらくWが望んで陪審審理になったので
しょう。同じカウンティ（郡または県）に在住する人の中から抽
選で選ばれ，この事件と利害関係のない人が12人選出され，
1966年9月26日と27日の2日間，裁判（事実審理）に参加しま
した。これだけ単純な事件で2日間もかけたのはいかにも異例で
す。証人といっても，両家の人たちだけで，それ以外の物証も
W側の，水が止まった時間を継続的に書き記した日記くらいだ
ったと思われます。ともかく，このような証拠を前にして12人
の陪審と裁判官とで裁判にあたることになったのです。B夫婦は，
水が止まったのはヒューズがとんだり，ポンプに砂が入ったため
だと主張し，そのようになったこと自体，井戸水の供給システム
が不適当になった証拠だと証言しました。

事実審理が終了すると，裁判官が陪審に説示（instruction とか charge と呼ばれます）をします。もちろん説教するという意味ではなく，証人や証拠を見たうえで，何をいかに判断すべきかの筋道を陪審に教えるのです。ちなみに説示は裁判官が出すものですから，法律的なものであり，説示に誤りがあれば上訴されて問題とすることができます。Ｗの事件で裁判官は要約すると次のような説示を与えました。

▶ 説示の内容と陪審の評決

　イ）　本件で陪審が答えるべき問題は，第1に，被告が原告を困らせるために，悪意で水を止めることがあったか否かであり，仮にそれを肯定した場合，第2として，原告が被った損害と懲罰賠償は具体的にいくらか，である。

　ロ）　契約違反の訴訟で認められる損害賠償は，原告の損害を塡補するという意味の損害賠償（塡補賠償），契約違反はあるものの実損害の立証はないという場合に認められる**名目的損害賠償**（nominal damages）[8]，そして懲罰賠償である。なお本件では金銭的損害があったとは立証されていない。

　ハ）　単なる契約違反に対して懲罰賠償を認めることはできないが，被告の悪性が相当ひどいものであり，原告を困らせる目的で行為した場合などでは，陪審の裁量により，適当と考える懲罰賠償を認定することができる（ただし，認定する義務はない）。

　8）　名目的損害賠償も日本法では一般にない概念です。そこにあるように損害の立証はないが，それでも原告勝訴という判決を出すために名目的に与えられるもので，たとえば1ドルの賠償となります。その意義については，樋口・前掲注1）317頁。

この説示がなされた段階で，WとBの弁護士はそれぞれ「異議あり」と申立てをしています。Wの弁護士は，裁判官が「金銭的損害の立証がなかった」とする部分に異議ありといい，証言の中で，W側の不便や不衛生な状態で困った点は明らかにされており，損害のあったことは十分立証されたと主張しました。他方，Bの弁護士は，契約違反でも特別な場合には懲罰賠償を認めうると述べた部分に再度異議を申し立てました。それには先例もなく，明らかな法律的誤りだと論じたのです。

裁判官は，W側の申立てはすぐに却下し，B側の申立てには判断を留保するとして，とりあえず陪審に評議させることにしました。証拠調べは1日で終わっており，その後の説示の後で陪審は簡単に結論を出すかに見えたのですが，どうやら議論百出したらしく，陪審は翌日までかかって次のような結論（陪審の評決 verdict と呼びます）を出しました。

第1に，被告が原告を困らせるために，悪意で水を止めることがあった。
第2に，損害賠償額については，原告が被った損害に対する填補賠償は10ドル，懲罰賠償として2000ドル。

要するに，陪審は2010ドルでWの勝ちと宣言したのです。

▶ その後の経過

ところが，それで裁判が終わったわけではありません。それどころか第1審裁判所の判決自体が陪審の評決と異なるものになったのです。評決の3カ月後，裁判官は，あらためて先例を調べた結果，ウィスコンシン州法では，実際に金銭的損害が発生していないのに懲罰賠償を加えるのを認めた例はなく，本件では実損害

の立証がなかったとして陪審の評決を覆し，名目的損害賠償として1ドルだけの賠償を被告に命ずるという判決を下しました。これではWは勝訴といわれてもうれしくありません。ただちにウィスコンシン州最高裁へ上訴しました[9]。

　事例の紹介がだいぶ長くなったので，とりあえず最高裁の判決は結論だけを述べます。最高裁では，まず，陪審が塡補賠償として10ドルを認定したのに第1審の裁判官が実損害の立証はなかったとして名目的損害賠償だけを認め1ドルに減額した点をとらえ，本件の証拠を見れば何らかの損害があったと陪審が認定することは可能であり，それが10ドルであるとする事実認定を尊重すべきだとしました。

　しかし，懲罰賠償については，たとえ実損害の存在が認定されても，契約違反による訴訟においては，（それが不法行為にもなる場合は格別，そうでない限り）認められないとして，結局，被告に10ドルの賠償を命ずる判決を下したのです。

　簡単に要約すると，陪審は2010ドル，第1審の裁判官による判決は1ドル，最高裁は10ドルで，いずれもWの勝訴でした。しかし，本当にWにとって喜べる勝訴だったのでしょうか。

　今回はここまでにします。この訴訟は，裁判ですから，法によって裁かれています。ウィスコンシン州最高裁は，契約違反について懲罰賠償を認めないとするのが法だと述べていますが，いっ

---

　9)　いきなり最高裁というのが面白いですね。実はこの当時，ウィスコンシン州には高等裁判所にあたる裁判所がありませんでした（現在はあります）。だから，最高裁へ上訴というのは当然だったのです。逆に，第1審が事実審（事実問題を中心に審理するところ），上訴審は法律審（法律問題だけを審理するところ）だとすると，本来の裁判システムは2審制で十分ということにもなります。わが国では3審制があまりにも絶対的なものだと教えられて，それが当然であるかのような風潮がないでしょうか。

たいその法はどこにあるのでしょうか。もう1つ重要な点として，結局，この裁判はWにとって何を意味したのでしょうか。これらを次回で取り上げることにします。

●● 蛇足ですが ●●

名目的損害賠償で1ドルの勝訴，面白い制度ですね。名ばかりの勝訴で意味がないと思われるでしょう。少なくともWにとってはそうだったはずです。しかし，そうでない場合もあります。

①金ではなく，自らの主張が正しいことを裁判所に宣言してもらいたいという場合があります。それは確認判決という別の制度があるはずだという声が聞こえてきそうで，実際，英米法にもdeclaratory judgment（宣言的判決）というものがあり，原告が自らに正当な権利があることを裁判所で確認してもらい，相手方からの異議や請求をやめさせることがあります。しかし，すでに紛争が生じ，原告に何らかの損害が生じていると思われる場合で，しかも金銭ではなく自らの正当性を公的に宣言してもらいたい当事者にとっては，名目的損害賠償で十分というケースもあります。

②実質的な意味のある場合としては，名目的損害賠償で1ドルでも勝訴は勝訴ですから，それによって相手方は敗訴者になり，その結果，訴訟費用やこちら側の弁護士費用も負担させることのできる場合があります。アメリカでは，それぞれの当事者が依頼した弁護士の費用については自分持ちというのが原則です（これを弁護士費用に関するアメリカン・ルールと呼ぶことがあります）。しかし，例外的に，法律によって弁護士費用の敗訴者負担を定める例があります。そのようなケースでは，相手方にとって実は1ドルでは済みません。

③稀でしょうが，きわめて悪性の強い故意の不法行為だが，た

たまたま被害者に損害がなかった（金銭的損害を立証できなかった）ケースでは，名目的損害賠償を認めた上で懲罰賠償を課すことができる可能性があります（本件の第1審裁判官は，名目的損害賠償だけで懲罰賠償を課した例はないといっていますが，おそらくそれは契約違反についての先例だけを調べた結果です）。

④最後に，契約違反（日本では債務不履行という方が多いでしょう）について，損害の立証がなくとも名目的損害賠償を与えて原告勝訴とすることができるという点に注目すべきです。それは，契約責任が，絶対的責任とか無過失責任とかいわれて，とにかく約束したことが履行されない場合は必ず何らかの責任を問われるべきものだとされているからです。日本法の場合，債務不履行とされるためには，債務者に「責めに帰すべき事由」が必要であり，損害がなければ当然勝訴できないとされているので，それとは異なります。

今回のポイント

いくつも重要な点がありましたが，特に2点。1つめは，アメリカでは民事事件でも陪審が用いられていること。しかも陪審審理は陪審だけの裁判ではありません。陪審審理はいわば陪審と裁判官の審理なのです。実際に裁判官が大きな役割を果たしているのは，本件で，そもそも陪審の評決を裁判官がひっくり返していることでわかります。

2つめは，損害賠償にも英米法では名目的損害賠償や懲罰賠償というように，日本法にない種類の賠償も認められていることです。

第3回

判決文を読もう

1 WとBの事件の最高裁判決

　残念なことにWとBの間に結ばれた井戸水供給契約をめぐって紛争が生じ，裁判になりました。しかも第1審裁判所でも終わらず，最高裁まで争うことになりました。前回お話ししたように，結果は10ドルでW勝訴。1967年のことです。

　今回はまずこの判決文を見てみましょう。といっても，全文を原文でここに記すのでは「なんだ英語の本じゃないぞ」といわれそうです。ただ，その重要なポイントを指摘するために一部を抜粋することにします。

　まず，この判決は次のように表記されます。

White v. Benkowski, 37 Wis. 2d 285, 155 N. W. 2d 74 (Wis. 1967)

　これはWとBの訴訟が2種類の判例集に登載されていることを表します。まず，"37 Wis. 2d 285" は，ウィスコンシン州の公式判例集第2シリーズの第37巻285頁に掲載されていることを意味し，"155 N. W. 2d 74" は，ノースウェスタン・レポーター（北西部諸州の判例集）第2シリーズ第155巻74頁に掲載されているという意味です。後者は，ウェスト出版社という法律専門の出版社が出している判例集で，実際にはこちらの方が早く刊行され

るので，ロー・スクールや法律事務所でも後者だけそろえている
ところが多いでしょう。それどころか州によっては公式判例集を
出すのをやめたところもあります。そんなところにも何事も民間
事業中心のアメリカの姿が見えます。また現在では，紙ベースで
はなく，データ・ベースでこれらの判例を調べるのが普通です[1]。

　さてノースウェスタン・レポーターは，ウェスト社が発行する
判例集の1つで，対象はウィスコンシンやミシガン，ミネソタな
どアメリカ北西部の州の最高裁や高等裁判所の判決のうち重要な
ものを集めた判例集です。**レポーター**というと，テレビの取材記
者のようですが，元々はreport（報告をする）という動詞からき
ている「報告者」という意味です。かつては，裁判の判決を報告
する人（あるいは判例集の刊行を許された人）の名前をとって判例集
が出されていたことがありました。たとえば，アメリカで違憲立
法審査制を築いた先例といわれるマーベリ判決は，Marbury　v.
Madison, 1 Cranch（5 U.S.）137（1803）と表記されます[2]。ここ
にある "Cranch" というのは William　Cranch という人で，首都
ワシントンにある連邦下級審の裁判官であり，ある時期，最高裁
の判決を記録し公表する役目も負っていました。Cranch の前の
"1" は，Cranch 編集の判例集第1巻という意味です。"137" はこ
の判決の最初の頁数ですね。ともかく，ここではレポーターは判
例集の意味です。

　現在，ウェスト社では50の州を7つに分けて National　Re-

1）　アメリカ法のデータ・ベースとしては Westlaw と Lexis とがあります。
　　アメリカの弁護士には，情報検索の能力がまず求められるので，アメリカの
　　ロー・スクールではまずその使い方の講習があります。
2）　アメリカの違憲立法審査制は，合衆国憲法の条文を探してもどこにも書か
　　れていません。日本国憲法81条のような規定はなく，それ自体が判例法に
　　よって作られたのです。それは第14回で取り上げます。

porter System として判例集を刊行しており，しかも単に判例を掲載するばかりでなく，相互の連関を付けるなど付加価値を付けています[3]。それぞれの判例でルールとして述べられた重要なポイントを分類し，それに番号を付けて相互に参照できるようにしているのです。

ここでの素材にしている W のケースでいうと，最高裁では，「例外なく，たとえ違反が故意による場合でも，契約違反に対しては懲罰賠償は認められない」という判示がなされたとまとめられ，それに「Damages（鍵マーク）数字」という印が付けられています。それは，これと同様の論点を判示した他の判例を探す際に発見するための印です（ABC 順で並べられている法律判例辞典が別にあり，その D の項目を含む冊子で damages〔損害賠償〕のところの数字で示されたページに行けば他の判例があるということです）[4]。

長々と退屈な説明をどうして続けているのだろうと思われた人もいるかもしれません。しかし，これらの説明は，判例集に関心のある変わった趣味の人に向けてしているのではありません。アメリカ法では必須の知識なのです。というのは，アメリカのロー・スクールの学生は，入学して数日の間に，まずこれらの知識を活用できることが求められるからです。それは次のような考え方によります。

▶ 弁護士は法律を知っている人ではない

法律の素人は，弁護士が何でも知っていると考えがちです。そ

3）　参照，成田博「National Reporter System について」東北学院大学法学政治学研究所紀要 10 号 35 頁（2002 年）。

4）　鍵のマークで分類されているので key number system と呼ばれています。基本的な英米法の調べ方については，「英米法の調べ方」田中英夫編集代表『BASIC 英米法辞典』246 頁以下（東京大学出版会・1993 年）が便利です。

んなことはあるわけがありません。六法全書にある法律の条文を
すべて知っていると考える人もいます。それは二重の間違いです。
そんなことは不可能だという意味での間違いと，条文だけ知って
いても法律を知っていることにはならないという意味での間違い
です。

　さまざまな法律があり，それよりももっと多様な紛争がありま
す。法律家がそれらについて，あたかも症状を聞けばただちに最
適の薬を棚から持ってくることができるかのように思うのはまっ
たくの誤りです。それはアメリカでも同じです。ある紛争につい
ての法がどうなっているかの知識は（前に同種の紛争に関係して）
たまたま知っているという場合もありますが，そのようなケース
でも常に法は新しくなりますから，前の知識に頼りきることも危
険です。

　したがって，弁護士にまず求められるのは，症状（紛争）に応
じた最新の薬（ルール・法）を探す能力です。検索能力なのです。
法について的確な調査能力のある人，これが弁護士です。

　ただし，優秀な調査員であれば優れた弁護士かといえばそうで
はありません。アメリカのロー・スクールでの教育目標が "think
like a lawyer（弁護士のように考える）" だったことを思い起こして
ください。大事なことは調査した事実や資料をもとに「考える」
ことです。そして「弁護士のように」考えるとは，前回の契約の
事案で見たように，Ｗのために何がよいかについて想像力を働
かせ，まず紛争が生じないようにすること，紛争が生じた後では
早期の解決を図ること，訴訟になった場面では，Ｗの主張が通
るように陪審と裁判官に対し説得力のある議論をわかりやすい法
律論で作り上げることです。

　しかし，それもまず基本的な法の調査能力があってのことであ

り，実際にやってみるとわかりますが，調べることは，実は考え
ながら調べることであり，第1段階の調査・検索と第2段階の想
像的（創造的）思考との間には密接な関連があります。

　ともかく，かつて私が日本の法学部を卒業したときに，ある程
度の法律知識（たとえば，債務不履行に対する損害賠償を認めるため
の因果関係論）はあったと思いますが，弁護士としてすぐに働く
ことができるとはもちろん思いませんでした。個人的にも，ちょ
うどその頃，親戚の子が遊んでいて振り回した棒がそばにいた女
の子の目に当たり，片眼を失明させるという事件があり，法律的
にはどの程度の損害賠償を払えということになるのかと相談され
たことがありました。そのときどうやってこれを調べたらよいか
もわからず，役に立たない法学士という感を深くしました。

　今，法科大学院では法の調べ方の授業もなされているはずです
が，それでも現在の法の知識をできる限り学ぶことに大きな精力
が使われているような気がします。「知識の詰め込み」と批判さ
れても，実際には「学ぶべき知識」の重要性を強調し続けるとど
うなるかといえば，今後いっそう学生はつらくなります。という
のは，知識の量は増えるばかりだからです。新しい種類の紛争が
生じ，法律も増加し，判例も増えます。学者も新しい異説を付け
加えます（それが彼らの仕事だからです）。その中で「学ぶべき・覚
えるべき」知識を重視するときりがないし，はっきりいえば，そ
んなことに意味はありません。

　前にも述べたように，法律の知識はすでに人の理解できる以上
の量であり，しかも常に新しくなり増加するので，今の知識を覚
えることには意味がないのです。大事なのは，現実の事件に立ち
向かった際に，必要な法について調べてそれをもとに考える能力
であり，アメリカのロー・スクールではそれで十分だとしていま

す。必修科目も原則として１年次の６科目だけで以後は自由に選択すればよく，わずか３年の授業で弁護士になれるのです。実際，アメリカのロー・スクール卒業生なら，私が遭遇した親戚の子の事件でも法律的な結果がどうなるか調べて一定の見通しを示すことができたでしょう（ちなみに，アメリカでは賠償責任なしとなる可能性があります。親はもちろんなし，子どもについてはその年齢なりの注意をしていたかが問われ，そうであるとされればやはり責任なしとされるのです)[5]。

▶ 最高裁判決に戻ると

さて，私たちの最高裁判決に話を戻しましょう。Ｗの訴えについて，州最高裁は，１ドル勝訴という原審を10ドルで勝訴に変更したのでしたね。

判決では，最高裁が判断すべき法律上の論点は次の２つだとまず論点を明示しています。１つめが，損害賠償として実損害の立証がなく名目的損害賠償だけを認めた第１審の判断は正しかったのか。２つめが，懲罰賠償を否定したことが正しかったのか。

まず，最高裁は，本件の証拠を見れば何らかの損害があったと認定することは可能であり，それを陪審が10ドルと認定した以上，それを尊重すべきだとしました。

ここで注目すべき点は２つ。第１は，陪審の事実認定をできるだけ尊重する姿勢が明確であること。まったく証拠もなしに事実認定がされているようなら，それは「法律上」認められないことになりますが（なぜなら，証拠に基づいて事実認定するというのが法的なルールだからです），何らかの根拠があってのことであれば，

---

5) これは子どもの不法行為の問題で，アメリカ法の取扱いが日本とあまりに違うので驚いた点の１つです。第６回で取り上げます。

陪審の判断を尊重するのが陪審審理による裁判だということです。

　第2は，ここでの損害賠償は日本でいう慰謝料ではないという点です。慰謝料というのは精神的慰謝料を縮めたものですから，精神的損害に対する賠償です。Wが，Bのひどい契約違反で精神的に損害を受けただろうということです。ところが，アメリカでは契約違反に対し，精神的損害の賠償は認められないのが原則です。そればかりでなく，不法行為訴訟でも，実損害が立証された場合にそれに付属して認められるのを原則としていて，一般に，アメリカ法の下で「精神的損害だけで損害あり，そして勝訴できる」とされるのは例外的な場合に限られているのです6)。

　要するに，10ドルは，井戸水が止められて不衛生な状態になったり，不便を生じたりしたこと，それ自体を金銭評価したということです。

　しかし，当事者から見ると，1ドルか10ドルかは大きな問題ではありません。より大きな問題は，このケースで懲罰賠償が認められるか否かです。これについては，少し原文を参照しながら，最高裁判決を紹介します。

Over one hundred years ago this court held that, under proper circumstances, a plaintiff was entitled to recover exemplary or punitive damages. [FN4]

　　FN4. McWilliams v. Bragg (1854), 3 Wis. 377.

---

　6)　この点も非常に面白い点です。何かといえば慰謝料という日本との違いが際だっています。契約法の場面で精神的損害に対する賠償を認めない理由は，アメリカの契約はそれぞれの利益追求の手段ですから，見込み違いなど，後での契約違反は十分ありうることであり，互いに割り切って対処すべきことだと考えているからです。また精神的損害というような金銭評価の難しい要素について賠償を認めると，契約に関するリスクの判断が難しくなるからでもあります。これについては第5回で再び取り上げます。

まず，100年以上も前に当裁判所（つまりウィスコンシン州最高裁）が，適切な場合には懲罰賠償を原告に与えることができると判示したことがあるという説明がなされます。面白いのは，それに脚注（FN＝footnote）が付けられているところです。論文でもないのに。

　そして，実際にその言明の典拠となっている1854年の判決が引用されています。ここでのポイントは，ウィスコンシン州には懲罰賠償という制度が古くから存在するということの確認です。

Kink v. Combs［FN5］is the most recent case in this state which deals with the practice of permitting punitive damages. In Kink the court relied on Fuchs v. Kupper［FN6］and reaffirmed its adherence to the rule of punitive damages.

　　FN5.（1965), 28 Wis. 2d 65, 135 N. W. 2d 789.
　　FN6.（1963), 22 Wis. 2d 107, 125 N. W. 2d 360.

　この部分では，もっと最近の判例を引用して，懲罰賠償を認めた実際の例が1965年にも1963年にもあったと述べられています。その後の部分で，懲罰賠償とは，損害を塡補するものではなく，悪意を持った行為を行った被告を懲罰し，他の人たちにも同様の行為をしないよう働きかけるための制度だという説明があります。しかし，これらの先例はいずれも契約違反に対するものではありません。むしろ，契約違反については，どうやら先例は異なるようなのです。そこで判決文はいよいよ契約違反の場面について次のように述べます。

Thus we reach the question of whether the plaintiffs are entitled to punitive damages for a breach of the water agreement. The overwhelming weight of authority supports the proposition that punitive damages are not recoverable in actions for breach of contract. [FN9] In Chitty on Contracts, the author states that the right to receive punitive damages for breach of contract is now confined to the single case of damages for breach of a promise to marry. [FN10]

FN9. Annot. (1933), 84 A. L. R. 1345, 1346.

FN10. 1 Chitty, Contracts, (22d ed. 1961), p. 1339.

「かくして当裁判所は，本件の井戸水供給契約の違反に対し懲罰賠償を認めるべきかという問題に答えるべき段階になった」というわけですが，それについては「圧倒的な先例によると，契約違反に対する訴訟では懲罰賠償を認めることはできない」というのです。そして，チティという人の契約法の教科書が引用され，「契約違反に対し懲罰賠償は認められず，唯一の例外が婚約違反である」と続けられています7)。

▶ 法はどこにあるか

この最高裁の判示部分は，アメリカ法を学ぶ上で最も重要なポイントを示しています。それは，裁判所は法によって裁判をすべきであり，ここでも脚注まで付けて議論と結論の典拠を示しているのですが，そこに条文がないということです。わが国の民法415条のような条文を引用するような箇所がいっさいないのです。それに代わって，引用されているのは先例（precedent）です。裁判所が積み重ねてきた判決です。この部分では，脚注9としてA. L. R.（American Law Reports）が引用されていますが，これは

---

7) 現在では，アメリカ法ではこの唯一の例外もありません。そもそも婚約違反訴訟なるものが認められません。せいぜい婚約指輪の返還を求める不当利得返還訴訟の可能性があるだけで，多くの州で精神的慰謝料に対する損害賠償請求は否定されています。損害賠償自体認められないのでは，懲罰賠償もあるはずがありません。

重要な論点別に代表的な判決を紹介し，それに関する他の判例に言及し分析する注釈を付けた実務家向け判例集です。

英語で，そこに "authority" とあることに注目すべきです。それは文字通り，「権威」という意味ですが，法の権威として認められるのは判決だということです。

もう1つここで引用されている "Chitty on Contracts" も興味深いものです。何しろ，チティはイギリスの法律実務家で1826年初版という契約法の体系書の著者として知られています。それが100年以上を経て1961年の第22版としてここに引用されているのです。しかし，誤解してならないのは，チティは独創的な契約法理論体系を打ち出したというわけではありません。それはその時点での判例法を，正確かつ要領よくまとめているというので尊重されているのです。もちろん1826年初版を尊重しているのでもなく，その後の判例も補充した1961年版で判例法のその後の傾向も含めて記述しているからです[8]。要するに，判例に権威があり，学説に権威があるわけではありません[9]。

Ｗの事件の最高裁判決では，その後，他の典拠も引用して，一般に契約違反に懲罰賠償を認めた先例がないことを繰り返し説き，最後に，ウィスコンシン州自体の先例を探すと，1858年に

---

[8] Chitty on Contracts は2008年には第30版として刊行されています。イギリスでは，このように初版を刊行した人の名前をいつまでも付けて，まったく別の人が補充改訂をしながら刊行を続ける例がほかにもあります。イギリス人の伝統好き（authotity 好き）によるのでしょうか。なお，このようにイギリス法の教科書や判例をアメリカの裁判所で引用する例が時々あります。ともにコモン・ローの世界にあることを再確認させます。

[9] ただし，学説に何ら意味がないという意味ではありません。ここでは，「法は判例」という点を強調しているだけです。実際，アメリカの裁判所は，判決で学者の論文を引用することが少なくありません。学説は，第2次的な権威（secondary authority）として位置づけられています。

雇用契約の解雇の事例でやはり懲罰賠償を否定した先例があるだけで，認めた例は1つも発見できなかったと述べています。

　繰り返し申し上げますが，法による裁判は，基本的にアメリカでは先例（判例法）による裁判です。実は，ウィスコンシン州には民法典はありません。わが国の民法415条のような条文を引用することがそもそもできないのです。議会の作った法律はなくとも，英米では裁判を行ってきました。前にも述べましたが，イギリスの下院ができる前に何世紀もの間，裁判所は裁判をしてきたのです。その集積が法であり，アメリカ法を含めた英米法（common law）の最大の特色は**判例法主義**です。

　これに対し，わが国やドイツやフランスでは，まず法典があります。そこでは制定法こそ法だと信じられているのです。そこで，法学部に入ると六法全書をまず読むのだという誤解が生まれます。六法全書の中に法があると考えられているからです。成文法とか制定法とか言い方はさまざまですが，成文法主義のヨーロッパ大陸法と，判例法主義の英米法では，法への出発点が大きく異なることがわかります。前に，英米法を英語では，common law と呼ぶと説明しましたが，**common law の最も一般的な意味は判例法**ということです。

　それが英米法全体を表すことになったということです。

▶ 成文法対判例法
　判例の集積が法だといわれると，条文の形で法が示されているのに比べ，何が法かがわかりにくいと思われるかもしれません。いったい，膨大な数の判決を読んですべて理解することなどできるのだろうか，ということです。

　確かにそうですね。しかし，反論も可能です。それなら膨大な

数の法律を読んですべて理解することのできる人はいるのか，という議論です。判決の中から法を抽出するより，条文によって初めから法が提示されている方がわかりやすいという議論に対しても，一度読んだだけではすぐにわからないような条文を引用して反論することもできそうです。さらには，ある条文をめぐってA説，B説，折衷説というような解釈の対立を考えると，条文がわかりやすいというのも疑わしく，結局，成文法主義の下でも判例法主義の下でも法というものはわかりにくいのであり，違いがあってもせいぜい程度の差ということになるかもしれません。だからこそ，いずれにせよ法律家という専門家が必要になるということでもあります。

　アメリカ法では，判例法へのアクセスをよりしやすくする工夫もなされています。法律的な論点ごとに分類し分析した検索システムや法律百科事典などがあり，契約法その他の基本的な法分野では，判例法を整理して条文の形でより明確に示した**リステイトメント**（Restatement＝判例法を再記述したものという意味です）もあります10)。さらに，Chitty on Contracts がそうであったように，学者や実務家によるいわゆる体系書は，決して独自の学説で体系化されたものではなく，論点ごとに判例を整理したものであることが普通です。

　むしろ重要なのは，判決からスタートして抽象的な法を導く思考方法が，条文からスタートしてそれを具体的事実に適用する場合と逆だということです。英米法的な思考は，帰納法になり，条文からスタートするのは演繹的な方法になります。

---

　　10)　Restatement は本書でも何度も出てきます。それは，厳密には法ではありませんが，判例法のわかりやすい「再記述」であるとして判決でもたびたび引用されます。州ごとに異なるアメリカ法の統一にも寄与しています。

英米法では，スタートラインは，あくまでも具体的な紛争です。生きた当事者が生きた紛争を闘います。訴訟に勝つために自らに有利な事情や議論を総動員します。もちろん相手方当事者も同様です。それを中立的な裁判官が判断するのですが，そこから出てくる判断は，あくまでも具体的な事実を前提として具体的妥当性を図るものになります。そこから抽象的なルールが出てくる場合でも，あくまでも具体的な事実との関連で述べられているのです。したがって，そこから出てくる法の射程距離は短いものになります。

　たとえば，先の最高裁判決によれば，ウィスコンシン州では雇用契約で悪質な解雇があった場合でも，懲罰賠償のような賠償の増額を認めないという判決が1850年代に出ていました。しかし，それは，とりあえず解雇の事例についてそのような先例があったというだけであり，一般に契約違反についてどうかは明確な先例がなく，だからこそ最高裁は他州の判例や，このケースではイギリスの例まで参照して，どのような判断をするかを検討したのです。

　これに対し，成文法による場合，条文はどうしてもそれ自体が抽象的規範を宣言したものになり，しかもすべての場合についてすでに法律で規定しているはずだと考えるので，法の内容はそれだけ大きなものになりやすいわけです。そもそも条文を作るときに，何らかの紛争を予想して作ることになるはずですが，そこでの建前は，その条文が対象とするあらゆる紛争に対処できるはずだということになります。しかし，人の想像力には限界があるので，制定時は予想もしなかった事態がいつかは起こります。それでも，条文の抽象的な文言から結論を出そうとするし，また出せるはずだと考えるのです。

英米法の場合は，ルールに常に具体的な現実の事実が伴っているので，それと異なる事態にルールを適用する際には，事実のレベルでの比較検討が必要になります。その代わり，成文法主義の国のように 10 の内容をもつルールを 1 条で表すことができるのと比べ，少なくとも 10 の内容があるとされるには，3 つか 4 つか，あるいは場合によってはまさに 10 件の判決の集積が必要になります。一歩一歩ルールの中身を増やしていき，抽象度を高めていくのです。結局，同じルールが行われている場合でも，そこに至るまでのこのような法的思考とプロセスの違いは，実は本当に重要なことです。

2　日本とアメリカの隣人訴訟

　さて，再び W の判決に戻りましょう。ウィスコンシン州での W と B との隣人訴訟の結果は，契約違反を請求原因として W が勝訴したものの，認められた損害賠償は 10 ドルだけでした。W は満足したでしょうか。いえ，それはありえません。

　そもそも W は，なぜ訴えたのでしょうか。おそらく，それは B の行為が許せなかったのです。同輩である地域住民に陪審として参加してもらい，彼の気持ちを理解して，B の行為が許せないものだという趣旨の判決を出してくれるよう求めたのです。実際，陪審はそれを理解して 2000 ドルの懲罰賠償を認めてくれました。しかし，結局，裁判所は懲罰賠償を否定しました。契約違反に対しては懲罰賠償を認めないのがアメリカ法だと述べて。

　要するに，契約違反の訴訟とは，相手を許せないというような気持を満足させるものではないことを明らかにしたのです。

▶ 日本の隣人訴訟

　ここでは**日本の隣人訴訟**と比較してみましょう。かつてわが国ではある「隣人訴訟」が大きな社会問題になりました。新聞の第1面を飾り，『ジュリスト』ではわざわざ座談会を開き，この事件に関する書籍や論文が多数出ました[11]。1983年のことです。

○ 1977年（昭和52年）5月8日

　Ｘの子で3歳4カ月の幼稚園児が近所に住む幼稚園仲間のＹの子と遊んでいた。Ｘは自分の子を買物に一緒に連れて行こうとしたが，子どもがいやがり，子どもたちが2人で遊んでいるから大丈夫だとのＹの口添えがあったので残していった。ところが，その後，2人の子どもたちは近くのため池に遊びに行き，Ｘの子がおぼれて死亡してしまった。

　ＸはＹ夫婦のほか，ため池の管理者である県や国なども訴えたが，ここでは隣人訴訟の部分だけに注目する。請求原因は債務不履行（準委任契約の不履行）と不法行為である。

○ 1983年（昭和58年）2月25日〔津地裁判決・判例時報1083号125頁〕

　不法行為の成立を理由にＸ勝訴。ただし，**過失相殺**の法意を類推し，Ｘに7割の負担を割り当て，Ｙには3割だけの損害賠償を命じた。その金額は約530万円である。

　隣人訴訟といっても，ここでは子どもが死亡しており，Ｗの事件のように水の供給が止められた事件とは内容も大いに異なります。こちらの方がずっと話は深刻であり，しかも近所づきあいの中で子ども同士が仲良くなり，ちょっと預かることは誰にでもありうるので，大いに関心を呼んだのです。裁判に訴えたこと自

---

　11)　たとえば，星野英一編『隣人訴訟と法の役割』156-157頁（有斐閣・1984年），河上正二『民法学入門 民法総則・序論』第1章（第2版・日本評論社・2009年）参照。

体にも，この裁判の結果自体にも，さまざまな反響がありました。当事者の双方に対し，陰湿な電話その他での誹謗中傷まであり，わが国における社会意識や法意識についてまで議論は広がりました[12]。

しかし，ここでは契約を中心とする法律論だけに注目しましょう。判決は，Yの言葉は近隣のよしみから出たもので，Xが子どもの監護いっさいを委ね，Yがそれを引き受けるというような契約を結ぶ意思があったとは認められないとして契約違反という請求原因を否定し，ただし，Yには親一般の義務として一定の義務があり，このような事態の発生について過失があるとして不法行為責任を認めました。ただし，X側にも問題があったとして，過失相殺（あるいはその類推）により3割だけの責任としたのです。

これには法律家の間では，強い疑問があがりました。ただし，それは限られた損害賠償を認めた結論に対してよりも，それを不法行為によって正当化した部分に大きな問題を感じたようです。ジュリストの座談会には当代を代表する法学者，民法の星野英一教授，民事訴訟法の青山善充教授，法社会学の六本佳平教授などが参加しましたが，「不法行為責任ではなく，契約責任の方がより適切」という結論が出されました[13]。

ここでは，XがなぜYを訴えたか，それがこの裁判の結論で満足されたかを大胆に推測してみます。訴訟で子どもは帰ってきませんから，結局は金銭賠償になります。しかし，おそらく，Xの気持ちはYに責任があったことを認めてもらいたい，謝って

---

12) 星野編・前掲注11) を参照してください。

13) 星野編・前掲注11) 156-157頁。河上・前掲注11) も同趣旨の結論で，Xには損害の1割程度の賠償を認めるのがよかったとしています。

もらいたい，ということではなかったでしょうか。「仕方がなかった」で済むことではなく，許せないと思ったのではないかと推測します（あくまでも憶測であり，Yが本当にどのような態度をとったのかは私にはわかりませんが）。そして，裁判所は，少なくともその一部を満足させました。3割はYにも責任ありとしたからです。認容額の約530万円も，1ドルとか10ドルという話ではありません。ただし，自分の方も7割責任ありとされているので，完全に勝訴でもない。しかし，自分でも「なぜあのとき一緒に連れて行かなかったのだろうか」と後悔の念も覚えたでしょうから，Xも一部責任ありとされたのはやむをえないと考えたかもしれません。

　要するに，わが国の隣人訴訟では，相手を許せないというような気持ちを一部は満足させるような結論となり，しかもそれを契約によって正当化することに代表的な法律家が賛成したということです。

　アメリカだったらどうでしょうか。確実にいえるのは，アメリカ法の下では，本件のような訴訟で契約責任を認めることはありません。私の大胆な予測では，ほぼ確実に不法行為責任も認められません。裁判所は，本件のような事故がXにとって人生でこれ以上ないような不運であることに同情はしても，法律論としては，救済できない，救済すべきでないと考えるでしょう[14]。

　それは，契約とか不法行為とかいっても，アメリカのcontractやtorts（不法行為という意味です）とは内容が大きく異なる場合のあることを端的に示します。

　14）　契約の成立自体，約因（consideration）がないとして否定されます。これについては，第4回参照。不法行為の意義については，第6回参照。

●● 蛇足ですが ●●

　今回はすでにずいぶん長くなりました。授業なら時間を超過していますが，もう1点だけおつきあいください。

　それはWの最高裁判決がWhite v. Benkowskiという形で表記されていることです。もちろん，Wではなく実名です。ロー・スクールの教材で使われる場合も同様です。

　ところが，日本の隣人訴訟が法律の教材に使われる場合は，XとY（あるいは甲と乙）とされて実名表記がされません。そもそも判決文自体が，「損害賠償請求事件」と事件番号で表記されているのです。プライバシーでしょうか？　個人への配慮でしょうか？

　アメリカでは，判例法こそが法だと考えられていると述べました。ということは，White v. Benkowskiという判決は先例として法になります。このケースでは，ウィスコンシン州において，契約違反には懲罰賠償なしというルールを確認したということです。「確認」といいますが，実はウィスコンシン州では明確でなかったのです。法をこの判決で作り上げたともいえます。功労者は誰でしょうか。第1は，訴えを提起したWです。もちろんWが法を作ったわけではなく，きっかけの1人にすぎません。しかし，Wの名前はBの名前とともに，このルールが続く限り永久に残るでしょう。

　たとえば，契約違反に対する損害賠償の内容を定めた先例は，イギリスの1854年のHadley v. Baxendale判決です[15]。今でもそれは"Hadley rule"と呼ばれて，イギリスどころか，アメリカでも，いやそれどころかオーストラリアでもシンガポールでも教

15）　Hadley v. Baxendale, 9 Exch. 341, 156 Eng. Rep. 145 (1854).

えられているのです。Hadley は製粉工場の経営者でしたが，ビジネスで名を残す以上に判例法の形成で名を残したのです。

　W は堂々と裁判の場で自分の主張を貫こうとしただけです。それは B も同様です。その結果が，当事者だけでなく，その後，同様の立場の人のための先例になる。法を作る原動力となる。すばらしいことだというのが，コモン・ロー的な考えです。

　翻ってわが国の状況を考えます。そこでの"匿名性"や"プライバシー"という言葉の（あえていいますが）誤った使い方を見ると，裁判とは恥ずかしいもので公にできないこと，とでも考えているかのようです。日本の隣人訴訟では，訴訟になったこと自体で当事者が中傷されました。だから匿名にしようというのは，対処法として間違っていると思います。

> **今回のポイント**
>
> 　何度繰り返してもいいほど重要な点は，アメリカでは，まず条文ありきではなく，判例（先例としての判決）こそ法だと考えられているところです。そこから，法というルールも具体的な現場から発生し，抽象的に上から降ってくるものでないことになります。それを作った原動力は，誰でもない普通の私人である当事者であり，その訴えについて，陪審や弁護士や裁判官が耳を傾け，証拠に基づいて必死に議論する中から「法」が生まれます。

第4回

約因法理とは何か

1 はじめに

「ずっと契約の話ばかり続くじゃないか」と思われる人もいるでしょうね。確かにそうですが，それには理由があるのです。何度でも繰り返しますが，アメリカのロー・スクールに入学する学生は，すでに何らかの学士号を持っているものの法律は何ら勉強したことがありません。それまで法律を勉強したことのない学生，しかし3年後にはロー・スクールを卒業して弁護士として働こうと考える学生が，初めて法律学とは何か，弁護士はどのような役割を果たすべきかを学び始めるときに，まず契約法による訓練を受けるのです。ほかにも必修科目はあるのですが，その中でも契約法こそそれに最も適した科目だと，アメリカを代表する契約法学者は明言しています[1]。手前味噌という感じもしますが，おそらく契約法の専門家でなくとも同意するでしょう。

もう1つの傍証として，1973年の映画「ペーパー・チェイス」

---

1) A. Farnsworth & W. Young, Cases and Materials on Contracts xix (Preface) (6th ed. 2001). このように述べたファーンズワース教授はコロンビア大学ロー・スクールで教え，第2次契約法リステイトメントの主任起草者も務めました。リステイトメントというのは，判例法を条文の形に「再記述」した書物で，厳密には法でもないのに判決の中でも頻繁に引用される重要な文書です。

を見てみましょう。これは，ハーヴァード・ロー・スクールの1年生の生活を描いて評判となった映画です。そこではもっぱら契約法の授業の場面が続くのです。冒頭シーンでは，いきなりHawkins v. McGee という 1929 年の判決について「事案を説明しなさい」と主人公が教授から指名されます[2]。何の準備もしてこなかった主人公が，いきなり手厳しく怒られるのです。「1時間目だからイントロダクションの説明があると勝手に思ってはいけない。あなた方の柔な頭を法律家らしく考えるような頭脳（think like a lawyer の頭脳）に変えるのが私の役目であり，そのためには私が尋ね，あなたたちがその頭を駆使して答えるのだ。ケースブックの何頁まで最初の時間で進むことはすでに掲示している。授業のために準備が必要なことは当たり前だ」と。

　私の授業では，この映画を学生に勧めたこともあります。何しろロー・スクールの学生の1年間を，それも授業風景や自主的勉強会や年度末の試験風景まで見せる映画が（文部科学省推薦の教育映画ではなく）一般映画として上映され，キングスフィールド教授役のジョン・ハウスマン（John Houseman）は，この作品でアカデミー賞最優秀助演男優賞までとっているのですから驚きです。

---

2) Hawkins v. McGee, 146 A. 641（N.H. 1929）. 手にやけどを負った少年に医師が植皮術を持ちかけ施術に失敗した事件です。ニュー・ハンプシャー州最高裁では，契約違反として大きな賠償が認められましたが，実はこのように医師の失敗を契約違反で訴える訴訟はアメリカでは例外です。それらについて関心があれば，樋口範雄『アメリカ契約法』68-69 頁（第2版・弘文堂・2008 年）。1920 年代ですから，当時はまだアメリカでもインフォームド・コンセント法理もない時代です。しかし，十分な説明もなく実験的治療を受けさせたのはあまりにひどいとして，契約法による救済（この場合は，手術前の状態に戻すのではなく手術が成功した場合に実現したはずの利益まで賠償させるので，不法行為による賠償以上になる救済）をするに値すると裁判官が判断したのだと思われます。

もちろん恋愛場面もあるのですが，法律学の勉強を主題とした映画（ここでは刑事も犯人も裁判シーンも出てきません）が一般の人の関心を呼ぶというのもアメリカならではかもしれません。どのようにして法律家が作られるのかは，アメリカ社会にとって大きな要素なのです。今のところ日本ではDVDの発売はなくVHSでしか入手できないと思いますが，レンタルで見ることもできるので一見をお勧めします。

　日本でも法科大学院ができましたが，同じような映画ができるでしょうか。私が思い起こすのはかろうじて石川達三原作の「青春の蹉跌」であり，これは（旧）司法試験で苦労する男がようやく合格した後，欲に目がくらんで，それまで苦労を共にした女性が邪魔になり殺してしまうというのですから，暗いですね。

　ともかく話を本筋に戻すと，どうやらアメリカ法を知るための1つの有力な方法は契約法を学ぶことだということです。そうはいっても契約の話ばかりではとも思いますから，とりあえず今回と次回ともう2回だけおつきあいください。今回は，英米の契約法とヨーロッパ大陸法の契約法とで最も異なる点，約因法理の有無という問題を取り上げます。

2　約因とは

　"約因"，聞き慣れない言葉ですね。日本法にはない概念で，英語の "consideration" の訳語です。Consideration というのは日常用語では「考慮」という意味ですから，難しい英語ではありません。しかし，英米の法律家はこれに特別な意味を与えてきました[3]。

　簡単にいうと，英米法では，契約が有効に成立するには当事者

の意思の合致（合意）だけでは足りず，約因が必要だというので
す。ドイツでも日本でも約因は不要です，それが何であれ。意思
の合致で契約は成立するとされているからです。本書では，何度
もアメリカの契約（contract）と日本の契約はその内容が異なる
部分があると強調してきましたが，そもそも成立の段階から違う
のです。約因は，英米契約法の最も重要な特色（他の法系と目立っ
て異なるという意味です）とされてきました。

　では，約因とは何か。私の授業では，2つの判例を提示して話
を始めます。一方は約因がないとして契約は無効となり，他方は
約因があるとして契約は有効とされました。それを比較すること
で，約因とは何かを明確に示そうというのです。

▶ Mills v. Wyman（1825）

　第1の事例は1825年のマサチューセッツ州最高裁判決 Mills v.
Wyman です[4]。これは契約法のケースブックであれば，どの本
でも言及する有名な判決です。大げさにいえば，アメリカの法律
家で知らない人はいません。

　事案は比較的簡単で，しかし，さまざまなことを考えさせます。

　マサチューセッツ州に住む被告ワイマンには，7年以上前に家
を飛び出したきりの25歳の息子がいました。この息子が家へ帰
る気になり，隣のコネティカット州ハートフォードの港に着いた
ところで，行き倒れ状態になり，たまたま行き合わせた原告ミル
ズが助け，2週間余りにわたって自分の家で介抱したという話で
す。判決では，残念ながら息子は手当ての甲斐なく亡くなったと
記されています[5]。ともかく介抱している顛末を手紙でワイマン

3）　約因法理についての詳細は，樋口・前掲注2）82頁以下。
4）　Mills v. Wyman, 20 Mass.（3 Pick.）207（1825）.

に知らせると，折り返し丁重な返事がきました。そこには，感謝
の意とともに，2週間余りの介護その他の費用は支払うという約
束が書かれてあったのです。ところが，この約束は実行されませ
んでした。そこで，ミルズが契約違反を理由に訴えたというのが
この事件です。

　裁判では，第1審も，そしてマサチューセッツ州最高裁も，原
告の訴えを棄却しました。その理由は，もっぱら本件の約束には
約因がないというものでした。

▶ Hamer v. Sidway（1891）

　今度は約因ありとされた事例を見てみましょう。それは1891
年のニュー・ヨーク州最高裁判決 Hamer v. Sidway です[6]。

　1869年3月，成功した実業家S氏の父母の金婚式を祝う盛
大なパーティが開かれていました。親族友人など多くのゲストの
前で，S氏は，自分と同じ名前を付けられた16歳の甥に次のよ
うな約束をします。もしも甥が当時の成人年齢である21歳にな
るまで，賭事や酒・たばこを控えるなら，5000ドルをあげよう
というのです。逆にいえば，16歳にして不真面目な生活を送っ
ている甥をいかに心配していたかがわかります。甥はそれに同意
し，その後その条件を満たす生活をしました。そして21歳にな

5）　ただし，実は息子は生きていたという話もあります。ミルズが介抱してく
　れたことは事実なので判決には影響しませんが。アメリカでは有名な判決の
　裏事情などを丹念に調べて，新しい角度から判決の意味や，それにかかわっ
　た弁護士の役割などを再検討する試みがあります。Richard Danzig & Geof-
　frey R. Watson, The Capability Problem in Contract Law 119 (2d ed. 2004)
　では，ワイマンの遺言や不動産登録簿などを丹念に調べて，なぜ彼が約束を
　果たさなかったのかを再検討しています。
6）　Hamer v. Sidway, 124 N.Y. 538, 27 N.E. 256 (1891).

った1875年1月に約束のお金を請求する手紙を叔父に送りました。

S氏は，ただちにお金を送りませんでした。代わりに，懇切丁寧な書状を認め，甥がこれだけ大きな金額のお金を賢く使えるような状況になるまで預からせてくれと伝えました[7]。すでに5000ドルは銀行に預けてあり，利息もおまえのものだと付言して。

ところが，思いがけなくS氏が1887年に突然死んでしまったのです。しかも，遺言にこの5000ドルについての言及がありませんでした。すると遺言執行を引き受けた遺言執行者が，5000ドル支払うという約束は有効な約因がないので支払えないと言い出したのです[8]。

遺言執行者は遺産処理について全責任を負っており，法的に見て有効な債権は取り立て，有効な債務を支払う義務があります。甥に対する債務を支払うべきでないと判断したのは，未成年者が酒やたばこを控えるのは当然のことであり，当然のことをして5000ドルものお金をもらおうというのは支持できないからでした。当時の5000ドルがどの程度のものかはわかりませんが，今なら1000万円とか5000万円とか，ともかく相当の金額であったことは間違いありません（決して1ドル100円で50万円と

---

7) 叔父から甥への心打つ手紙の内容は，藤倉晧一郎ほか編『英米判例百選』202頁（第3版・有斐閣・1996年）に訳出してあります。

8) **遺言執行者**（executor）とは遺言で指名されて，故人の遺産に関する処理を委託された人です。アメリカの相続は，被相続人が死亡した時点で財産が相続人に観念上移転すると考えません。遺言執行者か，遺言による指名がない場合には裁判所が選任した**遺産管理人**（administrator）が，その責任において，遺産を調査し，故人の債権債務関係を清算し（その時点で相続税も支払い），残った遺産があれば，それを遺言があればそのとおりに，遺言がなければ無遺言相続法に従って配分するのです。いずれにせよ裁判手続を通します。2009年にマイケル・ジャクソンが急死し，遺言の内容が裁判所で公開されましたが，彼ほどの財産がなくとも同じ手続がとられます。

いうことはありません）。そこで，違法なことをしないとか，ある
いは当然のことをすることは有効な約因にならないとして，法律
上，契約が無効だと主張したのです。

　ニュー・ヨーク州最高裁は，この契約には有効な約因があると
して契約も有効だと判断しました。

▶ 2つの判決を比較すると

　この2つの判決を比べると，おかしいと思いませんか。息子を
介抱した人に費用その他を支払うという約束は無効とされ，酒や
たばこをやめただけで莫大なお金をもらえる約束は有効にされて
いるのです。むしろ逆の結論の方が妥当ではないでしょうか。

　しかし，そうではないのです。アメリカ法における常識を何と
か説明してみましょう。

　まず，約因というのは「対価」と訳されることもあります。英
文契約書の中では "A in consideration of B" という表現が見られ
ることもあります。これは，「X が Y の B という約束（または行
為）を『考慮』して A を約束する」ということです。法律的に
翻訳すると，「B を『約因』として A を約束する」ということに
なり，B は A の約因だということです。したがって，それを言
い換えれば，B は A の「対価」だということにもなります。

　問題は，そこでの「対価」の意味です。Mills v. Wyman で，
ワイマンが支払おうといったのは，ミルズが息子の介抱にあたっ
てくれたからです。そこには対価関係がありそうです。しかし，
マサチューセッツ州最高裁はこれは約因ではないとしました。実
は，マサチューセッツ州最高裁ばかりでなく，アメリカではどこ
でも同じ結論になります。それは，約因と認められる対価は，こ
れから B をしてくれれば A をするという場合だけを意味するか

らです。言い換えれば，将来の交換取引を内容とする約束と合意だけを，アメリカ法では「契約」として保護するのです。

Mills v. Wyman の例でいえば，ミルズが介抱を始めてすぐにワイマンに連絡し，「費用を支払おうと約束してくれれば介抱を続ける」ともちかけ，ワイマンがそれに同意した手紙を返せば，それは有効な約因であり，最高裁はこの契約を有効にしたのです。ところが，実際には，すでに介抱は終わっており，それを知らせただけで，それに対してワイマンが支払おうと書いただけです。

このような約束は，裁判所で強制して法律上の効果を認めるに値しないとアメリカ法は宣言しているのです。それはなぜか。

何か事情があってワイマンは支払いを拒んでいるのです。おそらくミルズはそれが許せなかったのでしょう。この経緯を見ると，ミルズはまさに善意で自発的に介抱しているのであり，初めから費用の支払いをあてにしていたはずがありません。ところが，支払うという手紙がきながらそれが実現しないので，急に費用の支払いがなされるべきだと思うようになったのです。しかし，聖書にあるよきサマリア人の挿話[9]を思い起こさせるような「いい話」が，裁判所が中に入って無理矢理，約束の法的拘束力を認めることで復活するでしょうか。アメリカ法の常識は，それは道徳や自発性の世界に委ね，法が介在すべきでないといっているのです。

▶ 将来の交換取引を契約法で保護する理由

では，将来の要素の入った交換取引なら約因ありとして有効な契約にするのはどうしてでしょうか。

---

9) ある人が追いはぎにあって倒れていたところ，見て見ぬふりをした人が多かったのに，当時，軽蔑されていたサマリア人だけが介抱して助けたという聖書の中の寓話です。

それには，第1回で述べた win-win game という正当化がなされています。私の授業では，私の腕時計を学生 A に対し3日後に 1500 円で売ると約束した（学生 A もそれに同意した）というのを例にしています。経済学の初歩の話ですが，この売買契約にどのような意味があるかが問題です。

①私にとって，腕時計は 1500 円より価値の低いものです。仮にそれを 500 円としましょう。だからこそ，1500 円と交換しようとしているのです。私はこの契約によって 500 円のものの代わりに 1500 円を得ることができます。

②学生 A が腕時計を 1500 円で買おうとしているのは，彼にとってその腕時計が 1500 円を上回る価値を持っているということです。たとえばそれを 5000 円としましょう。彼にとっては 5000 円のものを 1500 円で入手できるのですから，この契約で満足です。

③腕時計には心がありませんが，仮に心があったらどうでしょうか。この取引に大喜びしているに違いありません。なぜなら，今まで 500 円としてしか扱ってもらえなかったものが，この契約のおかげで一挙に 5000 円の待遇を受けるからです。今まで以上に有効に働けるということです。

腕時計は，地球上のあらゆる資源の代表です。**将来的な交換取引**（bargain とか deal と呼びます）は，限られた資源をより有効に活用するための手段なのです。

以上のように，この売買契約は，両方の当事者にとって喜ばしいものであり，だからこそ win-win game とも呼ばれ，しかも取引の対象となった目的物の**効率性**（efficiency）も高めることができます。それゆえに，社会的に有用な契約であり，法によって保

護するに値すると考えられるのです。約因は将来的な交換取引であることを保証する証拠となります。

　仮に，私が学生Aに対し，3日後に腕時計をあげようと約束し，Aも同意したとしましょう。このケースでは先ほどのシナリオは成立しません。もしかしたら私は5000円の価値のあるものを特に目をかけていたAにあげようとしているのに，Aはすでに時計はたくさん持っており，それほどにはありがたいと思っていない可能性があります。500円程度の価値だと考えるかもしれません。英米契約法では，贈与は契約とは認められません。そこに将来的な取引の要素を含む対価関係がないからです。つまり約因がないからです。したがって，それは任意に約束が履行されるのならともかく，贈与者が急に気持ちを変えて「もうあげない」と告げたときに，契約違反だと訴えても裁判所は助けてくれません。

▶ 叔父と甥の約束のケース

　今度はニュー・ヨークの成功した実業家S氏のケースを思い起こしてみましょう。彼は，不良になりかかっている未成年の甥を心配し，まっとうな生活をすれば5000ドルという法外な一種の賞金を上げると約束します。甥は実際にそれを実行して5000ドルを請求したのですが，果たしてこの契約は有効か否か，これが問題です。

　これが日本であったらどうでしょうか。日本の法律家は次のように考える可能性があります。

　①民法132条には，明確に「不法な行為をしないことを条件とするものは無効」と明記されている10)。未成年者は酒やたばこを禁じられており，それをしないという約束はまさにこれにあたる

ので契約として無効とされる。

　②仮に、甥が慎んだ行為が違法行為でないものも含む場合であっても、いずれにせよ誰でもが当然にすべき事柄で軽微な負担しかない行為と、当時の5000ドルという法外な対価ではあまりにも隔たりがあり、法律的な効果まで持たせようとする意思（効果意思）がなかったと解釈してやはり契約の効果を否定できる。

　ところが、ニュー・ヨーク州最高裁は、この約束に約因あり、したがって有効な契約だと判断しました。これは何を意味するのでしょうか。アメリカの法律家は次のように考えます。

　①契約の成立には意思の合致（合意）に加えて約因が必要である。

　②約因とは将来的取引の要素を含む対価関係の証拠である。

　③本件では、叔父のS氏は、甥が5年間まっとうな生活を送ること（実際の行為をすること）を約因として、5000ドルを提供すると約束しており、実行行為と約束の間で確かに将来的な対価関係がある。

　④したがって、法も裁判所も、それ以上対価関係の内容に介入しない。ただし、そうはいっても、たとえば「ある人を殺したら」というような約因、つまり違法な行為を内容とする約因は無効とされるが、違法な行為をしないというなら、それは反社会的なものではないので（脅迫・強迫にもあたらない限り）、有効とされる[11]。

---

　10)　民法132条：不法な条件を付した法律行為は、無効とする。不法な行為をしないことを条件とするものも、同様とする。

　11)　「おまえを殺さないことにするから、5万ドル」というのは、違法行為をしないといっても明らかに恐喝です。このようなケースを含まないという意味です。

⑤重要なことは，対価関係の内容に介入しないことである。それがどんなに均衡を失しているかに見える場合でも，叔父S氏にとってはそれが5000ドルに値したということである。それはまさにS氏の自由な判断であり，それを保障することこそが契約の自由の意味である。

▶ 約因の機能

どうでしょうか。アメリカ契約法上の約因の意義が見えてきたでしょうか。

スタートラインは，いかなる社会でも人は何らかの約束をしながら生きていくということであり，しかしながら，いかなる社会もすべての約束に法的効果を認めるわけではないということです。

私の授業では，ごく簡単な例として，やはり学生Aとの間で，私が明日のお昼を一緒に食べようと約束し，場所も学校の正門の所と指示したという例をあげます。ところが私は現れません。Aがどれだけの時間を待つかは，彼の人間性とその日の都合によるでしょうが，たとえばアルバイトに遅れるのもかまわず1時間待ったとします。しかも，後でわかったことは，私には約束を破る正当理由はなく，むしろ「契約を破る自由」とかいって平然としているのです[12]。法学部の先生が「契約」を守らないとは何事かと憤慨し，「許せない」と考えて裁判所に訴えたとしましょう。

アメリカでは確実に裁判所での救済は受けられません。この約束には何ら約因があるとは認められないからです。おそらく日本の裁判所でもこのような訴えは取り上げてくれません。裁判所はそれほど暇ではないからです。しかし，理由として「約因がな

---

12) アメリカ契約法上の「契約を破る自由」の意義については次回（第5回）に取り上げます。

い」とはいえないので，日本では，法律的な効果まで持たせるような意思がなかったという解釈で同じ結論を導きます。

いずれにせよ，すべての約束に法的効果を持たせることはないとすれば，どのような約束に法的効果を持たせ，どのような約束には認めないかを決める必要が生じます。それを日本では契約の解釈で行い，アメリカ法（および英米法一般）では，約因の有無で行っているのです。どちらが外形的にはっきりしていると思いますか。明らかに約因の方です。客観的に見て，将来的な要素を含む取引的対価関係があるか否かを判断することだけが求められているからです。

しかも，その要素だけあれば，対価が均衡しているか否かを問題としない点も重要です。それは対価が均衡しているか否かは，まさに当事者が自己責任で自由な判断によって決めるべき事柄だからです。私の腕時計は私にとって 500 円程度のものですが，学生 A にとっては 5000 円の価値があるのです。自由主義・個人主義・資本主義とはそのような価値の相対性を認める社会のはずです。

また，贈与を契約と認めず，約因がないからという正当化を与える際には，約因法理に「熟慮機能」があるという説明もなされます。つまり，人は時に，一時の感傷や同情や気分によって「これをあげよう」と約束することがあります。うっかり言葉が出ることもあります。一晩たって，何であんな約束をしたのだろうと後悔することは少なくありません。日本法では，書面がない限り取り消すことができるということにして，このようなケースを救おうとしています。書面にする際に，もう一度じっくり考えるだろう（熟慮機能）ということです。英米の約因法理は，そもそも贈与には約因がないという理由で，このようなケースを救います。

ただし，実際に贈与を実行してしまった後は，「約因がないはず
だ」といってもだめです。約因法理が適用されるのは，あくまで
も履行前の約束についての話であることに留意してください。

3 約因の定義

　判例法を中心とするアメリカ法では，判例法の具体的内容にア
クセスしやすくするため契約法や不法行為法など基本的な法分野
でリステイトメント（条文の形で判例法を再記述したもの）が作られ
てきました[13]。ここで契約法第2次リステイトメントを参照して
みましょう。その第4章は「契約の成立──約因」という表題を
持ち，「第1節 約因の必要性」に続けて次のように規定します[14]。

> ◆71条　交換取引の必要性──交換取引の類型
>   (1)　約因を構成するためには，（約束に対して）履行または反対
>   約束が交換的に取引（bargained for）されなければならない。
>   (2)　履行または反対約束は，それが約束者によって約束と交換
>   に求められ，かつ受約者によって約束者の約束と交換に与え
>   られる場合に，交換的に取引されることとなる。
>   (3)　履行となるのは次のものである。
>   (a)　約束以外の行為
>   (b)　不作為
>   (c)　法律関係の設定，変更，解消
>   (4)　履行または反対約束は，約束者のみならずその他のものに
>   与えてもよい。また，受約者からではなく，その他のものか
>   ら与えることもできる。

---

13)　参照，松浦以津子「リステイトメントとは何か」加藤一郎先生古稀記念
　　『現代社会と民法学の動向(下)』495頁（有斐閣・1992年）。
14)　Restatement (Second) of Contracts §71 (1979).

通常の契約では，約束と約束が交換されます。「時計を明日売り渡しましょう」，「明日代金を支払いましょう」というわけです。しかし，叔父Ｓ氏と甥の合意のように，例としては少ないのですが，約束ではなく実際の履行が約因とされる場合があります。叔父にとって，甥の「約束」には意味がありません。実際に21歳までまっとうな生活を送ること，に意味があるのです。そこで，実際の履行と約束を交換することにしました。この場合，履行が約因となっているわけです。

同様の事例としては，たとえば「迷子の子犬を見つけてくれたらＸドル支払おう」というような懸賞広告契約が考えられます。

約束と約束が交換された場合を bilateral contract（双方的約束による契約），現実の履行と約束が交換された場合を unilateral contract（一方的約束による契約）と呼ぶことがあります。実は，後者では，履行する当事者には，履行する義務がありません。約束していないからです。ただし，履行をしてそれを相手方（約束者）に通知すると，相手方に義務（Ｘドル支払う義務）が発生します。逆にいえば，履行が終了するまで，相手方にも義務は発生しないので，約束を取り消す自由があることになります。

これに対し，約束対約束という形をとる通常の契約では，約束した時点で，お互いに義務が発生します。

●● 蛇足ですが ●●

約因のない契約は英米契約法では「無効」だと述べましたね。正確にいうと，それは少し問題です。アメリカで贈与を実行してもそれが契約としてそもそも無効なら，いったんあげたものを後で取り返す可能性が出てくるはずです。しかし，前に述べたようにそうではありません。贈与は任意に実行されてしまえば有効な

のです。

　約因のない契約は，英語では void（無効）ではなく，unen-forceable な契約になります。Enforce することができないという意味です。Enforce する（強制する）のは誰でしょうか。もちろん裁判所です。Enforce というのは訳しにくい言葉で，強制するとか強行すると訳しても，実際には，約束通りの実行を強制するわけでもありません。次回に見るように原則として損害賠償を認めてくれるという意味です。しかし，いずれにせよ，「裁判上の救済を認める」という意味です。したがって，unenforceable な契約とは，「裁判所に訴えても救済してくれない」という意味であり，任意に履行すれば（裁判所に訴える必要がないので）それは有効です。日本法上の言葉では「自然債務」ということです。

　ここでは，観念的に契約が無効かどうかよりも，裁判所で救済が認められるか否かをまず問題にしている点に注目してください。契約をめぐって紛争が生じた場面をはっきり意識した言葉であり概念だということです。まさに「事件は現場で起きている」ことを実感させます。決して法学者の頭や抽象的な条文の中で起きているのではありません。

　わざわざ裁判所が介在して（ということは英米法では「法の力によって」と同じ意味です）契約に法的効果を与えるか否かが問われており，抽象的に「権利とは」，「債権債務とは」というように考える傾向が薄いことの表れでもあります。

> **今回のポイント**
>
> 　いずれの国においても，あらゆる約束（または合意）を法的な拘束力のあるものとすることはありません。そこで，契約法の第1の問題は，いかなる約束（合意）に法的拘束力を認めるか，契約と

して法的保護を与えるかになります。

　英米法は，約束について約因（consideration）が認められる場合に法的拘束力を認めるとの立場をとりました。約因によって裏づけられる将来の交換取引のみを契約として保護する背景には，将来の交換取引こそが現代の資本主義社会において重要な契約だとする判断があります。同時に，**約因の相当性**（対価の均衡）**を裁判所は審査しない**との立場がとられています。外形的に判断される約因法理によって，実は契約の自由を守り，他者（裁判所）による事後的な介入を阻むことが期待されています。約因法理は，アメリカ契約法において契約の自由を支える大きな柱なのです。

　英米法は判例法主義をとり，裁判所の役割が何より重要でした。その裁判所が，契約法の場面では約因法理によって自らの役割をきちんと制約し，当事者の自由を尊重しているのです。

第5回

契約を破る自由

1 はじめに

もう1回だけ契約の話をします。本当は契約法だけでも興味深い論点は数多くあり，まだまだ続けることができるのですが，アメリカ法は契約法より広いのですから，次回からは他のテーマへ移ることにします。

まず，考えていただきたいのは次のような設例です。

▶ 自転車工場の悩み

Yは自転車を製造する工場の経営者である。いわゆる中小企業だが，特に電動自転車関係では高い技術を誇っており，自転車生産が海外へ移転する中で健闘していた。

ある日，Yのもとに次のような依頼があった。X会社から，新しい自転車の素材を開発したのでこれで1000台の自転車を3カ月で作ってくれというのである。新素材の自転車はいっそう軽く，しかも耐久性に優れており，交渉の結果，納入予定価格が決まり契約を結んだ。1台あたりの単価からしてYには15万ドルの利益が見込めると計算できたからである。ただし，新素材を使う点だけが新しいので，この自転車はY工場でなくとも生産は容易だった。

ところが，契約を結んだ次の日に A 会社から別の話が舞い込んだ。これは Y が技術を誇る電動自転車，具体的にはバッテリーを軽量化した新型電動自転車の生産依頼だった。Y 工場のような特殊な技術を持っている工場でしか生産が難しいものであり，電動自転車の販売拡大が見込めるために 5000 台の大型発注で，6カ月で生産し引き渡すという内容である。こちらの契約からは，Y には 50 万ドルの利益を見込むことができる。

　問題は，前の日に結んだ契約である。Y は中小企業で生産能力を拡大することは難しく，どちらかの生産しかできない。同時に 2 つの申込みがあれば，文句なく電動自転車生産を引き受けるはずだが，すでに X と契約してしまった。しかし，わずか 1 日の違いであり，新素材自転車の生産にとりかかっているわけでもない。X との契約をやめたい。やめていいものだろうか。

　あなたが Y ならどうしますか。この設例は，第 1 回で取り上げた W の契約書で紹介したサマーズ教授とヒルマン教授の共編になる契約法のケースブックに載せられている判決をもとに作り替えたものです[1]。そこでは椅子を製造する契約を結んだところ特殊な机を作る話が舞い込んだということになっていますが，伝えたいポイントは同じです[2]。

　ケースブックでは，Y は弁護士に相談し，「アメリカ法は契約

---

1)　R. Summers & R. Hillman, Contract and Related Obligation 345 (5th ed. 2006). 初版は 1987 年で，掲載頁は 334 頁です。

2)　椅子と机での設例は，元々，Peter Linzer, On the Amorality of Contract Remedies-Efficiency, Equity, and the Second Restatement, 81 Colum. L. Rev. 111, 114-115 (1981) という論文で使われたもので，1983 年の私の学会報告でも利用しました。樋口範雄「契約を破る自由について」アメリカ法 1983 年 2 号 217 頁（1984 年）。

を破っていいといっているのです。それは "efficient breach（効率的契約違反）" と呼ばれています。ただし，損害賠償だけは払わなければなりませんが」という回答を得て，Xに払うべき損害賠償額を計算し（たとえば9万ドル），それを払ってもなお新しい契約に飛びつく方が利益が大きいと判断したことになっています。そして，すぐにXに電話し，「契約は守れないことになった。他で調達してください。それに伴う損害の賠償はしますから」と伝えたものの，Xはこの対応に怒り，裁判所に訴えたことになっています。Xが裁判所に求めた請求の趣旨としては，（ここでの設例に即して翻案すると）自分との契約を守らせるよう強制履行の命令を出すこと，Aのための電動自転車を作るのを差し止めること，それらができない場合には，Yに対し損害賠償だけでなく懲罰賠償も課すこと，そうでなければYがAとの取引で得る利益をすべて自分の損害賠償の中に含めて賠償させること，が列挙されました。

　しかし，裁判所の結論は通常の損害賠償だけだったのです。それを仮にYの計算通りの9万ドルだったとすると，Yは契約を破ることによって50万ドルマイナス9万ドルの41万ドルを得たことになります。それは契約を守った場合の15万ドルよりはるかに大きく，Yの見込み通りになりました。このケースでは裁判になりましたが，そこから弁護士費用等を支払っても，それでも15万ドルよりも大きな利益が残ったのです。

　今回は，「契約を破る自由」をテーマにします[3]。ここまでのポイントは，自由といっても自由勝手ということではなく，「損

　3）　これについてさらに詳しくは，樋口・前掲注2）の論文のほか，同『アメリカ契約法』43頁以下（第2版・弘文堂・2008年）を見てください。以下の説明もこれらに基づいています。

害賠償責任だけは果たした上での自由」だという点です。しかし，それでも契約を破っていることには違いありません。

2　日本での対応

　私は，1983年5月，日米法学会で初めて学会報告というものをしました。題名は「契約を破る自由について」です。その当時，わが国では「日本人の法意識」論が盛んで，契約についても，「日本人は契約を文書にしない」とか，「文書にしてもそれは簡単なメモ程度のものでよいと思っている」とか，あるいは「日本人は契約を結んでも簡単に変更できると思っている」というような説が論じられていました[4]。要するに，「日本人の契約意識は低いし甘い，それに対し欧米の契約は絶対に守らなくてはならない絶対的で厳しいものだ」という俗説と，近代法の原則は現実的履行の強制だというような考えが浸透していたのです。

　「欧米の」というような荒っぽい考え方がおかしいですね。大雑把な考え方に意味のある場合もありますが，ここでは誤りです。私は，アリゾナ大学のロー・スクールでドッブズ（Dan B. Dobbs）教授の不法行為と救済法のクラスの参加者に協力してもらい，先ほどのような質問（たとえば，「契約する場合文書にしますか」というような質問）を英訳して，アメリカ人（のそれもロー・スクールの学生）がどう答えるかをきいてみました。その回答は日本での世論調査と同じようなものだったのです。

　そればかりでなく，当時の論文では，契約を破ることを積極的に評価するものが出始めていました。そこで，少なくとも「欧

　4）　樋口・前掲注2）の論文では，それらへの批判がなされています。

米」のうちのアメリカでは「契約を絶対に守る」とは考えられて
いないことを伝えようとしたのです。以下に説明することは，実
はコモン・ローの原則ですから，アメリカばかりでなく，イギリ
スにもオーストラリアにもカナダにもあてはまります。ただし，
このようにはっきりというのはアメリカ人の学者だけだったので
す。

▶ 学会報告の顛末

　ともかく，私の学会報告は，大反響を呼び起こしたわけではあ
りませんでした。好評だったかも疑問です。報告の後，きわめて
妥当な次のような質問が出され，とっさにうまく答えられないと
いうこともありました。当然に出てもよい疑問であり予想もでき
たはずなのに。

　それは次のような質問です。「あなた（＝私）のいうことが正
しいとすると，アメリカではお金（＝損害賠償）さえ払えば契約
を破ってよいと考えていることになる。それを自由と呼ぶのなら，
不法行為で他人にけがをさせるなどの損害を与えても法律上は金
銭賠償になるので，不法行為をする自由があることにならないの
か」。

　アメリカでも，もちろん不法行為をする自由はありません。そ
れは，損害賠償の内容が違うことではっきりしています。最も典
型的なルールとしては，契約違反に懲罰賠償なし，それに対し悪
性の強い不法行為には懲罰賠償まで課してまさに罰しようとして
いるのです。しかし，そのようなかっこいい答えが，そのときは
できませんでした。

　私は，1981 年から 1983 年春まで 2 年間アメリカ留学の機会を
得て帰国直後でした。昔でいえば「洋行帰り」の新知識を披露し

たということですが，契約法に関する新しい法律がアメリカで制定されそれを紹介したわけではなく，昔ながらのルールを視点を変えて説明しただけなので，すぐには信じてもらえないと思っていました。そこで利用したのがアメリカの権威です。

1人は，アメリカで最も著名な法学者であり裁判官であった**ホームズ**（Oliver Wendell Holmes, Jr.）です[5]。彼はマサチューセッツ州最高裁首席裁判官だった時代にボストン大学ロー・スクールに招かれ，「法の道」と題する講演をしました。それがそのままHarvard Law Review（ハーヴァード・ロー・スクールの雑誌）に載せられているのです[6]。その中で，彼は，契約法において法と道徳との混淆が行われていることを強く非難し，**契約違反は悪ではない**と明言しました。英米法上，契約を結ぶということは，契約を履行するか損害賠償を支払って履行をやめるかの選択権を持つことを意味するにすぎないというのです。それは債務者の権利であり，決して債権者の権利ではない，と。

しかし，この講演が行われたのは19世紀末のことであまりに古すぎるといわれた場合のために，現在の契約法の権威を2人目に持ち出しました。そうです，コロンビア大学の**ファーンズワース**（E. A. Farnsworth）教授です。彼は，現在の**第2次契約法リステイトメント**の起草者だったからです。そして，彼もまた次のようにいうのです[7]。

---

5)　ホームズは，アメリカの最も偉大な法律家の1人です。ハーヴァード・ロー・スクール教授，マサチューセッツ州最高裁首席裁判官を務めた後，30年以上にわたって連邦最高裁の裁判官として活躍しました。最近では，マシュー・パール（鈴木恵訳）『ダンテ・クラブ』（新潮文庫・2007年）というミステリーに，主人公役の父親（Oliver Wendell Holmes）とともに若き息子ホームズが登場しています。

6)　O. W. Holmes, The Path of the Law, 10 Harv. L. Rev. 457, 467 (1897).

> 「やや驚かれるかもしれないが，アメリカ契約法上の救済制度の目的は，債務の現実的履行の強制ではない。……問題は，どうやって債務者に約束を守らせるかではなくて，どうしたら人々が契約関係に入るのを促進できるかである。……ともかく，誰もが認める契約締結の自由とならんで，契約を破る相当の自由（a considerable freedom to break them, them＝contracts）が同様に認められているのである」。

　このようにアメリカの２大権威も持ち出したのですが，それでも「契約を破る自由」という考え方にはついていけないという人が，少なくなかったようです。私の説明が不十分だったためもあるでしょうが，この点では，アメリカでも，ファーンズワース教授が「やや驚かれるかもしれないが」と始めている点と，ホームズが**リーガル・リアリズム**（法的現実主義）の始祖ともいわれている点を思い起こすべきです[8]。リアリズムとは，表面的な説明でなく現実を見据える考え方であり，彼は常識を覆すような，それでいて，あらためて考えるとそうかと思わせるような警句を多数残した人ですから[9]，契約を破る自由も，アメリカですら誰にとっても常識というわけではなかったのです。

---

7)　Edward Allan Farnsworth, Contracts §12. 1, at 840（4th ed. Aspen 2004）.

8)　リーガル・リアリズムとは1920年代以降アメリカで盛んになった考え方だといわれています。代表例として，ジェローム・フランク（棚瀬孝雄＝棚瀬一代訳）『法と現代精神』（弘文堂・1974年）。他に，モートン・J.ホーウィッツ（樋口範雄訳）『現代アメリカ法の歴史』214頁以下（弘文堂・1996年）。

9)　たとえば，有名な例として "The life of the law has not been logic; it has been experience.（法の生命は論理ではない，それは経験である）" という言葉。

▶ 大銀行の合併事件

　しかし，日本では，「契約を破る自由」というような考え方は，信じられない他人事なのでしょうか。21世紀になってすぐ，UFJ信託銀行の合併問題で，大銀行同士が訴訟で争う事態が起こりました。時系列で記載すると次のようなことになります。

2004年 5月	UFJ信託銀行，住友信託銀行と翌年3月までに統合することを発表。
7月	UFJグループは，UFJ信託銀行と住友信託銀行の経営統合を中止し，三菱東京フィナンシャル・グループに経営統合するプランを公表。住友信託銀行は東京地裁に統合交渉差止めの仮処分申請を行う。
7月	東京地裁，住友信託銀行の仮処分申請を認める。
8月	東京高裁，東京地裁による統合交渉中止の仮処分決定を取り消す。
8月	最高裁は，住友信託銀行の抗告を棄却。
2005年 3月	住友信託銀行はUFJグループ3社に1000億円の損害賠償請求。
2006年 2月	東京地裁，住友信託銀行の損害賠償請求を棄却。住友信託銀行，不服の範囲を100億円として東京高裁に控訴。その後，高裁和解勧告。
2006年 11月	和解成立（25億円の和解金）。

　簡単にいうと，最初に合併話が進んでいたところをやめてほかに乗り換えたら，最初の相手方が怒って裁判になったという事件です。しかし，当事者が日本を代表する金融機関であり，それほどの大企業同士が裁判で争うということ自体，かつての日本では考えにくいことだったことや，大きくいえば日本経済にも影響のある事件だというのでメディアでも最大級の取り上げられ方をし

ました。その中で,「契約を破る自由」というような話も出てきたのです。

　もちろん,このケースでは,どこまで最初の統合計画が詰められていたか(すでに契約として認められるものがあったか)という問題があり,冒頭の自転車生産の話とは異なる面もあります。しかし,住友信託銀行が訴えた請求の趣旨は,自転車事件のX会社のものと酷似していると思いませんか。明らかな違いは,日本では懲罰賠償がないので,それについての訴えがないくらいです。そして,結論がどうだったかといえば,他との合併を差し止めることは認められず,損害賠償も初めの請求額から見ると微々たるものにとどまったのです。自転車の事件と同じですね。

3　アメリカ契約法におけるルール

　そこでY氏の自転車工場に話を戻しましょう。この工場で,新素材自転車を作るべきだと思いますか。それとも電動自転車でしょうか。設例では,新素材自転車はどこの工場でもできるが,新型電動自転車はまさにY工場でないとできないことになっていますね。そうだとすると正解は明らかです。契約があるにしても,電動自転車を作るべきなのです。

　仮に法が強制して(ということは裁判所が強制してという意味です),無理矢理,初めの契約による自転車を作らせたとすると,それは工場のもったいない使い方だということになります。そうしなくてもよい,工場を最も効率的な利用法で使ってよいというのが,**効率的契約違反**(efficient breach)という考え方なのです[10]。

---

　10)　これは,経済学的な考え方を法に適用したもので,アメリカでは「法と経済学(law and economics)」と呼ばれます。これについては,小林秀之 =

ただし，アメリカの議論では次のようなこともいわれています。仮に両当事者が合理的で，さまざまな取引に何らコストがかからないと仮定すると，法のルールがどうであれ，Y工場は電動自転車を作るという結果になるというのです。

　①契約の強制履行を命ずるというルールがあるとする。その場合，YはXと交渉して，Xにほかで新素材自転車を製造してもらい，自分は電動自転車を製造できるようにする。交渉の中で，電動自転車製造から得られる利益を，何らかの形でXにも配分することで，Xは当初のプラン通り新素材自転車も入手し，それに加えて何らかの利益も得るので満足する。Yは，新たな取引の利益を独占できないものの，Xの自転車製造よりも大きな利益を得ることで満足する。
　②契約の強制履行を命ずることはなく，損害賠償にとどめるというルールがあるとする。その場合，YはXと交渉する必要はなく，電動自転車を製造する。XはYから損害賠償を得るとともに，ほかから調達して満足する。Yは損害賠償を支払い，Xとの契約で見込んだ利益に損害賠償を加えても，なおそれより大きな利益を得るので満足する。

　いずれのシナリオでも，結局，Y工場が「もったいない使い方」をされることはない，というのです。実際には，当事者は完全に合理的と限らず，また取引コストもゼロということはないので，どちらでも同じとはいえないのですが，この議論は3つのこ

　神田秀樹『「法と経済学」入門』（弘文堂・1986年）や，ロバート・D.クーター＝トーマス・S.ユーレン（太田勝造訳）『法と経済学』（新版・商事法務研究会・1997年）を参照してください。

とを教えています。

　1つめは，法的なルールが決まると現実もそのようになるというふうに法律家は時に考えがちですが，そうではない場合のあることを強烈に示している点です。法の限界を示すものであり，同時に，それとは別の結果をもたらすのが，自発的な当事者の交渉だと考えられているところにも注目すべきです。結局は，当事者が自分たちのルールを決めることができるということです。

　2つめは，それとまったく逆のことですが，法的なルールがどうであるかは当事者の関係に影響を与えるということです。この設例では，Ａ会社との取引で見込まれる利益の配分に影響します。そして，①の強制履行原則は債権者の立場を強くするものです。それに対し，コモン・ローが採用する②の立場は，債務者の立場を強くしています。

　一般に，債権者と債務者にそれぞれなりやすい人は誰かと考えます。社会的強者は前者になりやすいといえるでしょう。日本法が強制履行原則を強調しているとすれば，それは，「契約を守ることは当然だ」という美名の下に，実は債権者のための法を擁護するとも考えられます。前述の大銀行同士の争いでは，強者対弱者というようなことはいえないでしょう。しかし，あくまでも仄聞したところですが，この争いのための意見書を記した学者について，民法学者は当初の統合話を守る側に，商法学者はむしろ新しい話に飛びつく側に有利な意見書を提出したそうです。物権以上に債権の優越的地位が強調される現代において，これ以外でも相殺などさまざまな場面で債権者寄りの立場を明確にする民法学とは何だろうかと考えてもしまいます。ただし，債務者が常に弱者かといえば，もちろんそんなことはありませんが。

　本筋に話を戻すと，アメリカの議論は，一方で法の限界も教え，

他方では法の重要性も示しているということです。

そこで3つめは，アメリカの議論では，結局最も重要なのは Y の工場が「もったいない使い方」をされないことだというところです。この議論では，法がどのようであれ同じ結果に達することができるはずだと結論づけられていますが，法の目標がその結果であること自体は変わりません。この一連の経緯から生ずる損害や利益をどう配分するかを決めるのが法の目標とはされていないということです。

▶ 具体的なルールの数々

契約違反をしようとする Y の立場になって考えてみましょう。Y が，X との契約を破り，A 会社のために電動自転車を作ろうと決断するためには，いくつかの条件が必要です。

まず，X から裁判所に訴えられても，X 間の契約の強制履行命令や A 会社との取引の差止命令が出されないという保証が必要です。次に，損害賠償として X に支払うべき金額が計算できて，しかも低額である必要があります。それが計算できなければ，新たな取引が本当に有利かどうかわかりませんし（何しろ損害賠償は支払わなければなりませんから），さらにそれが計算できても，たとえば100万ドルなら新たな契約に飛びつくことはできません。損をするからです。

そういう観点から見ると，コモン・ローのルールはよくできています。

①**契約違反に対する原則的救済は損害賠償であり，例外的な場合だけ強制履行が命じられる**[11]。
②契約違反に対して懲罰賠償はない[12]。契約違反が悪でないのなら懲罰するはずはない。

③当事者が契約違反の際の損害賠償額の予定条項（liquidated damages clause）を約定していたケースで，その額が契約違反によって生ずると推定される損害とかけ離れて高額の場合には**違約罰**（penalty）として無効にされる[13]。反対に低額の場合には，違約罰とされて無効となることはない。

　④裁判所の認定する損害は，通常損害（general damages）と特別損害（special damages）に分かれ，前者は客観的に市場価格で算定されるような損害，後者は債務者の予見可能な範囲で認定される損害とされている。したがって，債務者は，自らが債権者に支払うべき賠償額を計算することが理論上可能である。

　⑤精神的損害に対する賠償（日本法上の慰謝料）は契約違反に対しては認められない。

　⑥自らの弁護士費用は自分持ちであるが，相手方の弁護士費用は持たなくてよいというのがアメリカン・ルールである。

　⑦判決前の利息（prejudgment interest）はつかない。利息は判決があったときから。

　このように並べてみると，これらさまざまなルールが，損害賠償を選択する債務者の自由を実質的に支える役割を果たしていることがわかるでしょう。

---

11) 元来の理由は，損害賠償がコモン・ロー上の救済であったのに対し，強制履行を命ずる救済がエクイティ上のものだったことにあります。ここで，**コモン・ローとエクイティ**という区別が重要になりますが，それは第9回で説明します。

12) Ｗの訴訟を思い起こしましょう。第3回でしたね。

13) 日本の民法420条3項では「違約金は，賠償額の予定と推定する」とされ，違約金と銘打ってもただちに無効となりませんが，アメリカ法では，違約金（違約罰＝penalty）は無効とされます。あくまでも損害賠償額の予定でないといけません。

▶ その理由は

では、なぜアメリカ法は、契約を破る自由を認めるのでしょうか。学会報告では、考えられる理由をたくさん並べました。たとえば、ホームズは、法と道徳を区別するというところから議論を始めていました。それも大きな問題です。法と道徳の関係は永遠の課題だからです。

しかし、結局のところ、「自由」と「競争」についての考え方に行き着くようです。何しろ、すでに契約を結んでいてもなお一定の「自由」を保持したいというのですから。そして、それを認めることは、契約が結ばれた段階でいったん競争中止とならないことを意味します。自転車工場の話では、Yに突然新たな取引がもたらされることになっていましたが、そうでなく、YがXとの契約後もなお社員に命じて「もっとうまい取引」(better deal) を探させた結果でもかまわないからです。要するに、契約が一種のプランニングだとすると、両当事者は契約締結により一定の利益（履行利益＝契約が履行された場合に得られるはずの利益）を見込むことができ、それを踏まえてなおさら利益追求の行動をしてもよいというわけです。

「競争」はアメリカではプラスの言葉です。過当競争というのはきっと英訳すれば excessive competition でしょうが、ほとんど聞いたことがありません。Unfair competition（不正競争）はアメリカでもだめですが、過当な競争は「過当」でも何でもなく、あるべき姿です。そして競争によって実現されるのは、より効率的な社会であり、限られた資源の効率的利用です。法はそれを邪魔せず、支えているのです。

同時に、ファーンズワース教授が「問題は、どうやって債務者に約束を守らせるかではなくて、どうしたら人々が契約関係に入

るのを促進できるかである」と述べていた点にも注目する必要があります。アメリカ契約法は，win-win game であり社会にとっても有益な契約がより多く結ばれるようにすることこそが重要であること，言い換えれば，安心して契約を結べるような法制度こそ法の目的であるというのです。その意味は，「契約を結んだ場合に，往々にして人は後でそれを後悔することがある。その時に，必ず契約を履行しなければならない，履行を強制されるというのでは，慎重にならざるをえない。そうではなく，相手方の履行利益だけ賠償すれば，それ以上の責任は免れると法が保証することにより，安心して気楽に契約を締結できる」ということです。

　債務者の「自由」を保障することこそが，契約の促進となるという考え方が示されています。法の強制は，それを妨げるだけだというのです。

　●● 蛇足ですが ●●

　契約違反に対する損害賠償の基本が通常損害であり，通常損害とは，市場価格で算定できるものだという考えも，自由主義・資本主義国アメリカならではだと，あらためて感じます。自転車製造の設例でいえば，X 会社の取得する通常損害は，X 会社であろうが誰であろうが支払われるべき損害であり，だからこそ市場（マーケット）が基準となるのです。その例でいえば，自転車製造業界の市場を想定し，Y が作らないという場合に，他の事業者が X に提供する販売価格を考えて，それが Y との契約価格より高いものなら，その差額は通常損害として誰にでも発生するというのです。確かに，契約違反をされた当事者はそれに代わる措置を講ずる必要がありますから，誰でも代替品市場へ赴くはずであり，それはまさに誰にでも生ずる損害となります。そこには「市

場」への信頼があります。

それに対し，X会社に特有の事情はすべて特別損害となり，それはYが予見可能なものでなければなりません。たとえば，新素材自転車は競輪に使われ，X会社がそこからも利益を得る予定であったとすれば，それはまさにX会社が当事者だからこその特別損害です。それがYにとって予見可能であり，そこまでの利益を保証するケースでなければこの特別損害は補償する必要がありません。それどころか，X会社が，「新素材自転車は作れなくなった」という電話を受けながら，納期まで放っておき，納期の時点でこれだけの損害が生ずると主張しても，早期に他から取得する措置をして損害の発生や増大を防ぐべきだったとして，それによって生じた特別損害はYからはとれません。要するに，相手方の契約違反に怒って，それにこだわるのではなく，X会社にも合理的な行動が求められているのです。

それは，契約が，当事者それぞれの利益追求の手段であり，その活力を利用して社会全体の富の増大を図っている以上，business is business という合理的精神に則ることが必要だからです。

今回のポイント

　契約を破る自由とは，自由勝手ではありません。相手方が契約によって期待していた履行利益を損害賠償として支払うことは，まさに契約当事者の自己責任です。しかし，それ以上に法が強制したり，契約違反を悪だとして非難したり，気持ちを傷つけたとして慰謝料を払うというような必要は（少なくともアメリカ法上は）ありません。現実的にいえば，それは金を払って契約関係から離脱する自由を認めていることになります。

　不法行為をしてしまった場合でも，アメリカ法の原則的救済は金銭賠償です。しかし，そこでは不法行為の自由があるとは決してい

えません。そのことは，同じ損害賠償といっても，契約違反に対する損害賠償と不法行為に対するものとでは内容が異なるという点を意味しています。債務不履行で訴えようと不法行為で訴えようと，損害賠償としては同じになると考えられている日本法とは大きな違いがあります。次回からは，不法行為法を取り上げてみましょう。

第2部	★ ★

アメリカの不法行為法

第6回	不法行為法と 過失責任主義
第7回	泥棒にも三分の理 — 故意と過失 —
第8回	2つの マクドナルド事件

INSPIRING AMERICAN LAW

第6回

不法行為法と過失責任主義

1 はじめに

　民法を習い始めたときに，民法の3大原則を習ったことがあります。所有権の絶対，契約の自由，そして**過失責任主義**です[1]。もっとも3大原則といって何をあげるかは人によってさまざまでよいので，権利能力の平等，所有権の絶対，私的自治の原則と並べて私法の3大原則とする人も多いようです。その場合，契約の自由と過失責任主義は「私的自治の原則」の具体例になります。

　これまで，契約の話を中心にアメリカ法を見てきました。そこでは，そもそも契約の意味がわが国とアメリカでは異なること，契約の自由についての考え方も同じではないところに注目しました。先ほどあげた3大原則は，「近代民法の」とか「近代私法の」とかいわれ，いずれにせよ現代において一定の修正を余儀なくされているといわれるのですが，契約について見る限り，アメリカ法のほうが古典的な自由モデルに忠実なように見えます。私的自治を直訳したような英語（private autonomy でしょうか）は聞いたことがありませんが，そのままの言葉はなくとも，私的自治の精神は脈々と生き続けている感じがします。当事者が自己の利益を

---

1) たとえば，近江幸治『民法講義 I 民法総則』14頁（第6版・成文堂・2008年）。

追求し，人生のプランニングをするための法的手段が契約だった
からです。

そこで今度は，過失責任主義を問題にしてみましょう。これは
英語でも "fault principle" といいます。要するに，何らかの帰責
事由がない限り不法行為になることはなく，法的責任はないとす
る原則です。

しかし，私は，**ホームズ**の次の言葉には驚きました[2]。

> 「わがアメリカ法の一般原則は，事故から生じた損害は，それが降り
> かかったところにとどまるべきだということである。この原理原則
> は，事故の発生に人間が介在していた場合にも適用される。」

ホームズというのは，「契約違反は悪ではない」と喝破したあ
のホームズです。今度は，「事故の被害者のもとに損害がそのま
まとどまっても仕方がない」といっているように聞こえます。い
や，「仕方がない」ではなく，「そうであるべきだ」と明言してい
るのです。しかも，人が関与した事故であっても。

もちろん，私は「過失責任主義」は大学で習っており，この言
葉もそれをいっているにすぎないと頭ではわかっていたはずなの
に，こうやってズバッといわれるとあらためて驚いたのです。何
しろ被害者は泣き寝入りすべきだというように聞こえますから。
この驚きがきっかけで 1 冊本を書くことにもなりました[3]。

ホームズは，この言明の後，なぜそうであるべきかを説明して
います。

彼は，人が何かをするときにはリスクを伴うということから説
明をスタートします。自動車の運転ならわかりやすいのですが，

---

2) Oliver Wendell Holmes, The Common Law 76-78 (1881 Howe ed. 1963).

3) 樋口範雄『アメリカ不法行為法』1 頁以下（弘文堂・2009 年）。

単に歩いていてさえ，他人にぶつかって転ばすこともあります。そういう事故が生ずるたびに，必ず行為者に法的責任を負わせることになっているかといえば，アメリカ法ではそうなっていないはずだというのです。

人が何らかの行為をすれば，必ず何らかのリスクが発生します。しかし，社会は個人がそれぞれさまざまな活動をすることによって利益を得ているのです。人が何かをしたいと願い，それを自発的に実行する，その自由な活動によって社会が動いているというのです。

そうだとすれば，たとえ一定のリスクを伴うものであっても，自由な行動を促進することこそ法の基本的な政策であるべきです。それによって他人に損害が生ずることがあっても，それが通常の人間の注意や予見性では防ぐことのできない行為であるなら，法的には「不可避の事故」とされ，雷に打たれるのと違わないのです。

したがって，「不可避の事故」についてまで賠償責任を問うのは，自由な活動を阻害する点で賢明でなく，さらに「不可避の」事故についてまで責任を問うのは「正義」にも反するとホームズは強調しました。

不法行為法の根本原則は過失責任主義です。その説明は，わが国でも「過失なければ責任なし」ということです。しかし，「被害者に被害はとどまるべきだ」というのが原則だといわれると抵抗を感ずる人は多いのではないでしょうか。さすがに**リーガル・リアリズム**ですね。実態はまさにそうなのですから。

それ以上に，日本とアメリカの過失責任主義は同じなのかが気になりませんか。ホームズの言明では，アメリカ法の原則が自由と正義に基づくと強調していました。その焦点は明らかに行為者

に当たっています。他方で，日本の不法行為法の目的は「**損害の公平な塡補**」にあるといわれています。そこでの焦点は損害を受けた被害者にあり，（公平な）被害者救済がキャッチ・フレーズとなります。ちょうど，日本の契約とアメリカの contract が異質であったように，日本の「過失責任主義」とアメリカの "fault principle" が同じものかどうかを考える必要がありそうです。

2　子どもの三輪車事件

　私は 1982 年の秋，ミシガンからアリゾナ大学ロー・スクールに移りました。そこにドッブズ（Dan B. Dobbs）教授がいたからです。アメリカではロー・スクールの教材はもっぱらケースブックで，学生は日本のような教科書（概説書）は買いません。しかし，有斐閣の法律学全集のような概説書のシリーズとしてホーンブック・シリーズがあり，その中に Prosser on Torts のように定評あるものが含まれていました[4]。同じシリーズで 1973 年に出された Dobbs on Remedies は斬新な本でした[5]。わが国では，法を実体法と手続法に区分することがありますが，ドッブズ教授は，救済法という分野を切り開いたのです。実体法でいかなる権

---

4)　Prosser on Torts は，ハーヴァードやバークレイで教え，不法行為法第 2 次リステイトメントの起草者でもあったプロッサー（William Lloyd Prosser）教授が著した不法行為法の概説書です。初版は 1941 年，その後版を重ね，その死後，W. Page Keeton, Dan B. Dobbs, Robert E. Keeton, David C. Owen の 4 教授により刊行された第 5 版（1984 年）が最も新しい版です。第 6 版は刊行されず，ドッブズ教授が，単独で Dan B. Dobbs, The Law of Torts（2000）という書物を刊行しています。

5)　Dan B. Dobbs, Handbook on the Law of Remedies: Damages–Equity–Restitution（1973, 2d ed. 1993）.

利が認められるか，それを認めるためにどのような手続がとられるか，という課題とは別に，その結果，裁判所でいかなる救済が与えられるかについて総合的・体系的に記述した書籍です。当事者にとってそれが最も重要な理由は，自らに何という名前の権利があるかとか，そのための要件が何かとか，あるいはそれが認められるための手続より，最終的にいかなる救済が認められるかに関心を持つはずだからです。

　そのドッブズ教授の授業を受けてみたいと思ったのですが，教授は，救済法のクラスとは別に1年生を対象にした不法行為の授業も開講していました。その両方の授業に参加したのです。

　ドッブズ教授は，その後，不法行為法のケースブックや概説書を刊行することになりますが[6]，その頃は，コピーを簡易製本した厚手の教材で授業をしていました。その冒頭に子どもの三輪車事件が取り上げられていたのです。アリゾナ大学ロー・スクールに入りたての学生が，最初の時間にぶつかる事件です。それは私にとっても忘れられない事件となりました。

▶ 三輪車の事故

　1968年のアイオワ州最高裁判決です[7]。事案はどこにでも起きそうなものでした。3歳1カ月の子どもが三輪車で通行人にぶつかりアキレス腱にけがを負わせたのです。親が謝って医療費その他を負担すれば訴訟にならなかったはずです。しかし，それはなく，被害者の女性は，3歳の男の子とその両親を訴えました。と

---

6) ケースブックは Torts and Compensation: Personal Accountability and Social Responsibility for Injury (1985)（最新版は第6版〔2009年〕で，著者はドッブズ教授のほかに Paul T. Hayden と Ellen M. Bublick です）。概説書は，Law of Torts (2000) です。

7) Van Camp v. McAfoos, 156 N. W. 2d 878 (Iowa 1968).

ところが，結論は敗訴で，文字通り，「事故から生じた損害は，それが降りかかったところ（被害者）に」とどまったのです。

　しかも裁判は簡単に終わっています。というのは，訴状だけ見て，第1審裁判所はこの訴えをそれ以上審理する必要なしと判断し，上訴を受けたアイオワ州最高裁も簡単にそれを認めているからです。例によって，陪審審理のために陪審を選任するとか，証人を用意するとか，その前に当事者双方の情報の開示手続で，**証言録取書**（deposition）をとるなどの手間はいっさいかかっていません。

　いったいどういうことなのでしょうか。同時に，私の授業では，これが日本で起きたらどうなるだろうかと考えてもらいます。実はこれに限らず，判例法主義をとるアメリカ法の説明では，このような具体的判決を紹介することが多くなるのですが，そのたびに次のようなことを考えようとしています。

　①そもそも日本なら同じような紛争が生ずるのか。

　②同じような紛争が生ずるとしてそれが裁判で争われるのか。

　③裁判で争われた場合に結論が同じになり，同じような救済になるか。

　④結論が同じになったとしても理由づけまで同じか。

　⑤いずれについても違いがあるとすれば，それは「なぜ」か。

　三輪車の事故の場合にあてはめると，「イエス」という回答は問①くらいです。他に同じなのは，この問題が，事故といっても，法律的にみれば「子どもの不法行為」に関するものだという点ですが，その内容は日米で大きく異なります。それは，「子ども」に対するとらえ方が違うか，あるいはそれに加えて「不法行為」に対する考え方が違うと思わざるをえません。不法行為は英語で

は"torts"、しかし、"torts"と「不法行為」が本当に同じなのかという問題になります。

　さて、三輪車事故の裁判に戻りましょう。原告側弁護士の提出した訴状は次のような内容でした。被告は3歳の子とその両親であり、3歳の子を訴えた部分では、三輪車で原告にぶつかり損傷を負わせたという記述がなされていました。両親を訴えた部分では、ベビー・シッターに子どもを見ているよう注意していなかった点に過失ありと述べられていました。これに対し、被告の弁護士が、訴状が法律上不十分であるという申立て（motion to dismiss for failure to state a claim）を行いました[8]。訴状だけで「法律上」訴えの価値なしというのです。そして、裁判官はその申立てを認めて訴え棄却の判決を下したのです。

　その理由は、3歳の子を訴えた部分については、訴状に何らかの帰責事由を推認させるような事情がまったく示されていないことでした。人間が介在して事故が生じたというだけで法的責任ありとされていないからです。要するに過失責任主義の下では、「彼のせいで損害を負った」というだけでは、法律上、意味のない言明だということです。

　だからこそ、この判決は、ドッブズ教授の不法行為の教材のトップに置かれているのです。ホームズのいうアメリカ不法行為法の最も重要な基本原則を教えるのに最適というわけです。訴状を作った原告側弁護士は、訴状に「何らかの過失により」という言葉がないだけで訴えを棄却するなんて、あまりに形式的な処理

---

8)　第2回を振り返りましょう。訴えを提起された被告には3つの対応がありましたね。そのうちのまず法律上の論点で争うという対応です。**妨訴抗弁**（demurrer）とも呼ばれ、これが認められると本案審理に入らず訴えが棄却されます。

だと異議を申し立てましたが，退けられました。

しかし，両親を訴えた部分では，ちゃんと「過失」と書いてありましたね。ところが，裁判所は，「ベビー・シッターに子どもを見ているよう注意していなかった」ことが事実としてたとえ立証されたとしても，それだけで両親に過失ありとすることは法律上ありえないと述べて，やはり訴えを棄却としたのです。先例によれば，子どもの不法行為につき両親の過失を認めたのは，たとえば，子どもが拳銃をもてあそんでいるのを見てすぐに取り上げなかった場合や，子どもがすでにほかの子を棒で殴る事件を再三起こしていたのに十分に注意せずそれを防ぐ努力を怠ったと認定された場合であり，本件の訴状に記された事実ではとうてい過失になりえないと判断したのです。

訴状を提出しただけで負けたのでは，弁護士は何をやっていたのかという感じです。この場合，アメリカでは弁護士が被害者に訴えられる可能性すらあります。これを legal malpractice（弁護過誤）と呼び，弁護士の明らかな失敗で損害を受けた依頼人が弁護士を訴えるケースは，アメリカでは少なくありません。3 年後に弁護士になろうとするロー・スクールの 1 年生には他山の石となるでしょう。

▶ 三輪車事故訴訟の分析[9]

さて，アメリカのこの訴訟をあらためて検討してみましょう。

①本件では訴訟棄却になっていますが，逆に 3 歳の子でも過失責任があることが前提とされているところに注目すべきです。そ

---

9) 樋口範雄「子どもの不法行為——法的責任の意義に関する日米比較の試み」田中英夫先生還暦記念『英米法論集』405 頁（東京大学出版会・1987年），同『親子と法——日米比較の試み』（弘文堂・1988 年）。

もそも3歳の子を訴えることができないという理由での棄却ではありません。これが日本なら，そもそも3歳の子どもは不法行為責任能力がないとされており，誰も子どもを訴えようとしないはずです。

　もっとも，アメリカでは子どもに過失があったか否かは「同様の年齢の子どもなりの注意を払っていたか否か」で判断されることになっています。3歳の子が三輪車で他人にぶつかることが異常なことといえないなら，結局，過失はありません。

　そうそう，過失があったとしても，子どもには資産がないので意味がないのではないかという疑問を持つ人もいるでしょう。実際，まったく資産のない人を相手とする損害賠償請求は意味がないので，弁護士は相手を選びます[10]。したがって，子どもを被告とするというのは，子ども自身に何らかの財産がある場合か，賠償保険が子どもの行為も対象としている場合です。アメリカでは，子どもも訴えられる可能性があるので，ある人が家族も含めて賠償責任保険に入る場合，幼児も含めることが可能です。

　②両親を訴えた部分でも，この事故についての両親の過失が問題になるのですが，三輪車を買い与えていたことや，それを使って遊ばせていたことで過失ありとされていないのはもちろん，ベビー・シッターに十分注意をしていなかったという主張でも不十分とされています。このような事故が前にも起きていたならともかく，現実に事故の予見可能性があり何らかの手段をとれる場合に，なおとらなかった場合にのみ両親の過失が認められるということです。別の判決では，「悪い性格の子どもを持ったことは，

───────
　10)　資力がなく，判決が下されても強制執行する意味のない人の状況を，judgment-proof（判決があっても大丈夫）と呼ぶことがあります。Water-proof（防水）と同じ使い方です。

親の不運ではあっても，親の帰責事由ではない」とまで述べられています。その子を生んだだけで「親の責任だ」とされることはないのです。

これらのルールの結果，子どもが何らかの被害を他人に与えた場合，「被害者に損害がとどまる」ケースの多いことが予想されます。しかし，それが過失責任主義ということの意味です。

これに対しわが国では，先の三輪車事件で訴訟になれば次のような結果が予想されます。

①弁護士は3歳の子を訴えることはない。

②両親を訴えると，裁判所は必ず両親の過失を認めてくれる。

③裁判は原告勝訴に終わる。

わが国の民法の条文だけ見る限りは，そうとは限らないはずです。「712条：未成年者は，他人に損害を加えた場合において，自己の行為の責任を弁識するに足りる知能を備えていなかったときは，その行為について賠償の責任を負わない」。「714条：前2条の規定により責任無能力者がその責任を負わない場合において，その責任無能力者を監督する法定の義務を負う者は，その責任無能力者が第三者に加えた損害を賠償する責任を負う。ただし，監督義務者がその義務を怠らなかったとき，又はその義務を怠らなくても損害が生ずべきであったときは，この限りでない」。

この714条の下では，監督義務者である親が注意義務を果たしていれば責任を負わなくてよいはずです。ところが，日本では，判例・学説によって親の監督義務は子の生活関係のすべてに及び，24時間監督すべきだとされているのです。その結果，初めて事故が生じた場合でも，親は責任を免れません。過失責任主義といいながら，実はほぼ無過失の責任が問われているのです。しかも注目すべきは，条文のほうは過失責任主義を維持しているのに，

判例がその内容を実質的に変更しているように見える点であり，学説もそれに異論を挟まないところです。

　このようなわが国のルールが，仮に人びとの行動に影響を与えるとしたら，それはどのようなものでしょうか。まず，親は子の監視を強めざるをえません。子が好き勝手に三輪車で遊んでいたら，そしてそれで事故を起こしたら，それは危険の放置だといわれて責任を負わされるのですから。リスクに対する意識過剰な親なら（これを risk-averse＝リスク回避的と呼びます），子どもには危険な行動をさせないようにするでしょう。

　同時に，3歳の子はまだきっと意識しないでしょうが，これが6歳なり7歳であれば，「自分は不注意でも責任を問われない，しかし，本当は過失もない親が責任をとらされる」ことがわかるでしょう。その子がいい子であれば，「親に申し訳なかった」となるはずです。本当は，被害者は別なのに。子ども自身の責任に関するルールのあり方が内向きだと思いませんか。

　これに対し，アメリカのルールでは，3歳の子も3歳なりに社会のルールが直接に適用されます。親も，無理でない程度の注意義務を課されます。過剰に子を監視する必要はありません。その代わり，他人の子によって損害を負った場合に，「損害が自分にとどまる」可能性があるので，他人の子であっても注意することや（すべて子どもであっても社会のルールに服しているのですから），自らが負う損害に対してはそれに備える保険を用意することが考えられます。

　そして，そのような行き方（生き方）の方が，自由と正義にかなっていると考えているのです。とりわけ親であるという理由だけで，子の行為の責任を問われるのはアンフェアだと多くの人が考えているということです。

そうはいっても，実はアメリカでも親の責任を厳しく問うべきだとの声もあります。その結果，非行少年が学校や商店街の窓ガラスを割るような非行を働いたこと（vandalism＝蛮行と呼ばれる行為）に対し，一部の州では，一定額の範囲で（州によって違いますが50万円程度まで）親に無過失責任を問うことを認める制定法を作っています。面白いのは，判例法（コモン・ロー）は過失責任主義に忠実であり，それを議会制定法によって一部修正しているという点です。しかし，それも子どもの不法行為全般について，金額も無制限に親の責任を問うような法律はできていませんし，またその見込みもありません。それは先ほど述べたように，そのような法律が自由や正義という基本的な価値に反すると考えられているからです。

●● 蛇足ですが ●●

3歳の子は3歳なりの行動をしていれば過失なしと述べました。そうだとすると未成年者は判断の未熟さのために失敗しても過失なしとされる可能性が高くなります。しかし，故意のケースは違います。

わが国の民法の不法行為の基本条文は，民法709条です。「故意又は過失によって他人の権利又は法律上保護される利益を侵害した者は，これによって生じた損害を賠償する責任を負う」。そこには，「故意又は過失」とあり，不法行為には故意による不法行為と過失による不法行為があることがわかりますが，実際にはその違いがいかなる影響を与えるのかは明確でありません。救済はいずれにせよ損害賠償であり，慰謝料の額に加害者の行為が故意によるか過失によるかで違いが出る可能性はありますが，それ以上に問題にされません。

アメリカの子どもの不法行為では，過失による不法行為責任を問うのは難しいわけですが（過失判断において子どもであることを斟酌してもらえるので），故意は別です。実際にも，6歳の子が4歳の子を突きとばし，右ひじに複雑骨折を負わせた事件で1万2500ドルの賠償が命ぜられた例（ニュー・ヨーク州）や[11]，ベビー・シッターを突き倒した4歳の子に責任ありとされた例（カリフォルニア州）[12]，5歳の子が他人が座ろうとしたイスを引いてその人が尻餅をついてけがをした事例で賠償責任を認めた例（ワシントン州）[13]などがあり，最後の判例は多くのケースブックにも載せられています。

　三輪車の事件でも，3歳では想像しにくいですが，「ぶつけてやる」と大声を出しながらぶつかったというケースだったら，原告側弁護士は，「故意による不法行為でけがをさせられた」と訴状に記し，訴えも認められた可能性があります。

　このことは，アメリカ不法行為法では，故意による不法行為と過失による不法行為は当然区別すべきものだと考えられていることを示しています。

> **今回のポイント**
>
> 　過失責任主義は，日米に限らず，現代国家の不法行為法の基本原則だといっても過言ではありません。しかし，それを端的に表明した「被害者泣き寝入りの原則」は，あまりにもドライで現実的な感じがします。実際，日本法が「過失なければ責任なし」で徹底しているのかといえば，疑問が生じます。

---

11)　Baldinger v. Banks, 201 N. Y. S. 2d 629（1960）.

12)　Ellis v. D'Angelo, 253 P. 2d 675（Cal. 1953）.

13)　Garratt v. Dailey, 279 P. 2d 1091（Wash. 1955）.

わが国では，不法行為法の第1の目的が**損害の公平な塡補**とされており，明らかに，損害を受けた当事者について事後的にどうすべきかを考えるのが法だとされています。ところが，アメリカでは，そもそも自由な活動を保護するのが不法行為法の第1の目的だとされており，それこそが正義にかなうとされているのです。被害者に救済が認められるのは，予見可能で回避できる損害まで引き起こすような行動をした場合に限られており，その場合に救済を認めるのも，被害者救済より前に，加害者がそのような行動に出ることを抑止するためだとされています（deterrence と呼びます）。アメリカ法が，行為者の側の，事前の行為のあり方を問題にしているところに注目すべきです。

第7回

泥棒にも三分の理
—故意と過失—

1 はじめに

アメリカのロー・スクールで不法行為法は1年生の必修科目の1つです。3歳の子の三輪車事故についての判決では十分説明しませんでしたが，そこで適用されている法は契約の場合と同様にやはり判例法であり，アメリカにはわが国の民法712条や714条のような条文がないのです。しかも州法であって，アメリカの連邦制度の下では50の州があるので，実はアメリカ不法行為法は1つではなく，カリフォルニア州の州法やアイオワ州の州法があるということです。その内容は州によって違ってよいのですが，それでも大まかな意味での内容は同一であり（文字通りcommon lawということです），したがって，アメリカ不法行為法という言い方が可能なのです[1]。

ともかく判例法というのは，想像の産物ではなく実際に生じた紛争を扱っているので，まさに社会の有様や人間の生き様を映しています。不法行為法は，人が介在する多様な事故を扱うもので

---

1) 州ごとに異なる判例法の共通するポイントを条文の形で示したものを，リステイトメント（Restatement）と呼び，不法行為法リステイトメントは，それぞれの州の裁判所がそれを参考にすることによって不法行為法の統一に重要な役割を果たしています。

あり，判決を読むとさまざまに考えさせられます。今回は，私の授業で扱っているいくつかの判例を紹介しましょう。

2 泥棒へのショットガン・トラップ

まず紹介するのは，アイオワ州最高裁の 1971 年の判決 Katko v. Briney です[2]。

> この事件の被告ブライニーさんは農場を相続しました。そこに小屋があり，中には古い瓶の類があったのですが，この小屋にたびたび空き巣が入りました。そこで考えたのがショットガン・トラップ（shotgun trap）です。小屋の戸を開けると銃が発射されるという装置を付けたのです。初めは銃身の向きが胸のあたりになるようになっていたものを，奥さんの助言で少し下向きにしました。そして，実際，本件の原告が盗みに入ろうとして右足に命中したのです。泥棒カトコ氏は現場で動けなくなって捕まり，40 日入院しました。窃盗の刑事事件では，50 ドルの罰金と 60 日の拘留刑を受けました。その後，泥棒である原告は，故意による不法行為を理由にブライニー氏を訴えたのです。

第 1 審裁判所では陪審審理が行われました。どちらの当事者が陪審審理を望んだのかはわかりませんが，このケースでは被告になったブライニー氏側だったかもしれません。ともかく被告は，財産を泥棒から守るためにやむをえずやったことだと主張しました。どのような裁判結果になったと思いますか。

陪審は，2 万ドルの損害賠償と 1 万ドルの懲罰賠償を認めたのです。アイオワ州最高裁もそれを維持し，本件では不法行為が成

---

2) Katko v. Briney, 183 N. W. 2d 657 (Iowa 1971). 参照，樋口範雄『アメリカ不法行為法』64 頁（弘文堂・2009 年）。

立すると判示し，被告による財産の保護という抗弁を認めません
でした。

▶ 日本でなら

　私の授業では，これが日本で起きたらどうかと学生に尋ねます。
ショットガン・トラップは想像しにくいので，「小屋の入り口に
落とし穴を作り，中に竹槍を用意しておく，これなら相当のけが
を負わせるだろうから」というようなことにします。泥棒がそこ
に落ちて大けがをし，そして訴えてくる，果たして裁判所はどう
するだろうかということです。

　しかし，そもそも泥棒が裁判を使って権利主張するというとこ
ろにまず注目すべきでしょう。「盗人にも三分の理」とはいって
も，あくまでも泥棒するにも理由があるというもので，訴えられ，
非難されている場合に防御方法として使う話です。ところが，こ
こでは積極的に，自らの窃盗に関して生じた事故について，原告
となって訴えているのです。しかも，陪審が，そして裁判官もそ
の主張を認め，懲罰賠償まで付けてあげている。何だか「盗人に
追銭」ということわざを思い出しそうです。別の観点から見ると，
「法の下の平等」をこれだけ端的に示す判例もないかもしれませ
ん。

　果たして，日本の泥棒は，自らの窃盗に起因する事故で損害を
負ったからといって，法を使って賠償請求するものでしょうか。
たとえば，万引きした食品が原因で食中毒になった場合，そのよ
うな食品を売っていたスーパーを訴えるものでしょうか。どんな
ものでも「道」を極めることの大好きなわが国なら，それは「泥
棒の道」に反すると考えないでしょうか。「泥棒にも一分の誇り」
があってしかるべきではないでしょうか。

ここでも，不法行為法の目的が「**損害の公平な塡補**」にあると考えると，別に「泥棒の正しい生き方」を考えなくとも，損害賠償を認めることに疑問符がつくでしょう。もちろん竹槍まで用意した小屋の所有者もやり過ぎです。その間の比較衡量がなされ，少なくとも損害の全額を認めることはないでしょう。もちろん懲罰賠償はそもそもありません。泥棒に入ろうとしたことは確実に帰責事由ですから，必ず**過失相殺**の適用があります。泥棒の過失を9割にするか，小屋の所有者のやり過ぎをもう少し重くみるかは，人によって異なるかもしれません。「公平」の考え方によりますが，そもそも賠償をゼロにすべきだという結論もありうるように思います。

　ところが，アメリカでは2万ドルの損害賠償に1万ドルの懲罰賠償まで加えているのです。それは，アメリカの不法行為法が，わが国とは別のことを考えていることを示しています。つまり，"torts" と「不法行為」は，実は違うのです。

▶ アメリカの議論

　アメリカの不法行為法は，ホームズが端的に示したように，第一義的には被害者の損害に注目しません。まさに「行為が不法か否か」，「そのような行為を抑止すべきか，それとも本則の自由な行為として認めるべきか」が問われているのです。

　すると，本件の行為の目的は小屋に置いてある物を泥棒から守るためであり，要するに「財産の保護」です。そのためにショットガン・トラップを仕掛けたのですが，財産の保護という目的のためにとった手段として適切かどうかが問われていることになります。ショットガンは，まさに故意によって人の生命身体にリスクを生じさせる武器であり，それが適切な手段だったか否かです。

そこで，教科書的な説明では，財産の保護と生命身体の保護を対比させ，財産の保護はこのような場合常に抗弁とならないとするのです（生命は財産より重い）。

　しかし，ロー・スクールでこのケースが取り上げられた場合，このように簡単に結論づけて「はい，次のケース」とならない可能性があります。判決文をもっと丁寧に読んで，そこからより具体的な検討をするよう求められるからです。彼らにとって，判決が法なのですから，そこからルール（法）を抽出する際には，先例としての意義を厳しく吟味することが求められるのです[3]。

　たとえば，同判決でアイオワ州最高裁は，「何ら警告サインもなかった」と指摘しています。「生命は財産より重い」というルールに基づくのならこんな言及は不要です。しかし，判決でこの事実に言及されているなら，次に起きた別の事件で，K₂という泥棒が「不法侵入禁止。ショットガン・トラップあり」と警告板があるのに，「こけおどしだろう」と勝手に判断して侵入し，けがをしたケースでは，結論が異なる可能性があるということです。**危険の引受け**（assumption of risk）といって，自分で勝手に危険を冒したとされるかもしれません。そうだとすると，今度は1銭も損害賠償がとれないことになります。

　要するに，このブライニー氏の判決で先例となるルールは，「財産の保護の目的のために，生命身体の危険を伴うような手段をとることは正当とされず，不法行為となる」という抽象度の高いものではなく，この事件の事実に即した，より射程距離の短いルールだと解釈されるということです。そのようにする理由は，

　3）　本件についてさまざまな議論が可能だと指摘するものとして，Richard Posner, Killing or Wounding to Protect a Poperty Interest, in Saul Levmore ed., Foundations of Tort Law 35-47（1994）.

そのケースで妥当な結論であっても，そこからいきなり抽象的な
ルールを導いてすべてのケースに適用すると具体的妥当性が犠牲
になりかねないからです。事実関係の違いにできるだけ緻密に対
処し，それを積み重ねて，徐々に抽象度の高いルールにしていく
のが，アメリカの法律家の考え方であり判例法の発展なのです。

　ロー・スクールの議論ではおそらく次のような意見の交換もあ
るでしょう。たとえば，小屋に入ってくるのは泥棒ではなく，通
りすがりに具合が悪くなって休憩場所を求めてきた人ということ
もありうる。あるいは，子どもがかくれんぼで隠れようと思って
入ってくることもあるかもしれない。本件では，たまたま狙い通
りの泥棒が標的になりましたが，焦点は，ショットガン・トラッ
プをこのように警告サインもなしに仕掛けることを，いかに評価
するかです。それを認めた場合，社会がより安全になるか，より
よい社会となるかが問われているのです。陪審も裁判官も，「そ
うではない。これを認めたら危険度の増す社会になる」と判断し
ました。だからこそ，絶対に禁圧すべきであり，懲罰賠償まで課
したのです。

　被害者は泥棒なのに過失相殺が認められず，全額の賠償がなさ
れている点にも注目すべきです。アメリカ法の理屈は単純で，ブ
ライニー氏の行為は故意に基づく不法行為にあたり，「故意と過
失は相殺できない」というものです。その実質は，故意によって
大きなリスクを生じさせる行為を徹底的に抑止するためには，過
失相殺はあってはならないということです（泥棒は故意に侵入して
きたのだから，これは故意相殺？　ではないかと思いましたか？　それは
面白い見方ですが，結論からいえばそうではありません）[4]。

---

　4)　泥棒の行為に帰責事由があるとしても，それはあくまでも過失です。泥棒

わが国では，平気で過失相殺がなされます。前回も指摘したように，民法では故意による不法行為と過失による不法行為をきちんと区別していないからです。被害者の損害に焦点を当てている限り，故意であれ過失であれ，損害に変わりはないと考えられているからです。しかし，不法行為法の目的が，過失責任主義の下で行為者の自由の保護にあり，その自由を超えて社会に不合理な危険をもたらすような行為についてだけ不法行為として法的責任を課すという考え方からすると，故意と過失は大違いです。故意は，いわば初めから不法行為であるのに対し，過失については，一定のリスクまでは許容されて自由とされるが，何らかの限度を超えた場合だけ過失とされるので，容易に判断できないものだからです。

3 *故意と過失*

繰り返しになりますが，わが国の民法の不法行為法の基本条文である709条は「故意又は過失によって」と始めるものの，民法の授業で故意による不法行為を切り離して教えられた覚えが私にはありません。ところが，アメリカのケースブックでは，最初の1章か2章か，とりあえずまず故意による不法行為という章が置かれており，ロー・スクールの授業でも数回はそれに関する議論

は確かに故意に戸を開けているのですが，問題となっているのは，ショットガン・トラップの設置とそれに伴う被害であり，設置者である小屋の所有者の行為は「故意」ですが，泥棒はこれについて「故意」とはいえないでしょう。（この場合は過失相殺なので自らに対し）不合理なリスクを及ぼす行為をすることが過失であり，何があるかわからない他人様の家に侵入する行為は，その観点からは過失です。その行為自体が，故意の犯罪となるのはまた別の話です。

が行われます。それはアメリカでは故意による不法行為と過失による不法行為との間に次のように大きな相違点があるからです[5]。

①どちらも不法行為であるから，その予防・抑止（deterrence）が不法行為法の目的となるが，故意による不法行為については，より大きな力で抑制することが正当化される。誰が考えても当然に悪い（不法な）行為であって，強力に抑制して当然だから。

②したがって，故意による不法行為では，損害がなくとも（正確にいえば損害の立証がなくとも）不法行為が成立する。損害の立証がないケースでは，1ドルというような**名目的損害賠償**（nominal damages）を認めて原告勝訴の判決を出す[6]。

③故意による不法行為の方が悪性が強いとされて懲罰賠償（punitive damages）が認められる可能性が高くなる。

④損害については，加害者の予見可能性の範囲を超えて損害が生じた場合であってもその賠償が認められる。過失による不法行為なら，被告の予見可能性が因果関係の立証の際に大きな要素となるが，故意による場合はそれを問わない。

⑤被害者に過失がある場合でも，原則として，故意による不法行為については過失相殺の適用がない。「故意」と「過失」で相殺はできないというわけであるが，故意による不法行為の抑制を重視するからこそだと考えられる。

⑥加害者の抗弁として過失相殺は認められないものの，故意による不法行為に特有な抗弁が存在する。たとえば，正当防衛（self-defense）は相手方が故意に攻撃してきたケースでそれを防ぐために合理的な範囲の力の行使を認める法理であり，しつけ（dis-

---

5) 樋口・前掲注2) 35頁以下。
6) WとBの訴訟でも出てきましたね（第2回）。英米法特有の損害賠償です。

cipline）も，合理的な範囲での力の行使に限って，親や教師が訴えられた場合の抗弁として認められている。これらは過失による不法行為では問題とならない。

　これだけたくさんの違いがあると，別個の章を設けたくなるのもわかります。もう1点，故意による不法行為で重要なのは，それが「故意による不法行為一般」ではないということです。故意による不法行為は，英語では intentional torts になりますが，そのような名前の不法行為はありません。もっと具体的に，さまざまな不法行為が存在するのです。その分類は，侵害される法益によっており，わかりやすいものです。人身を害する不法行為，不動産を害する不法行為，動産を害する不法行為というように分かれているのです[7]。

　人身を害する不法行為
　　　① battery（故意による不法接触）
　　　② assault（故意による身体的威迫・不法接触未遂）
　　　③ false imprisonment（不法監禁）
　　　④ intentional infliction of emotional distress（故意による
　　　　精神的加害）
　不動産を害する不法行為
　　　trespass to land（不動産に対する不法侵害）
　動産を害する不法行為
　　　trespass to chattels（動産に対する不法侵害）
　　　conversion（動産侵害）

　このうち battery や assault などはここでは不法行為の分類ですが，実は犯罪と同じ名前がついています。女性が被害者で as-

───────────
　7）　それぞれの内容に関心があれば，樋口・前掲注2）35頁以下。

sault and battery と報道されれば「婦女暴行」の意味になること
が少なくありません。もちろん，刑事法上の犯罪になるケースと
不法行為にとどまるケースには違いがあり，同じ battery といっ
ても刑事事件なら暴行罪・傷害罪と訳すだけでなく，構成要件も
厳しくなるはずです。しかし，このように同じ言葉が使われてい
るというのは，英米法では，刑事法と民事法，より具体的には犯
罪と不法行為が厳密に区別されない時代から裁判が行われてきた
ということです。

　もう１点，やはり歴史的に重要な点は，trespass という言葉で
す。これは暴力を伴う不法侵害行為一般を指す言葉で，侵害され
る対象によって，trespass to the person（人身に対するもの），
trespasss to the land（土地に対するもの），trespass to the chat-
tels（動産に対するもの）というように分かれたものです。その元
は同じ trespass であり，それはイギリスの中世における**訴訟方式**
(forms of action) の名前に由来します[8]。その時代から，英米法
では，具体的な侵害類型ごとに裁判が行われてきたということで
す。あくまでも具体的な紛争から始まり，新たな紛争類型が生じ
るたびに裁判を工夫してきたということです。決して，そもそも
不法行為とは何かというような定義規定から始めたわけではあり
ません。「事件は現場で起きている」ということです。

---

8)　訴訟方式というのはなかなか理解の難しいものです。英米法の歴史を概観
する第９回で少しだけふれます。なお，イギリスの法制史家として最も名高
いメイトランド（Frederic William Maitland）の同名の講義録が翻訳されて
います。F. W. メイトランド（河合博訳）『イギリス私法の淵源』（東京大学
出版会・1979 年）（この書物には，田中英夫教授による解題が付けられてい
て有益です）。

4 大火の教訓

　もう1つ別の判例を紹介しましょう。不法行為法のケースブックもいろいろありますが，これはどのケースブックにも載せられている有名な判決です。1853年，カリフォルニア州最高裁判決 Surroco v. Geary です[9]。1853年といえばペリー提督率いる黒船が来航した年であり，カリフォルニアは1850年に州に昇格したばかりでした。1848年に金鉱が発見され，フォーティ・ナイナーズ（49ers）と呼ばれる人たちが金を求めて大量に流入し人口が急増した時期です。その1849年にサンフランシスコ大火が起こり，市長ギアリー氏（被告）は，延焼を防ぐため，まだ燃えていない一画の打ち壊しを命じました。火除け地を作ろうとしたのです。サロッコ氏（原告）はそれによって家を壊された人です。彼は，trespass to land（故意による不動産侵害）を請求原因として訴えました。それに対し，被告は抗弁として緊急避難（necessity＝まさにそれが必要だったということ）を主張しました。

　第1審裁判所では陪審審理がとられ，陪審は原告勝訴にしました。しかし，州最高裁はそれを破棄し，抗弁が有効であるとして被告勝訴の判決を下したのです。判決は，この事例が，難破をさけるための積み荷の投棄や，危機をさけるためやむをえず他人の土地へ侵入する場合と同様だと述べています。その結果，サロッコ氏のところに損害はとどまったのです。

　この判決もまた，アメリカにおける不法行為責任の性格を端的に物語るものです。法の目的が，損害の塡補や被害者の救済にあるのなら，サロッコ氏はまさに救われるべきです。何しろ多くの

---

9)　Surroco v. Geary, 3 Cal. 69（1853）.

人のために犠牲になっているのですから。しかし,「不法行為」責任に基づくかといえば,そうではないということです。市長の行為は決して不法行為ではないし,再び大火が起これば同じ命令を出すのを認めざるをえない性格のものです。抑止はできないのです。そうだとすると,サロッコ氏にはあきらめてもらうほかありません。

その際,この判決を,アメリカにおいて公権力の行使が私権に優越する事例と解釈するのは誤りです。市長が命令したという点に重要性はないのです。それが市長ではなく,いわばボランティアで火除け地を作る人たちがいたとしても,やはり同じ抗弁で不法行為とはなりません。あくまでもここでは私法である不法行為法の枠内で解決が図られ,そこではサロッコ氏は救済できないとされているのです[10]。その判断自体に,まさに公的な法政策的判断がなされているところには留意すべきですが。

●● 蛇足ですが ●●

過失責任主義は英語では fault principle と呼ぶと述べました。Fault というのは,ここでは故意と過失の両方を含む概念です。したがって,本当は,fault principle は故意過失責任主義です。日本語の過失責任主義という言葉自体が,故意による不法行為を初めから無視しているのです。不法行為として問題になるケースの圧倒的大多数は,過失によるものだということのためでしょうか。しかし,実際には,故意による不法行為もそれほど稀だというわけでもありません。

---

10) 不法行為法ではなく,財産権の収用には正当な補償を要するという憲法上の原理に基づく救済はありえます。それについては,樋口・前掲注2) 68頁。

過失による不法行為は，英語では negligence と呼びます。過失による不法行為が成立するには 4 つの要件があり，被害者が 4 つのすべてについて立証責任を負っています。次の表を見てください。損害についても，精神的被害ではなく物理的または人身に対する損害 (physical injury) が存在することを立証する必要があります。

〈過失による不法行為＝negligence の 4 要件〉
第 1 要件　duty of care（注意義務の存在）
第 2 要件　breach of duty＝negligence（注意義務違反＝過失）
第 3 要件　causation（因果関係）
　　　　　　a）　cause in fact　（事実的因果関係）
　　　　　　b）　proximate cause（法律的因果関係）
第 4 要件　damage（損害）

なお立証の程度は，preponderance of evidence（証拠の優越）であるとされ，それは，全体が 100％ とすると最低限 51％ 原告に有利な認定のできる証拠を提出して立証する責任だということです。51 対 49 で勝てるということですが，被告には原則として何もする責任はないので，訴えた原告の方で 51 点までは自らがすべて立証する必要があるということでもあります。わが国の民事訴訟では，事実を認定しうる「高度の蓋然性を持ちうるものであること」が必要とされるといわれており，日本の方が厳しい立証責任を課しているように見えますが，本当にそれほどの差があるのかは疑問です[11]。

11）　これについて参照，伊藤眞「証明度をめぐる諸問題」判例タイムズ 1098 号 4 頁（2002 年），同「証明，証明度および証明責任」法学教室 254 号 33 頁（2001 年），須藤典明「実務からみた新民事訴訟法 10 年と今後の課題」民事訴訟雑誌 55 号 94 頁，113 頁（2009 年）。

今回のポイント

　アメリカでは故意による不法行為も重要な不法行為であり，過失による不法行為とはいくつもの点で異なる取扱いがなされています。彼らから見ると，故意による場合と過失による場合とを区別しない不法行為法とは，何なのだろうかと思うでしょう。被害者に生じた損害に焦点を当てるからだといっても，被害者の救済という点で不法行為法が優れた制度だとは考えられていないからです。とりわけ，過失の有無は往々にして微妙な判断を要求するので，裁判には必然的に時間も費用もかかります。事故が生じただけで責任を容易に認めるようなら，過失責任主義の本旨にもとることになり，責任が否定されれば「被害者のもとに損害がとどまる」という原則通りになります。

　本当に被害者の救済を考えるなら，無過失責任や，自分の損害に自分で備える保険制度など，別の制度を工夫した方がよいことになるでしょう。**不法行為法に意味があるとすれば，不法な行為の抑止を，刑事司法や行政権の力を借りないで行うところです。**それらに頼る方向性は，国家権力の増大を招きます。不法行為法に基づく裁判も司法権という国家権力を利用するものではありますが，直接，私人の行為に強大な権力でかかってくるわけではありません。**私法中心の行き方**を支える役割を不法行為法も担っているということです。だからこそ，限られた範囲ですが懲罰賠償も認められます。

第8回

2つのマクドナルド事件

1 はじめに

　マクドナルドといえば，アメリカを代表する企業です。シカゴの郊外にあるマクドナルド1号店を訪ねたことがありますが，この小さな店から始めて巨大なファスト・フード・チェーンを作り上げたのですから，**アメリカン・ドリーム**を実現した典型例です。

　それだけ大きな規模の企業ともなれば，アメリカ法の発展にも寄与することは必然であり，実際にいくつもの裁判で訴えられています。その中で世界的にも有名になったものに，コーヒー事件と肥満訴訟があります。今回はそれらを取り上げて，アメリカにおける不法行為法の意義や裁判の意義について考えてみましょう。

2 マクドナルド・コーヒー事件

　私が教えている大学では十数年前からミシガン大学とコロンビア大学のロー・スクールの先生に短期間ですが授業をしてもらう企画をしてきました。私は，必要な場合に通訳をしたりするためそれに参加し，ロー・スクールでの授業を再現してほしいという声に応えてそれぞれの専門について熱心に語る先生たちの授業を楽しんできました。といってもなかなか大変なこともありました。

たとえば，ある先生（カーン〔Douglas Kahn〕教授）は「30年以上自分は連邦所得税法について教えてきた」といって，それを日本でも教えたいというのです。アメリカの連邦税制の話をいきなり聞いてわかる人がいるだろうか，そもそも興味を持つ人がいるだろうか，内容もわからない自分が通訳のような役割を果たせるだろうか，と心配になりました。偏見もあって，税法は技術的で無味乾燥に見える大量の条文を相手にする分野だと思っていたのです。ところが，彼の授業は，それらの根幹にある税法の課題とそれに対する基本的な考え方から始まり，彼がどんなにこの科目が面白いと思っているかが誰にでもわかるような授業で，さすがにロー・スクール教授としてのベテランの味と力を感じました[1]。

ある年，このプログラムでやってきたのがライマン（Mathias Reimann）教授で，彼は製造物責任について話しました。そして冒頭に紹介したのがマクドナルド・コーヒー事件でした。彼はドイツ人で，ミシガン大学の教授です[2]。ドイツ法を教えているわけではなく（アメリカのロー・スクールでドイツ法の授業はおそらく皆無に近いはずです），アメリカの不法行為法や国際私法を教えています。その他，ヨーロッパとの比較法のゼミなどを行っており，ヨーロッパで不法行為法を統一するための会議に毎夏参加してい

---

1) ミシガン大学ロー・スクールの名物教授の1人カーン教授には，たとえば Federal Income Tax: A Student's Guide to the Internal Revenue Code (5th ed. co-author. New York: Foundation Press, 2005) という著書があります。

2) ライマン教授はフライブルグ大学で博士号をとった後，ミシガン大学で LL. M.（法学修士号）を取得した人です。ヨーロッパの人の多くは野球を知らないので，ヨーロッパからミシガンに留学した人たちをマイクロバスに乗せてデトロイト・タイガースの試合を観せに行ったことがあります。たまたまミシガンで教える機会のあった私も駆り出され，バッターが打った後，いきなり3塁ではなく1塁から順番にベースを踏んでホームへ帰ってくるのが大切だというようなことを両隣の留学生に説明したことがあります。

ました。

　ともかく，彼がアメリカの**製造物責任**を中心とする授業をして
くれたのですが，教材のトップに 1994 年の判決とそれを報じる
メディアの記事が載せられていました。この事件は，ニュー・メ
キシコ州の（アメリカでいえば）田舎で起こった事件ですが，アメ
リカの全国ニュースになったばかりでなく，ドイツでも日本でも，
さらに大げさにいえば世界中で報じられました。

> 「マクドナルドのコーヒーでやけど，陪審，巨額な賠償認める：
> 　コーヒーをこぼしてやけどをした 81 歳の女性に対し，ほぼ 300
> 　万ドルの賠償が認められた。」

　この記事をまず示して，ライマン教授は「Crazy!（狂気の沙汰
だ）」と叫びました。ドイツ人をはじめ世界中の多くの人がそう
思ったというのです。「アメリカでしか考えられないような裁判
だ，訴訟社会ここに極まれり」という反応ですが，そこでまず学
生たちに，「なぜこの裁判の話を聞いてクレージーだと思うのだ
ろうか」と尋ね，理由として考えられる点を列挙させた後，その
真偽を 1 つひとつ検証する形で，本当にこの裁判はそれほどクレ
ージーなものだったのかと話を展開しました。

▶ コーヒー事件の概要[3]

> 　1992 年 2 月，当時 79 歳のリーベック（Stella Liebeck）さ
> んは，孫の運転する車で，マクドナルドのドライブ・スルーを利

---

3)　以下の説明については，see Kevin G. Cain, And Now, The Rest of the
　Story...About the McDonald's Coffee Lawsuit, Houston Lawyer 25（July/
　August, 2007）。平野晋『アメリカ不法行為法』2 頁以下（中央大学出版
　部・2006 年）。

用しました。コーヒーを注文し，助手席でそれを受け取りました。
（後続車がいますから）孫は車をいったん進めた後きちんと停車し
て，リーベックさんが砂糖とクリームを入れるのを待ちました。
コーヒー・カップのふたがうまく外れず，リーベックさんは，助
手席で足の間にカップを挟んでふたを取ろうとしたところ，コー
ヒーが足の付け根の部分にこぼれてやけどをしたのです。コー
ヒーの温度は華氏180度から190度程度（摂氏だと82度から88
度）だったろうとされています。リーベックさんはズボンをはい
ていたのですが，熱いコーヒーは瞬く間に染みこんで3度熱傷
という重いやけどを引き起こしました。

　リーベックさんはその後マクドナルドに対し，入院費用1万
1000ドルを支払うよう請求して拒絶され，そこでヒューストン
の弁護士に相談します。この弁護士は，1986年にやはりマクド
ナルドのコーヒーで3度熱傷のけがをした女性を代理し，2万
7500ドルで和解した経験があったからです。

　弁護士はマクドナルドに9万ドルでの和解を申し込みますが，
マクドナルドは800ドルならと回答します。リーベックさんは，
これにより本格的に訴えることを決意し，1993年に提訴，94年
の歴史的判決に至るのです。彼女は退職するまでデパートに勤め
ていた人で，裁判で訴えることは初めてでした。

　訴訟では，次のような請求原因が主張されました。第1に，熱
すぎるコーヒーは危険な製品であり，欠陥がある。第2に，熱す
ぎる危険性について十分な警告がなかった点でも問題である。い
ずれも**製造物責任**（product liability）を問うものでした[4]。弁護士

---

4)　日本では製造物責任を，頭文字をとってPLと呼ぶことが多いのですが，
　　アメリカではPLと表記することは少なく，きちんとproduct liabilityと呼
　　ぶことが多いと思います。

は再度30万ドルでの和解申込みを行いましたが，マクドナルド
は拒絶しました。いったん調停手続に移され，調停員は22万
5000ドルでの和解を勧めましたがこれも拒否されました。

　陪審審理は1994年8月8日から17日まで休日を挟んで8日間
連続で行われ，12人の陪審は，製造物責任を認めて次のような
損害賠償を認める評決を出しました。

　①原告の損害は20万ドル。だが，原告にも過失があり，その
割合は20％であって，過失相殺の結果，損害賠償は16万ドル。

　②懲罰賠償として270万ドルを認める。

　そして，このニュースが世界中を駆けめぐったというわけです。

▶ クレージーだと思わせる点

　この裁判の話を聞いて「アメリカ人はおかしいのではないか」
と思わせる理由を並べてみましょう。

　①コーヒーは熱いに決まっている。それで訴えられるとは。

　②自分でこぼしておいて訴えるなんて。

　③しかも日本円で3億円という賠償額が信じられない。

　④これなら自分もマクドナルドでコーヒーをこぼして，賠償金
を取ろうか。

　これくらいでしょうか。もちろんもう十分過ぎるくらいかもし
れませんが。

　しかし，12人の陪審は皆おかしな人たちだったのでしょうか。
何らかの理由でマクドナルドが嫌いな人たちばかりだったのでし
ょうか。「ドイツ人もびっくり」のこのケースは，しかしながら，
事案を丁寧に見ていくと，それなりの合理性があるものに変わり
ます。

1）確かにコーヒーは熱いものです。しかし，マクドナルドは他のファスト・フード・チェーンよりも高い温度設定をしていました。それはコーヒーの香りを維持するにはこの温度でなければならないというマーケティング・コンサルタントの意見に従っていたからです。もしも他店と同じ程度の温度だったら，ズボンを脱ぐ時間があって，やけどがこれほどひどいものにならなかった可能性があります。

2）リーベックさんがコーヒーを自分でこぼしたことは確かです。私は，そもそもドライブ・スルーには自分の運転で行き，自分の足に挟んでコーヒー・カップを置き，運転しながらコーヒーをこぼしたのかと思っていました。それでは2割の過失相殺では少なすぎます。私以外にもそういうふうに理解した人が多かったようです。事実は，助手席におり，停車していたときに事故が起きたようです。

3）3度熱傷はひどいやけどです。リーベックさんは8日間入院して植皮術などを受けましたが，やけどの跡は大きく残りました。おそらく医療費の高いアメリカだから8日間の入院であって，日本なら1カ月以上の入院だったかもしれません。

損害賠償の大半は懲罰賠償です。陪審が懲罰賠償を課したのは，この事故以前に1982年から10年間で同様の事故のクレームが700件ありながら，何ら措置をとらなかったからです。マクドナルドはそれに対処するための会議をしましたが，この温度で香りを維持するからコーヒーが売れると判断し，同じ販売を継続したのです。やけどのクレームにはすでにトータルで50万ドル以上の和解金を支払っていましたが，その方が安上がりだと考えたのです。

このような証拠が提出され，マクドナルドの管理責任者が，何

百万という数のコーヒーを提供する中でのわずか700件のやけど
であり，重傷のケースはその中でもずっと少ないことを考えると，
販売方法を変更する必要を認めなかったと証言したことなどによ
り，陪審は，懲罰賠償を認めることにしました。270万ドルの根
拠は，マクドナルドの1日あたりのコーヒーによる収益が130万
ドルあまりという証言を得て，その2日分にしたようです。

しかも，陪審の評決はそのまま通ったわけではありません。第
1審の裁判官は，懲罰賠償を48万ドルに減額しました（損害賠償
として認められた16万ドルの3倍にしたのです）5)。これで賠償額は
合計64万ドルになりました。しかし，それはアメリカですら報
道されないところが多かったのです。しかもその後，裁判官は両
者に控訴しないで和解をするよう勧め，それに従った和解が成立
しました。和解額が60万ドル以下であることは確実であり，40
万ドルだったといううわさもあります。

医療費その他の損害が20万ドルと認定されているのですから，
少なくとも巨額賠償とはいえない事件だったわけです6)。

4）そうなると，自分もマクドナルドでコーヒーをこぼして賠
償を取ろうという話にはなりません。そもそもリーベックさんは
一生傷跡の残る重傷だったのです。ちょっとやけどをしたといっ

---

5) 陪審裁判が陪審だけの裁判でなく陪審と裁判官の裁判であるということは，
Wの訴訟でも明らかでしたね（第2回）。裁判官には陪審が定めた賠償額を
減額する権限が認められています。ただし，本件で，裁判官も懲罰賠償を課
すこと自体は適切なケースだと述べています。

6) 仮に60万ドルだったとして，おそらく弁護士は**成功報酬**（contingent
fee）で雇われているので，3分の1は弁護士にわたります。成功報酬とは，
原告がいっさい費用を出す必要がなく，相手方から賠償額を取れた場合だけ
弁護士報酬を受けるという約束で弁護を引き受ける制度です。無資力の原告
でも，大企業を訴えることができるようにするためのアメリカ特有の制度で
す。

て３億円取れるほどアメリカ社会と裁判は甘くありません。

▶ 訴訟の後

　この裁判はどのような意味を持ったのでしょうか。マクドナルドはいったんコーヒーの温度を下げることにしましたが，結局，元に戻したようです。しかし，ドライブ・スルーには「コーヒーはとても熱い」という掲示がなされ，コーヒー・カップのふたには「熱っ！　熱っ！　熱っ！（Hot! Hot! Hot!）」と大きな文字が書かれているそうです。

　しかし，それだって大したことだとは思いませんか。リーベックさんの訴訟まで，頑なに動こうとしなかった大企業が，何らかの対処をせざるをえなかったからです。

　同時に，最初の報道を聞いただけで，アメリカの訴訟社会を嘲笑するのも危険なことを教えています。要するに，一見しただけではクレージーに見えるこの裁判にも，相当程度の合理性があり，また訴訟制度自体にも，行き過ぎとなるような結果を防ぐ装置が備わっているということです。

　問題は，こうやってリーベックさんが裁判を起こさない限り，是正の動きがなかったところです。事故が起きて訴訟になって，そして何らかの是正策です。誰かが犠牲になって初めて動くというのでは遅すぎないでしょうか。

　しかし，それを防止するためには，誰かが事前にマクドナルドを規制する必要があります。食品の安全を担当する省庁，日本でいえば厚生労働省か消費者庁が，コーヒーの温度を公定するか，レストラン内での掲示やコーヒー・カップのふたの表示を定めることになります。問題はコーヒーの熱さだけではありません。あらゆる企業活動，あるいは企業に限らない人の活動をどうすべき

か，それらについて細かに規制の網をかけることになります。

それは可能でしょうか。可能だとして望ましいでしょうか。アメリカの回答は，それは少なくとも，簡単に望ましいとはいえないというものです。だからこそ，事後的な裁判が重要になり，裁判は，単にリーベックさんを救済するだけのものではなくなります。もちろん彼女の救済も重要な問題ですが（なぜならリーベックさんは一生治らない傷を負っているからです），そこでは，それ以外に，おいしいが，しかし熱すぎてリスクのあるコーヒーを提供することが果たして適切か，事故防止のための工夫がさらにできないかが問われ，大きくいえば企業のあり方自体が問われているのです。

3　マクドナルド・肥満訴訟

2002 年 8 月，世界的に有名になった訴訟が今度もマクドナルドを被告として提起されます[7]。2003 年 1 月に最初の判決が出され，わが国でも報じられました[8]。10 代の女性 2 人がマクドナルドのハンバーガーを食べ過ぎて肥満になり，糖尿病など健康上の被害を受けたとして訴えたという事件です。ニュー・ヨーク州南部地区連邦地裁のスイート裁判官は訴えを却下し，自らの暴飲暴食による自己責任をマクドナルドに転嫁することはできないと述べました。内外の専門家からは，この裁判を訴訟社会アメリカの恥ずかしい典型例だとする批判がなされ，マクドナルド側も「そもそもばかげた訴訟であり，常識が勝った結果だ」とコメントし

---

7)　以下の記述は，一部，樋口範雄「マクドナルド肥満訴訟から見えてくるもの」ジュリスト 1248 号 2 頁（2003 年）によります。

8)　たとえば，朝日新聞 2003 年 1 月 23 日夕刊（東京本社版）。

ました。

コーヒー事件と同様に，このような記事だけ見ると，この肥満訴訟もアメリカの病弊を映しているように見えます。連想される言葉は，「責任転嫁」，「行き過ぎた権利主張」，「弁護士の過剰」，「訴訟好き」，そして「非常識」等々。

しかし，この判決についても少し情報を追加しただけで，それだけでは片付けることのできない側面が見えてきます。

第1に，判決文は60頁（2段組の判例集登載の形で32頁[9]）にもわたるのです。単に非常識な訴えだとして退けるだけなら，連邦裁判所の裁判官がこれだけの枚数を費やして判決文を書くでしょうか。

第2に，実はこの裁判はこれで終わらず，スイート裁判官は，訴状の修正をした上で再度提訴することを認める結論にしました。以下，経緯を表にしてみましょう。

2002 年 8 月	ペルマン（Pelman）さん，マクドナルドをニュー・ヨーク州裁判所に提訴。ニュー・ヨーク州の未成年者でマクドナルドを頻繁に利用し，その結果，肥満となって悪玉コレステロールが増加し，糖尿病や高血圧，心臓病にかかった者を代表して class action（集合訴訟）を提起した。
9 月	マクドナルド，事件を連邦地裁へ移送するよう申立て。
2003 年 1 月	ニュー・ヨーク州南部地区連邦地裁棄却判決。ただし，訴状の訂正・補充を認める（Pelman I 判決）[10]。

---

9) Pelman v. McDonald's Corp., 237 F. Supp. 2d 512–543 (S. D. N. Y. 2003).

10) Pelman v. McDonald's Corp., 237 F. Supp. 2d 512 (S. D. N. Y. 2003) (Pel-

4 月	訂正された訴状に基づく訴えについて，地裁，再度の棄却判決（Pelman Ⅱ判決)[11]。訴状だけの判断で棄却。ペルマン側控訴。
2005 年 1 月	控訴審，地裁判決を破棄差戻し。訂正された訴状は，訴状だけの判断で棄却できない内容に十分なっていると判示。**開示**（discovery）手続へ入ることを認める（Pelman Ⅲ判決)[12]。
2 月	マクドナルド側，原告に対し請求原因をもっと明確にせよと要求する申立て。
10 月	その申立ての一部を認め，一部を退ける判決（Pelman Ⅳ判決)[13]。
12 月	それに従い，ペルマン側，第 2 修正訴状を提出。
2006 年 1 月	マクドナルド，第 2 修正訴状もまだ不明確であるとして棄却の申立て。
9 月	マクドナルドの申立てを棄却し，第 2 修正訴状に対し答弁書を提出するよう命ずる判決[14]。

いかがでしょうか。ほぼ 4 年間，訴訟の入口の段階で激しい争いが続けられてきたことがわかります。最終的には 2006 年秋それが一段落し，マクドナルド側がこれ以上訴状についてだけ問題とすること（それだけで訴訟を棄却してもらおうとする申立て）が失

---

man I).

11) Pelman v. McDonald's Corp., No. 02 Civ. 7821 (RWS), 2003 WL 22052778, 2003 U. S. Dist. LEXIS 15202 (S. D. N. Y. 2003) (Pelman II).

12) Pelman v. McDonald's Corp., 396 F. 3d 508 (2d Cir. 2005) (Pelman III).

13) Pelman v. McDonald's Corp., 396 F. Supp. 2d 439 (S. D. N. Y. 2005) (Pelman IV).

14) Pelman v. McDonald's Corp., 452 F. Supp. 2d 320 (S. D. N. Y. 2006) (Pelman V).

敗に終わり，開示手続という訴訟の次の段階に進んだことがわかります。

　いずれにせよ，この裁判がクレージーとして片付けられないことは，連邦裁判所の第1審の裁判官や控訴裁判所の裁判官がそのような形で処理していないところに表れています。何らかの意義がこの訴訟にあるということなのです。

　しかし，他方では，マクドナルド側の抵抗があったからといえばそれまでですが，裁判の入口段階だけでこれだけの時間（とおそらくすでに莫大な費用）がかかっています。原告はまだ勝訴したわけでもありません。原告側から見てこれが訴訟として成功かといえば，少なくともイエスとはいえないでしょう。

▶ 手続上の小さな疑問点

　先ほどの経緯の中で疑問に思われたかもしれない点に触れておきましょう。これは小さなことのようで，アメリカ法的には重要なポイントの1つです。

　それは，原告が州の裁判所に訴えたのに，被告の移送申立てにより連邦裁判所で争われるようになったことです。原告は州裁判所での判断を願い，被告は連邦の裁判所での判断を求めていることになります。いったいそれはなぜでしょうか。また，いつでも被告は連邦裁判所への移送を申し出ることができるのでしょうか。そもそも原告は連邦裁判所にも訴えることができたのに州の裁判所を選んだということなのでしょうか。

　まず，裁判所は**裁判管轄権**（jurisdiction）を持つ事件だけを扱うことができるという基本原則を確認する必要があります。たとえば，私はオレゴン州には行ったことがありません。いきなり私のもとに，不法行為を理由にオレゴン州で私を被告とする裁判が

提起されたとして，オレゴン州で実際に裁判は始まるものでしょうか。私は，不法行為をした覚えもありませんが，そもそもオレゴン州に行ったこともなく，もちろんオレゴン州で不法行為をしたこともないとします。この場合，私（の弁護士）は，訴訟の中身に入る前にオレゴン州の裁判所に裁判管轄権なしという異議申立てをするはずです。日本人の私に，オレゴン州との何らかの接点がない限り，オレゴン州の裁判所は裁判管轄権を持ちません。したがって，訴えは簡単に却下されます。

　アメリカは連邦制度をとり，連邦に裁判所があるばかりでなく，それぞれの州にも裁判所があります。憲法を扱う第13回で取り上げますが，アメリカの連邦制度は基本を州に置いています[15]。そこで，原則は，州の裁判所で扱える事件に限定はないが，連邦の裁判所で扱える事件は限定されているのです[16]。したがって，原告が望んだからといって，どんな事件でも州の裁判所にも連邦の裁判所にも訴えることができるとは限りません。

　本件についていうと，原告はニュー・ヨーク州民であり，マクドナルドはデラウェア州法人でした。しかし，原告が利用しているのはニュー・ヨーク市内のマクドナルドであり，いうまでもなくマクドナルドはニュー・ヨーク州内でも営業しているのです。請求原因は，過失という不法行為と州の消費者保護法違反でした。だから，州の裁判所に訴えることに問題はありません。しかし，

---

15)　第13回220頁以下参照。

16)　ただし，州の裁判所の裁判管轄権は，その州内にいる人やその州と何らかの接点がある人に限定されています。何の関係もない他州や他国の人には及ばないのが原則です。これに対し，連邦の裁判所は州境で限定されることはないので，アメリカ全土にいる人やそれに関係のある人に及びます。事件の対象について限定のある連邦裁判所は，逆に，人的対象範囲は州裁判所より広いことになります。

原告がニュー・ヨーク州民で，被告がデラウェア州民であるような**州籍の相違**（これをdiversity of citizenshipと呼びます。州が基本なので，アメリカでは国籍も重要ですが，州籍も重要になります）があると，連邦裁判所にも訴えることができるとアメリカ合衆国憲法に書いてあるのです。これは建国当時，このような事件を州の裁判所に訴えた場合，自州民に有利な判決が出るようだと困るので，連邦裁判所にも行けることにしたのです。同じ考えから，州裁判所に訴えられた被告は，それが州籍の相違事件なら連邦裁判所に移送しての審理を求めることができます。本件で争われている内容はいずれも州法上の問題なのに，連邦裁判所で裁判がなされているのはこういう事情によります。

　そこで次の問題は，原告はなぜ州裁判所に訴え，それに対し被告はなぜ連邦裁判所の方が有利だと判断したかです。もちろん，当事者に聞かなければ正解はわからないのですが，次のような点は判断要素にしたはずです。

　①たとえば，本案の審理に入った場合，原告は陪審審理を求めると予想される。その場合，陪審の選ばれる地域は，州の裁判所の方が狭い地域（言い換えれば，原告に近い環境で生活している人々）から選ばれる可能性が高い。逆に，連邦裁判所でははるかに大きな地域から陪審も選抜される。

　②州裁判所の裁判官は一般に選挙で選ばれ任期もあるのに対し，連邦裁判所の裁判官はいったん選任されると終身の身分保障がある。よって，世論の圧力を受けにくいことは確かである。

　③手続法は法廷地法によるのが原則であり，州裁判所は州の手続法，連邦裁判所は連邦の手続法による。そこで，**開示**（discovery）の範囲や方法，証拠として認められる範囲について違いが

出てくる。

④より具体的な話では，弁護士がどちらの裁判所での経験が豊富であるかや，その経験の中で知っている裁判官についてどのような感触を持っているかも重要である。裁判官を指名することはできないが，確率としてどのような裁判官にあたるかは考慮する可能性がある。

▶ 肥満訴訟の影響と意義

さて，ペルマンさんの訴訟の内容に戻りましょう。ペルマンさんの訴訟が裁判所の入口段階で争われている間に，この訴訟を契機とした動きがほかにも見られました[17]。

1) 連邦議会の下院では，2004 年に Cheeseburger bill（チーズバーガー法案）と俗に呼ばれる法案が通過しました。これは，Personal Responsibility in Food Consumption Act（食べることへの自己責任法）という名称通り，ペルマンさんのような訴訟を提起できなくするための法律です。しかし，上院ではそれに同意せず法律とはなっていません。さらに，下院を通過した法案でも，宣伝に嘘があれば，それに対する訴訟まで阻止するものではありませんでした。

2) 州議会ではいくつもの州で同じ趣旨の法律が作られました。たとえば，2005 年 7 月のニュー・ヨーク・タイムズは，すでに20 州で訴訟提起を妨げる法律ができたと報じています[18]。

3) 他方で，マクドナルド自体いくつかの対応策をとりました。

---

17) See Brooke Courtney, Is Obesity Really the Next Tobacco? Lessons Learned from Tobacco for Obesity Litigation, 15 Annals Health L. 61, 74 (2006).

18) Melanie Warner, The Food Industry Empire Strikes Back, New York Times, July 7, 2005.

メニューに並べた食品のカロリー数や栄養分の種類と要素を表示したり，スーパーサイズの製品販売を控えるなどの方策です。

4）ペルマン訴訟を契機にほかでも裁判が提起されました。カリフォルニア州の裁判はその1つで，悪玉コレステロールを増加させるトランス脂肪酸が問題となり，それを減少させる食用油への転換を遅らせたとしてマクドナルドが訴えられ，2005年に和解が成立しました[19]。それによって，マクドナルドはアメリカ心臓協会のトランス脂肪酸防止プログラムに700万ドルを寄付するなどの約束をしました。

　もはや問題はマクドナルドだけではなくなっています。ハンバーガー，ファスト・フードというアメリカ人のライフ・スタイル自体が問題となっているのです。これらの動きのすべてがペルマンさんの訴訟をきっかけとしているとはいえないでしょうが，やはり大きな力となったことは間違いありません。

　そもそもペルマンさんの訴訟は，ニュー・ヨーク州の消費者保護法違反とコモン・ロー（判例法）上の過失による不法行為を主張していました。具体的には，各商品のコレステロール分，塩分，糖分その他を適切に表示せず，健康によくない品を「栄養のある」ものと表示して消費者を欺き，とりわけ子どもをターゲットにしていたことを問題にしていたのです。たとえば，マクドナルドのチキン・ナゲッツについて，チキンとあるのでマクドナルド製品の中ではより健康にいいような印象を与えながら，実はチキン以外の多くの添加物により，ハンバーガーと比べ2倍の脂肪分を含む点を隠していたとすれば，それは問題だと主張したのです。

───────────

19）　Courtney, supra note 17, at 78. ほかの訴訟の紹介もなされています。

同時に，ペルマンさん側は，本件訴訟の社会的背景として，いくつもの事実を主張しました。

①20年前と比べ，肥満とされるアメリカ人は，未成年者で2倍，成人でほぼ3倍になった。その結果，成人の61％が肥満とされ，小学生ですら13％が肥満の状態にある。

②肥満はさまざまな病気のリスクを高め，肥満と因果関係のある死亡数が全米で年間30万人と推計されている。これは，たばこによる死亡推計数43万人に次ぐ第2位の死亡原因となる。

③2001年の合衆国軍医総監の報告書には，「肥満をこのまま放置すれば，喫煙と同様に防止できるはずの病気や死をすぐに引き起こす可能性がある」との記述がなされた。

④肥満に関連する医療費は，アメリカ全体で年間1170億ドルと推計され，たばこによる医療費1400億ドルに次ぐ規模になっている。

⑤他方で，ファスト・フードにアメリカ人が消費する金額は，年間1100億ドルになり，毎日，成人アメリカ人の4人に1人がファスト・フード・レストランへ行くとされる。

これらの諸点は，ファスト・フードの消費が個人のライフ・スタイルや自己責任の問題であるというばかりでなく，すでに大きな社会的な問題になっていることも示唆しています。同時に，一連のたばこ訴訟（たとえば2003年，イリノイ州の第1審裁判所が，フィリップ・モリス社のたばこに「ライト」という言葉をつけて販売していたことは消費者を詐害するものと認定し，100億ドルの賠償を命じた事件がある[20]）との関連性も考えさせます。かつては喫煙者が自分でたばこを吸いながらたばこ会社を訴えることにつき，アメリ

カ社会でも批判が強かったのです。しかし，ある法律家がいうように，「今日ははばかげた訴訟に見えるものが，明日は非常にまじめなものになる可能性がある」[21] のです。なぜまじめなものになるかといえば，国民の健康に関係するビジネスのあり方が問われ，特に，何らかの情報隠しがあるというようなことがわかると，きわめて深刻なものと観念されるからです。

●　蛇足ですが　●

本件訴訟で問題となっているのが，国民の健康という大きな社会問題に関係していることは承認するとしても，アメリカではなぜそれを裁判で争い判断しようとするのかという問題が残ります。いったい政府（この場合は司法部以外の議会と行政）は何をしているのかという問題です。

あるイギリスの新聞は，ヨーロッパでは，「個人の自己責任の領域と社会の責任を分ける線引き」は弁護士や裁判官が行うのでなく，食品に関する専門家や食品および飲食業業界が規制当局と協力しながら検討するのがよいと考えられていると指摘しています[22]。アメリカでもさまざまな行政規制は存在しますが，時間的先駆性（社会的に大きな問題として顕在化し世論の圧力で規制がなされる前に訴訟を起こすことができること）や，1人でも問題の存在を指摘できること（行政を動かさなくとも1人で訴えればよいこと）など裁判にも明らかなメリットがあります。しかし，もちろん裁判に

---

20)　朝日新聞 2003 年 3 月 22 日朝刊（東京本社版）「米社に 1 兆円賠償命令『ライト』たばこ訴訟で初判決」。

21)　弁護士でありデューク・ロー・スクールでも教えるドナルド・ベスカインド（Donald Beskind）氏の言葉。The News & Observer (Raleigh, N. C.), Sunday, August 18, 2002, 2002 WL 11733461.

22)　The Times (Features; Law 9), March 25, 2003.

も問題があります。アメリカで通常いわれているのは次の諸点です[23]。

①結局，裁判では勝てない。ファスト・フードと自らの糖尿病や心臓病との因果関係を裁判で証明するのは困難である。また，たばこほどの習慣性（常習性）があるかについても問題があり，自己責任の要素が強いと考えられている。

②食生活のあり方について裁判所で決定させるのは，裁判所の能力の点で疑問がある。

③裁判所は，他の2部門に比べて非民主的な機関であり，その機関が決定することには正統性の点でも問題がある。

確かにそうです。それでも，アメリカでは裁判所に訴えて何かが変わるきっかけになることもまた確かなのです。

今回のポイント

マクドナルドが訴えられて世界中に有名になった事件2つを取り上げました。報道の調子は，「アメリカは狂っている」という揶揄を伴うものが多かった事件です。しかし，報道が事実のすべてを丁寧に伝えるとは限りません。

2件はどちらも基本的性格が不法行為事件でした。不法行為として裁判を利用することは，これらの事件では，被害者の救済のためより，もっと違うもの（あえて大きいものとはいわないことにします）も追求していることが明らかです。

---

23) See, Note（Ashley B. Antler），The Role of Litigation in Combating Obesity among Poor Urban Minority Youth: A Critical Analysis of Pelman v. McDonald's Corp., 15 Cardozo Journal of Law & Gender 275, 293（2009）.

第3部	★ ★ ★

アメリカの司法制度

第 9 回	コモン・ローと エクイティ
第10回	陪審と裁判員
第11回	三浦事件と 二重の危険
第12回	アメリカの 弁護士・法律家

INSPIRING AMERICAN LAW

第9回

コモン・ローとエクイティ

1 はじめに

これまで何回かコモン・ローという言葉が出てきました。最も大きな意味で用いるケースでは，コモン・ローは英米法全体を表します。通常は，判例法という意味で用いることが多く，それは英米法では**判例法主義**がとられており，法＝判例と考えられているからです。また，Wの隣人訴訟で陪審審理がとられた際に，**アメリカ合衆国憲法第7修正**を紹介しました（第2回）。それは「コモン・ローの訴訟において，訴額が20ドルを超えるときは，陪審審理を受ける権利が保障される。陪審によって認定された事実は，コモン・ローの準則による場合以外は，合衆国のいかなる裁判所も再検討してはならない」という規定になっており，ここでも「コモン・ロー」が出てきます。

他方で，「契約を破る自由」（第5回）の説明の中では，契約の強制履行を命ずる救済はエクイティ上のもので，損害賠償という通常の救済方法はコモン・ロー上のものだと述べました。いったい，それはどういうことかを今回は説明します。

それは結局のところ，2つの点に集約されます。1つは，**コモン・ローとエクイティという区分の意義**を知るには英米法の歴史を遡る必要があるということであり，もう1つは，**英米法の歴史**

が裁判所の歴史だということです。

　しかし，まずコモン・ローとエクイティという区分が現代においても重要だということを示す判例を1つ紹介しましょう。

2　コモン・ローとエクイティの区分の現代的意義

　1967年，首都のあるワシントンで次のような訴訟がありました[1]。病院が原告で，被告は患者です。

> 　被告のエレン・ギェーガン（Ellen S. Geoghegan）さんは，原告の法人が運営している私立病院に長期にわたり入院しましたが，病院側は，もはや病院の治療を要せず，ナーシング・ホームで療養すべき状態にあるとして退院するよう求めました。何度かの交渉が繰り返されましたが，彼女も夫もそれを拒みました。夫は，妻が死ぬまでこの病院にいられるようにしてほしいと希望し，そのための費用は支払うと述べたのです。

　原告は，患者が不法に退去しないという不法行為，不法侵害（trespass）をおかしていると主張し[2]，裁判所に対し，救済方法として，不法侵害の除去を求める**インジャンクション**（injunction ＝通常は不作為を命ずる差止命令を意味する言葉ですが，ここでは退去という作為を命ずる裁判所命令）を求めました。それに対し，被告は，エクイティ上の救済であるインジャンクションを命ずることができるのは例外であり，本件はそれにあたらないと主張したのです。裁判では，もっぱらコモン・ロー上の救済である損害賠償

---

1)　Lucy Webb Hayes National Training School v. Geoghegan, 281 F. Supp. 116（D. D. C. 1967）．この判決については，藤倉皓一郎ほか編『英米判例百選』158頁（第3版・有斐閣・1996年）で紹介しました。

2)　Trespass to land（不動産に対する不法侵害）を利用したのです。（不動産からの）不退去という不法行為です。

とエクイティ上の救済であるインジャンクションの関係が問題とされました。

▶ 判　決

裁判所は，次のように述べて病院の訴えを認め退去命令を出しました。

「私立の病院は，いかなる患者であれ，それを受け入れるか拒むかを決定する権利を持っている[3]。病院には，現実に治療を要する人々に医療サービスを提供するという道徳的な義務がある。常に治療を要するわけではなく看護のみを必要とする高齢者のためのナーシング・ホームとして病院を使うのは，病院本来の目的から逸脱する。高齢者のためのホームは別にあり，ナーシング・ホームやそれに類する施設が存在するのである。病院は，その設備を本来予定されていない利用に供することを認めてはならないという義務を負っている。……

　証拠として提出された原告被告間のやりとりによると，被告である夫は妻が死ぬまで病院にいるべきだとする立場をとっている。病院がそれを認めるのは，その設備を本来の用に供しないことを認めることであり，それは公共の利益に反する。夫は病院の請求する金額を払う能力があり，かつ喜んで支払おうというのであるから，本件の原告にとっては，損害賠償請求訴訟が何の解決にもならぬことはいうまでもない」。

「It has been established for a great many years that equity will enjoin a continuing trespass or a series of repeated trespasses where an action for damages would not be an adequate remedy.

---

3)　ここでは私立の病院と述べていますが，その後，この判決を引用しながら公立病院での同様の事件でやはり病院側の訴えを認めた例もあります。Jersey City Medical Center v. Halstead, 169 N. J. Super. 22, 404 A. 2d 44（1979）.

（継続的な不法侵害や繰り返し行われる不法侵害のケースは，損害賠償では適切な救済とならない場合であり，エクイティがその差止めを認めることは，すでに，きわめて長い間にわたって確立された原則となっている）」。

「イギリスの先例があり，アメリカ合衆国最高裁の先例や，いくつもの連邦裁判所の判決もそれを確認している」。

「It is clear that in this case the damages in an action at law would obviously be inadequate, as has already been stated.（以上に述べたように，本件では，明らかにコモン・ロー上の訴訟による損害賠償請求は不適切である）。（なお，action at law が，この場合，コモン・ロー上の訴訟と訳されることに注意）」。

「以上の考慮に基づき，被告からの，訴え却下の申立ては認められない」。

▶ この判決の意義

　この判決を『英米判例百選』に入れたのは，コモン・ローとエクイティの現代的意義を説明する上で最適だと考えたからです。この判決文は，現在も「コモン・ロー上の救済」とか「エクイティ上の救済」という区分をめぐって真剣に争いがなされている様子を示しています。この判決では，継続的な不法行為がなされている場合は例外だとしてインジャンクションが認められましたが，第1次的（原則的）救済方法はコモン・ロー上の救済だと確認されています。通常，裁判所の認める救済は損害賠償であり，それでは不十分で**回復しがたい損害**（irreparable harm）が残る場合に，インジャンクション（差止命令）などエクイティ上の救済が認められるといわれているのです。

　この区分の重要性は，ほかにもあります。コモン・ロー上の訴訟とエクイティ上の訴訟では手続も異なるのです。最も重要な点は陪審制の有無です。先ほどのエレン・ギェーガンさんの事件で

も陪審審理はとられていません。あれはインジャンクションを求める訴訟だったため，エクイティ上の訴訟だとされたからです。

さらに，エクイティは，コモン・ローでは認められない実体的な権利を創出する場合があります。たとえば1994年のPietros v. Pietros 判決では，コモン・ロー上では親子関係が認められない関係にエクイティ上一定の効果を認めました[4]。

　この事件は，すでに別の男性の子を妊娠していた女性と交際を始めた男が，女性が妊娠していると知りながら，自分が父親代わりになるからといって結婚した事案です。養子縁組をすることもなく，周囲の人の中にも血縁関係がないことを知っている人も少なくありませんでした。それでも男は生まれてきた子に「ダディ」と呼ばれ家族として生活していたのです。ところが数年後，夫婦の間がうまくいかなくなり離婚することになります。その際，女性は子どもの養育費を要求し，男は「自分の子ではない」としてそれを拒絶しました。

コモン・ロー上は（あるいは普通の法的な考えでは），親子ではないことが明らかであり，養子縁組もなされていないので，本来なら男の主張が認められそうです。しかし，裁判所は，このケースでは**エクイティ上の養子縁組**（equitable adoption）があったとして，男に子の扶養義務を認めました（要するに，成人まで扶養料を支払えということです[5]）。

---

4) Pietros v. Pietros, 638 A. 2d 545 (R. I. 1994).
5) 養子制度は英米法では制定法で認められたものであり，法律に従い裁判所を通して行うべきものです。コモン・ロー上の養子もなかったのです。しかし，この事件では裁判所は「エクイティ上の養子」と呼んで，親としての扶養義務を認めました。ただし，これによってただちに相続権が発生するなどほかの親子法の効果が生ずるわけではなく，それは扶養料の請求を認めるための理由づけです。具体的な紛争解決としてはそれで十分だからです。

これらの例のように，エクイティは，コモン・ローでは認められない実体法上の権利を認めたり，手続的な側面でも重要な違いを示したり，さらにはコモン・ローにはない救済を認めたりします[6]。要するに，コモン・ローとは別にエクイティというものが存在することが，アメリカ法では（そして英米法全体でも）現代においても大きな重要性を持つということです。

では，いったいコモン・ローとエクイティの区分とは何か。そしてそれはどのように生成してきたのか。これを知るためには，英米法の歴史をひもとく必要があります。私の授業では，英米法の歴史をその観点から概観することにしています。決して詳しい変遷を語ることはできませんが，それを通じて，英米法の歴史が裁判所の歴史であることをわかってもらえれば十分だと考えています[7]。というのは，イギリスでは，500 年もの間，コモン・ローの裁判所とエクイティの裁判所という異なる裁判所が併存する事態が続いたのであり，それがアメリカをはじめとする英米法の全体に今でも影響を及ぼしているからです。

以下，英米法の歴史を次の 4 期に分けて概観します。①アングロ・サクソン時代——コモン・ロー成立以前，②コモン・ローの成立，③エクイティの生成と発展，④現代へ。なお，当然ですが，今回はイギリス法の歴史を概観することになります。アメリカ法がイギリス法から発展した以上，アメリカ法がどこから来たかを知ることが必要だからです。

---

6) 藤倉皓一郎「アメリカにおける裁判所の現代型訴訟への対応——法のなかのエクイティなるもの」石井紫郎＝樋口範雄編『外から見た日本法』327 頁（東京大学出版会・1995 年）参照。

7) 英米法の歴史をより詳しく知るためには，田中英夫『英米法総論(上)』51 頁以下（東京大学出版会・1980 年）を参照してください。

3 イギリス法の歴史概観

▶ アングロ・サクソン時代——コモン・ロー成立以前

　イギリスを語るのはアメリカを語るより難しい面があります。そもそもイギリスとは何かが問題です。サッカーを見ればわかるように，ウェールズやスコットランドが国際試合に出てきたりして，アメリカの州とも違う側面を見せてくれます。そこで，日本でイギリスという場合は，イングランドと呼ばれる地域だけを想定していることも多いので，イングランド法と呼ぶ人もいます。ここでの説明もそういうことですが，イギリス法と呼んで説明を続けることにします。

　ここでの説明の大まかさは，第1期が1066年以前という区分にも表れています。紀元前から紀元後，さらに1000年の間を詳述する能力はありませんし，ここではその必要もないでしょう。アメリカの源流であるイギリスでは，法や裁判はいかに生成してきたかがもっぱらの関心事です。

　通常のイギリス史は，紀元前のケルト人の来島，その後紀元前55年のシーザーのブリタニア遠征，それに続くローマ支配などから始まります。マンチェスターとかランカスターとか，chester や caster という語尾の都市がありますが，それらはすべてローマ人の城砦（castra）があったところだそうです。しかし，ローマ帝国が衰退すると，ヨーロッパ大陸北部からアングル人・ジュート人・サクソン人と呼ばれたゲルマン部族の人たちが5世紀以降ブリテン島へ移住し，部族国家を作るようになります。それが7つあったので七王国時代などと呼ばれる時代が始まります。

　法的な観点からは，このアングロ・サクソン時代の特色は次のような点です。

①イギリスでは統一国家がまだ成立せず，部族国家に分かれていた。

②彼らはゲルマン部族という点で共通性を持ち，ゲルマン的な法観念として，**法は共同体の慣習であり，王も人民も法の下にある**とされていた。

③共同体の慣習という際の共同体は，一定の大きさを持った自然的共同体（村落）が単位とされ，定期的にその共同体で生じた紛争を自由人とされた人びとが集まって合議して解決する方法がとられた。

④そのような「裁判」とは別に自力救済も認められていたが，「裁判」も現代とは異なるものだった。"Judgment precedes proof（判決が立証に先立つ）"という言葉が示すように，当時の判決は，いかなる方法でどちらの当事者が自らの正当性を立証すべきかを決めるものだった（XとYとの争いにつき，たとえばYに対しPという方法で自らの主張の正当性を立証せよという「判決」が出たという意味です）。立証の可否は最終的には神が決めるという「神判」という性格が強かったのである。

⑤ただし，判決で決められる立証方法には大きな違いがあり，それを使い分けるという意味での合理性はあった。1つの方法は，宣誓免責（wager of law; compurgation）と呼ばれ，これによる立証を命じられた当事者は，通常12人の人を連れてきて宣誓の上，一定の文言を述べてもらう，すべての人が厳かに間違いなく述べ終わると無実の立証となるというものだった。それに比べ，熱鉄神判と呼ばれる神判を命じられた当事者は，赤く焼けた鉄を持って9フィート歩き，3日後に傷が残っていなければ無実ということであり，常人を前提とするとこれでは無実になるわけがない。熱鉄神判を選んだ判決自体がある程度共同体の事実認定を示して

いたともいえる。

▶ コモン・ローの成立——14世紀まで

1066年以降イギリスの体制は一変します[8]。今ではフランスの一部であるノルマンディーからノルマンディー公ウィリアムが侵入し，圧倒的な武力でイングランドに初めて統一王国を樹立したからです。いわゆる Norman Conquest（ノルマン人の征服）によってノルマン朝が始まるのです。ノルマン人は支配層を形成し，ウィリアム1世の下で封建制度を樹立します。いったん国土は観念上すべて王のものとされ，その土地を領主・貴族に封として封与し，その代わりに領主・貴族は王に奉仕する義務を負うという体制です。大領主はその下の小領主に同じ関係を，小領主は領民に同じ関係を作り，封建制のピラミッド体制が作られたのです。

しかし，ウィリアム1世は他方で従来のアングロ・サクソン王の正当な継承者であると主張し，従来の伝統を尊重するとも約束します。その表れとして，法は従来通り，共同体の慣習を尊重すると宣言します。ただし，統一国家ができたので，**general custom of the land**（**王国の一般慣習**，the land は国土という意味でここでは realm と同じ意味です）が法となりました。細かく区分された自然的共同体の慣習が法というのではなく，国土全体に共通の慣習を法としたのです。それが "**common law**" と呼ばれるようになります。したがって，この時期のコモン・ローを慣習法と訳すことがあります。いわばイングランドの共通慣習法です。

その他，法的な観点からは次の諸点が重要です。

---

8)　田中・前掲注7) 51頁もその記述を1066年から始めています。

①この時期に3つの国王裁判所が成立する。いずれも適用した法は王国の一般慣習，つまりコモン・ローと観念されたので，これらは**コモン・ローの裁判所**と呼ばれた。3つの裁判所は，主として扱った事件によって分かれており，Court of Exchequer（**財務府裁判所**：国や国王の財政に関する事件），Court of Common Pleas（**人民間訴訟裁判所**：土地に関する事件），Court of King's Bench（**王座裁判所**：刑事事件・不法行為事件）の3つである。

②王が勅令を発布し，3つの裁判所を作ると宣言して裁判制度ができたわけではない。国王のもとに持ち込まれるさまざまな紛争や問題について，それぞれを専門に扱う部署が徐々に形成され，13世紀末のエドワード1世治世の頃，明確に3つの裁判所に分化したとされる[9]。

③しかも，この時期には国王裁判所しかなかったわけではない。国王裁判所は，他の種類の裁判所と競合していた。競合した裁判所は，イ）アングロ・サクソン時代以来の自然的共同体の裁判所（communal courts），ロ）教会の裁判所，ハ）領主の裁判所，など多岐にわたる。大きな流れとしては，16世紀に絶対王政が成立するまでの間，徐々に王権の伸張とともに国王裁判所がこれらの裁判所を圧倒していったが，それには紆余曲折があった。特に激しい争いとなった相手方は，1つには教会裁判所，もう1つは領主の裁判所であり，管轄権争いが行われた。

④国王裁判所が他の裁判所を圧倒するようになった法制度的要因として次のような点があげられる。

第1に，国王裁判所は**巡回制度**（circuit system）をとって，い

9）　当初は王と王の直属の臣下で構成される Curia Regis（Royal Court＝王会・国王評議会）で立法・司法・行政のすべての権力を行使していましたが，そこから分化したものです。

わば事件を探しに地方巡業をした。

　第2に，国王裁判所だけしかない特権を有しており，他の裁判所にはない合理的な審理方法を用意していた。それは "assize" と呼ばれ，土地に関する争いについて，その土地の事情をよく知る12人の人たちに宣誓させ証言を求めて判断した。これが現代の陪審制の起源といわれる。最初は証人としての陪審であったこと，国王裁判所（コモン・ロー裁判所）だけの特権だったことが重要である。他の裁判所では，宣誓免責や神判による裁判が行われていた[10]。

　第3に，どの裁判所であれ裁判を始めるためには大法官府（Chancery）から訴訟開始令状（original writ）を出してもらう必要があった。その際，国王裁判所にしか行けない令状を発給して国王裁判所に誘導することが行われた。ともかく，このような writ system（令状制度）により，裁判一般ではなく，紛争類型ごとに細かな訴訟開始令状が存在し，さまざまな令状から始まる**訴訟方式**（forms of action）制度が作られた。暴力を伴う不法行為についての trespass（侵害訴訟）や，契約違反に対する assumpsit（引受訴訟），債務を支払えという場合の debt（金銭債務訴訟）などがある。

▶ エクイティの生成と発展——14世紀から18世紀

　国王裁判所は他の裁判所を圧倒していきます。しかし，中世の終わり頃，国王裁判所で救済が得られないとして，国王に請願する事例が増加します。請願は大法官（Chancellor）に委ねられ，そこでの紛争解決が積み重なると15世紀末には一種の裁判所とし

---

10)　国王裁判所でも神判は行われていました。それに加えて，assize を選択することができたのです。

て認められるようになります[11]。これも国王裁判所ですが，従来の国王裁判所がコモン・ローを適用するコモン・ローの裁判所であったのに対し，コモン・ローでは適切な解決のできない事例に対処したので，**エクイティ（equity＝衡平）の裁判所**と呼ばれるようになります。そのポイントは以下のような点です。

①なぜコモン・ローの裁判所で救済が得られない事例が増加したのか，が問題となる。これはエクイティ発生の理由でもある。かつてはコモン・ロー硬直化説が唱えられた。令状が固定化し，コモン・ロー裁判所が従来型の訴訟にしか対処せず，新しい型の紛争に対処しなかったという説明である。しかし，その後，イギリスではコモン・ローの手続欠陥説が有力となった。コモン・ロー裁判所の手続が形式的で当事者尋問もなかったため，具体的正義の実現できないケースがあったという説である。

②その一例として，当時増加した**信託（use，後の trust）**事件がある[12]。封建制の下で領民は領主に対しさまざまな負担を負っていた（一種の税である）[13]。また，封建制を維持するために，土地については**長男子単独相続（primogeniture）**がコモン・ロー上の強行規定とされていた。これらを免れるために，領民が土地所有権を他の人に名義だけ移すことが行われた。名義は移すが，実質

---

11) 大法官は，令状を発給した大法官府（chancery）の長官であり，この当時は高位の聖職者が任命されていました。今でいう法務大臣です。

12) 信託の意義については，樋口範雄『入門・信託と信託法』（弘文堂・2007年）参照。

13) 封建的付随負担（feudal incidents）と呼ばれ，relief（相続により長男に代替わりすることを認める更新料），wardship（長男がまだ未成年の場合，領主が後見人となって利益をわがものとする権利），escheat（領民が重罪を犯した場合の土地没収）などがあった。

的利益は領民自身やその子（長男ばかりでなく他の子も含む）に留保するという約束である。問題は，名義を移された人（受託者）が裏切って利益をわがものにしようとするケースで，領主の裁判所はもちろんのこと，コモン・ロー裁判所も形式的に名義が移っているという理由で救済を与えなかった。

　だが，受益者から請願（訴え）を受けた大法官は受託者を呼び出し，尋問したうえで背信的行為があると認定すると，「法律上（コモン・ロー上）受託者に確かに権利はあるが，その良心にもとるはずだ」として，衡平上（エクイティ上）約束を守るべきだと命じた。

　これはコモン・ロー上権利がないとされた受益者に，エクイティ上は権利があるということを意味していた。

　③エクイティの裁判の特色としては，イ）コモン・ローの裁判が令状（writ）で始まり，令状は訴訟方式ごとに形式が定められている類型的なものだったのに対し，エクイティの訴えは，事実関係を具体的に記述したbill（エクイティ上の訴状）によるもので紛争内容がわかるようなものだった，ロ）エクイティ上の救済はあくまでもコモン・ローの裁判所で認められる救済が不十分・不適切な場合にのみ与えられるとされ（エクイティの補充性），さらに救済を与えるか否かは大法官の裁量によるものとされた，ハ）被告が大法官の命令に従わない場合，良心が目覚めるまで拘禁されたり，1日いくらで累積する罰金が課された。この制裁は，エクイティ裁判所が裁判所として認められるようになった後は，contempt of court（裁判所侮辱）と呼ばれた。

　④エクイティの裁判所は，その後何度か存立の危機を迎える。1535年にはヘンリー8世がStatute of Uses（ユース禁止法）を制定し，名義だけの信託は無効とした。エクイティの裁判所では信

託の事件を扱うことが多かったので，信託が無効になればエクイティ裁判所の意義は大きく減じられる。だが，二重ユース（use upon use）や[14]，名義だけでなく受託者にも何らかの権限を認めるなどして（active use として trust と呼ばれるようになる），信託は存続した。また，17世紀の市民革命の世紀を迎えると，コモン・ローの裁判所が議会派，エクイティ裁判所は国王派として対立した。実際，清教徒革命の後，クロムウェルはエクイティ裁判所廃止命令を出した。だが，1760年に王政復古がなるとエクイティ裁判所も復活した。

⑤その後，イギリス国内が安定し，エクイティも蓄積された先例を遵守して内容が安定化する。これをエクイティの結晶化（crystallization of equity）と呼ぶ。18世紀後半にはオックスフォード大学で初めてイギリス法の講義をした**ブラックストン**（William Blackstone）が，エクイティを「先例によって確立したルールから成る精密なシステム」と呼ぶ状況になっていた[15]。

▶ 現代へ──コモン・ロー裁判所とエクイティ裁判所の統合

ブラックストンはエクイティによって補充されたコモン・ローの体系（判例法の体系）を賛美したのですが，19世紀になるとイギリス法への批判が高まります。先頭に立ったのは**ベンサム**（Jeremy Bentham）で，彼は判例法中心の体制自体を批判し立法改革運動を展開しました。

コモン・ロー裁判所とエクイティ裁判所が併存する体制も，当

---

14) いったん受託者の名義にしてさらにそれを別の名義者に移すという手法である。

15) ブラックストンは，『イギリス法釈義』と題する講義録を4巻本にして出版した。William Blackstone, Commentaries on the Laws of England (1765-68).

事者からすると，たとえば近くの工場の煤煙による被害を受けて
いる場合，損害賠償請求はコモン・ロー裁判所へ，煤煙差止めは
エクイティ裁判所にインジャンクション（差止め命令）を求めな
ければならず，二重の手間がかかる点に強い批判が加えられまし
た。

　1873 年から 75 年にかけての Supreme Court of Judicature
Acts（最高法院法）[16]によってコモン・ロー裁判所とエクイティ裁
判所の統合が図られ，新しく設置された第 1 審裁判所の High
Court（高等法院）は 3 つの部を持つことになりました。従来のコ
モン・ローの事件は Queen's Bench Division（女王座部，当時ヴィ
クトリア女王だったからです），エクイティの事件は Chancery Divi-
sion（衡平法部），家族関係事件を扱う Family Division（家事部）
という 3 つです。

　しかし，コモン・ローとエクイティを分ける伝統は存続し，現
代にまで続いています。

　●● 蛇足ですが ●●

　冒頭で紹介したエレン・ギェーガンさんの退去命令の事件を振
り返ってみましょう。そこでは，コモン・ロー上の救済である損
害賠償では不適切な事例だという判断の下に，エクイティ上の救
済であるインジャンクションが認められていました。仮に，この

16）　ここでの Supreme Court とは，最高裁の意味ではなく，第 1 審として作
　られた High Court（高等法院）と控訴審である Court of Appeal（控訴裁判
　所）を合わせたものを指す言葉です。イギリスの最高裁は，House of Lords
　（貴族院）でした。最近 Constitutional Reform Act 2005 が成立し，Su-
　preme Court of the United Kingdom（連合王国最高裁判所）が新設され，
　2009 年から裁判を始めました。従来の Supreme Court は Senior Courts と
　呼ばれています。

判決に患者とその夫が従わないとどうなるでしょうか。コモン・ロー上の話なら損害賠償を命ずる判決が出され，それを拒否すると強制執行手続に進みます。それは日本と同様です。ところが，エクイティ上の命令を拒否すると，**裁判所侮辱**（contempt of court）であるとして命令に従うまで拘禁か，または1日あたりいくらとして累積する罰金が命じられます。これは強烈な手続で，わが国ではありえません。

　ただし，日本でも2009年7月，グランドプリンスホテル新高輪が日本教職員組合（日教組）への使用を拒否した事件の損害賠償請求訴訟で総額約3億円の賠償が命じられ注目されました。それには使用拒否をしないよう命ずる裁判所の仮処分を無視した点も大きな影響を与えたとされています[17]。

　これがアメリカなら大変なことになります。ホテルの社長が拘禁される可能性も現実的にあります。そうでなくとも，命令に従うまで毎日X億円の支払いをせよといわれれば，どんなホテルも従わざるをえないでしょう。

　エレン・ギェーガンさんの事件では，病院からナーシング・ホームへ移るよういわれた高齢の患者が仮に裁判所命令を拒否した場合，その人を拘留したとは思えません。しかし，金持ちの夫に対し，1日いくらの罰金を累積的に支払えという命令は出たと思われます。

　　今回のポイント

　　　コモン・ローとエクイティの意義を知るため，今回はイギリス法
　　　2000年の歴史を駆け足で見ました。コモン・ローとエクイティ

17）　毎日新聞 2009 年 7 月 28 日夕刊「プリンスホテル：3 億円賠償命令　日教組使用拒否問題」。ただし，ホテル側は控訴しました。

はともに判例法ですが，性格が異なります。英語では，今でも at law（コモン・ローでは），in equity（エクイティでは）といいます。コモン・ローは文字通り法であるのに対し，エクイティは，法の形式性を補完し正義や衡平を実現する道具だということです。強調しておきたいのは次の2点です。

　第1に，日本でも法のあり方として「法的安定性」と「具体的妥当性」の両方を追求することが求められます。しかし，両者は両立の難しいケースがあり，どちらかといえば「法的安定性」が重視される傾向がないでしょうか。「法律で決まっていることだから（結果はおかしいと思うけれども）しかたがない」というように。

　ところが，アメリカ法では，エクイティもまた立派な法です。コモン・ローでは（言い換えれば，従来の法的なルールでは）だめだったものについて，エクイティで工夫するという伝統が，より強く生きているということです。

　第2に，歴史的経緯のために，陪審制が認められるのはコモン・ローの事件だけとされてきました。アメリカ合衆国憲法第7修正が「コモン・ローの訴訟において，訴額が20ドルを超えるときは，陪審審理を受ける権利が保障される」と規定するのは，まさにこの伝統を受け継いでいます。次回は，陪審制度を取り上げます。

第10回

陪審と裁判員

1 はじめに

2009 年 5 月わが国で**裁判員制度**が開始され，8 月に東京地裁で最初の裁判員裁判が行われ連日大きな関心を集めました[1]。出頭が求められた 49 人の裁判員候補者のうち 47 人が出頭し，そのうち 6 人の裁判員と 3 人の補助裁判員が選任され，3 人の職業裁判官とともに 72 歳の被告人の殺人事件を裁きました。4 日後，検察の求刑が懲役 16 年に対し，懲役 15 年の判決が下されました[2]。

裁判員制度は英字新聞では，lay judge system（直訳すると素人裁判官制度），裁判員も lay judge とか citizen judge と訳されているようです[3]。場合によっては quasi-jury system（陪審に準ずる制度，陪審類似制度）と説明する例も散見されます。

法律の素人が裁判に参加する制度として，英米では**陪審制度**（jury system）がとられてきました。前回見たように，陪審の起源となった制度から見れば中世以来，すでに何百年もの歴史を持

---

1) 朝日新聞 2009 年 8 月 3 日夕刊「審理 3 時間，初日は閉廷：東京地裁で初の裁判員裁判」。

2) 朝日新聞 2009 年 8 月 6 日朝刊「初の裁判員裁判，殺人罪被告に懲役 15 年判決：東京地裁」。

3) たとえば，The Yomiuri Shimbun, Aug. 3, 2009, Lay judge trial kicks off today.

っています。当初，陪審は 12 人の証人のような立場でコモン・ロー裁判所に特有な審理方式として登場してきました。その後 17 世紀に，証人ではなく現代におけるような審判者に転化し，アメリカにも継受されました。実際には，起源となったイギリスよりもアメリカの方が陪審審理を広く用いています。合衆国憲法が陪審審理を受ける権利を保障していることはその象徴です。

　今回は，わが国の裁判員制度と比較しながら，アメリカの陪審制度の意義を考えてみます。

2　裁判員制度との違い

　全国 2 例目の裁判員裁判はさいたま地裁で行われました。判決後，裁判員の記者会見で記者の質問につき，地裁職員が裁判員に合図を送り，回答するのを遮ったそうです[4]。その理由を，地裁は「守秘義務違反に抵触する恐れがあると判断した」からと述べています。しかし，質問は「評議の秘密を明かせ」というようなものではなく，判決で裁判官が述べた説論部分（被告人は 30 代でもあり，やり直しがきく。立派に立ち直るように，という趣旨のもの）について，裁判員の気持ちを代弁しているかと聞いただけであり，感想を求めているだけですから，過剰反応の感は否めません。裁判員には守秘義務が課され，違反者には 6 カ月以下の懲役刑または 50 万円以下の罰金刑があるという点が強調されており，英語でいえば，chilling　effect（萎縮効果，怯えさせて義務を守らせる効果）を狙ったもののように見えます。もっともまだ裁判所も慣れていないので，試行錯誤の表れと見るべきかもしれません。

　4）　毎日新聞 2009 年 8 月 13 日朝刊（記者会見は 12 日）。

同じ頃，イギリスの**陪審に関する守秘義務**の話が目にとまりました。「陪審長が陪審の評議についての秘密を語り，タイムズ紙が，それを記事にして裁判所侮辱で有罪」という見出しです[5]。記事から推測すると，次のような内容でした。

　①2007年，11カ月の子が死亡した事件で重過失致死罪に問われた女性（子の保育者のようです）について陪審審理で有罪判決が下され，懲役3年となった。

　②判決の5週間後（2007年12月19日），タイムズが記事を載せ，12人の陪審団の陪審長を務めた男性の言葉として，「評決は10対2だったが，それは初めから変わらなかったこと（男性は少数意見の側でした），そして，多数派は鑑定医師の専門家証言を盲信したのであり常識に反する結論だった」という言明を引用した。それが，陪審の評議内容を明らかにしてはならないという守秘義務に反するとして，陪審長とともにタイムズも起訴された（裁判所侮辱法8条違反）[6]。

　③2009年5月13日，有罪の判決がロンドンの高等法院（High Court）で下され，5月22日，量刑としてタイムズに1万5000ポンド，陪審長に500ポンド（1ポンド150円として，それぞれ225万円と7万5000円）という罰金刑となった（その後，控訴されている）[7]。タイムズは，この報道は裁判の公正を侵害するおそれもなく，判決は報道の自由を侵害するものでヨーロッパ人権

---

5)　"The Times convicted of contempt of court for report on jury's disagreement" at http://www.guardian.co.uk/media/2009/may/13/the-times-jury-foreman-contempt-court　ガーディアンの2009年5月13日付け報道です。

6)　イギリスにはContempt Court Actという裁判所侮辱法が制定されています。ここでの裁判所侮辱は，前回述べた，エクイティの命令を拒んだ場合の民事的裁判所侮辱（civil contempt）ではなく，日本でいえば法廷の秩序維持に関する法律の違反と同様の刑事的裁判所侮辱（criminal contempt）で通常の罰金刑が科されるものです（1日ごとに累積するのではありません）。

7)　タイムズの報道，http://business.timesonline.co.uk/tol/business/law/arti

条約10条違反だと主張している。

　なお，10対2での陪審評決だったことはイギリスでは公表されている事実で，陪審長の発言が問題となったのは，陪審員は当初と考えがまったく変わらなかったことを明らかにしたのがあたかも評議が形式的だったと示唆するような点だったと思われます。
　この事件が最終的にどうなるかは興味深いものですが，少なくとも，守秘義務と過剰反応は日本だけではないようです。ただし，アメリカでは，この程度のことで陪審とそれを報道したメディアが刑事訴追されることはまず考えられません。以下，アメリカの陪審と日本の裁判員の違いを考えてみましょう。

▶ 裁判員と陪審の違い
　まず，2004年に制定された「裁判員の参加する刑事裁判に関する法律」を見てみましょう。第1条は，「国民の中から選任された裁判員が裁判官と共に刑事訴訟手続に関与することが司法に対する国民の理解の増進とその信頼の向上に資すること」がその趣旨であり，第2条で，「死刑又は無期の懲役若しくは禁錮に当たる罪に係る事件」等について，裁判員6人，裁判官3人で構成される合議体で扱うとしています。
　アメリカの陪審については，今回これから説明するわけですが，それでもすでに一定の知識を持っている人も少なくないので，私の授業では，「**裁判員制度と陪審制度の違いを3点あげてください**」と尋ねてみました。すでに授業では何度も陪審審理の話が出てきているのですから，3つくらいは違いがいえるでしょう。たとえ

_____

cle6345376.ece や，http://business.timesonline.co.uk/tol/business/law/article6345455.ece（判決を批判するコメント）参照。

ば次のように。

1）日本では刑事事件，それも重大犯罪事件だけを裁判員制度の適用対象にしているが，アメリカでは刑事裁判ばかりでなく，民事事件でも陪審審理がある。

2）アメリカでは陪審審理を受ける権利が当事者の権利として保障されており，逆にいえば権利放棄もできる。裁判官だけの裁判を望めば（ただし民事事件では当事者双方が望めば），それも許される。しかし，日本では被告人に裁判員裁判を拒否する権利がない。

3）アメリカの陪審審理も実は陪審と裁判官の審理であるが，それは一緒に合議するという意味ではない。陪審は事実認定，裁判官は法律判断と役割が分担されている。

そのほかにも細かな違いはたくさんありそうです[8]。しかし，陪審制の詳しい説明に移る前に，まずここでは日本人が陪審裁判に関係した事件の1つとして服部君射殺事件を取り上げてみましょう[9]。

▶ 服部君事件

1992年，日本からのAFSプログラムによる交換留学生服部剛丈さん（16歳）が，ハロウィンの日にルイジアナ州で強盗と間違われて射殺された事件は，日本では大きな反響を呼び起こしました[10]。事件は以下のような経緯をたどります。

---

8) たとえば陪審は質問しません。また陪審が匿名ということもありません。
9) 以下の説明は，樋口範雄『アメリカ不法行為法』60頁以下（弘文堂・2009年）による部分があります。
10) たとえば朝日新聞1992年10月19日朝刊「留学高校生，射殺される　訪問先間違え，玄関で：米ルイジアナ」。

1992 年 10 月	服部君，留学先のバトン・ルージュでホームステイ先のアメリカ人学生とハロウィンのパーティに向かう。訪問先を間違え，「フリーズ（freeze＝止まれ）」といわれたがわからず，強盗と誤解され射殺される。
1993 年 5 月	刑事裁判が陪審審理で行われ無罪判決。
1994 年 9 月	服部さんの両親が訴えた民事訴訟で勝訴判決[11]。65 万ドルあまりの賠償が命じられる。裁判官だけの審理。
1995 年 10 月	控訴審，控訴棄却[12]。
1996 年 1 月	上告が棄却され民事訴訟確定[13]。

これに関連して，次のような試験問題を出したことがあります。

「日本人の留学生 A 少年が，ハロウィンの日に，アメリカの B 州で，強盗と間違われ Y に射殺された。Y は刑事裁判（陪審審理）では無罪となったが，A の遺族の訴えた民事裁判（陪審審理はとられなかった）では，損害賠償責任が認められた。これについて，日本の C 新聞記者 D は次のように報道した。

『この 2 つの裁判を分けたのは陪審裁判か否かである。陪審裁判というのは，裁判官もいるにはいるが，もはやそれは形式的存在で素人の陪審にすべての決定を委ねるものである。偏見を持つ陪審が同国人 Y を無罪にしたのは，このような陪審制度を認めるアメリカ司法の欠陥による。』

これについて論評してください」。

---

11) Hattori v. Peairs, 662 So. 2d 509, 513 (La. App. 1 Cir. 10/6/95). (これは控訴審判決ですが，その中で第 1 審判決も紹介されています。)

12) Hattori v. Peairs, 662 So. 2d 509 (La. App. 1 Cir. 10/6/95).

13) Hattori v. Peairs, 666 So. 2d 322 (La. 1/12/96).

この試験問題の記事は，日本側から見て，刑事裁判は負け，民事裁判は勝ったことと，前者では陪審審理，後者は陪審審理でなかったことを直接に結びつけ，すべて悪いのは陪審だとする議論で成り立っています。陪審には偏見がある，しかも被告人がアメリカ人で被害者が日本人（外国人）だからそれだけでひいきをする，しかし，裁判官はプロだからそのような偏見はない，と考えているようです。

　しかし，仮にこのような記事を書く記者がいたとすれば，おそらくジャーナリストとして失格です。事の表層だけを見て裏付けもとらず，自分の偏見だけで記事を書いているからです。おそらく法学部出身者ではないでしょう。裁判を報道するのに必要な法律の基本も知らないように見受けられるからです。

　第1に，日本であれどこであれ法律学を学ぶと，刑事裁判と民事裁判はまったく異なる裁判であることを知ります。刑事事件は「疑わしきは罰せず」です。検察官には厳しい裁判であり，原則は無罪です。立証責任は，beyond a reasonable doubt（合理的な疑いのない程度）の有罪立証が求められ，それは平たくいえば，9割以上の人が有罪と信ずるほどの証拠が必要だということです。それに対し，民事裁判は preponderance of evidence（証拠の優越）という立証でよいので，原告は，いわば100点満点で51点とれば勝訴できるのです。法学を学んだ人なら，2つの裁判結果の違いについて，陪審の有無ではなく，他の説明もできるはずだと考えたでしょう。

　第2に，陪審が原因で結果が分かれたと考えたのなら，本当にそうかと裏付けをとるべきでした。刑事事件で裁判官だけの審理だったら有罪となったと考えるかを，元裁判官であれ弁護士であれ，現地の法律家に尋ね歩くべきです。似たような事件で裁判官

だけの審理で行われた事例があればそれを探すべきですが，アメリカの場合，刑事事件で被告人が争う場合，陪審審理にすることが普通なので，おそらくそのような現実の事例は発見できないでしょう。しかし，法律専門家の意見は聴けるはずです。

　同様に，民事訴訟についても，仮に陪審審理だったら服部さん（＝A）の遺族は敗訴したはずだという点も確かめる必要があります。本件では正当防衛という抗弁の成否が問題になりますが，ここでも刑事事件で正当防衛を抗弁にする場合と，民事裁判での不法行為法の正当防衛という抗弁は扱いが異なって当然です。その認定は，前者が刑罰を科すことになり，後者は金銭賠償の問題にとどまるため後者の方が加害者には厳しいものになる可能性があります。そのような法的基準を裁判官に説示されて，そのルールの下で陪審は判断するよう求められます。陪審だから必ずまた敗訴ということにはならないはずです。

　第3に，被害者が日本人だから無罪になったという点も裏付けが必要です。そういえるためには，強盗と間違えられて射殺されている事件はほかにもあるはずであり，アメリカ人が被害者であれば必ず有罪となったことが必要だからです。実際，私は，フロリダ州でアメリカ人の子どもが犠牲になったケースで，やはり正当防衛が認められたケースを報道する番組を見たことがあります。無罪に傾斜した刑事裁判では，アメリカ法において正当防衛という抗弁が認められる範囲はわが国よりはるかに広いのです。

　さらに，第4に，民事裁判ではなぜ陪審が利用されなかったのかという点も気になります。刑事裁判で陪審審理が用いられたのは，明らかに被告人が陪審審理を希望したからです。なぜ，被告は民事事件でも陪審審理を請求しなかったのか。これについては被告の弁護士のミスだという説もあるようです。実際そうかもし

れません。しかし，被告には賠償責任保険を付けていた保険会社も含まれており，通常は考えられないミスです。もしも陪審を付ければ絶対に有利であり，勝てると考えていたとしたら。

　少なくとも，被告側も民事訴訟では陪審審理にすることが必ずしも有利と限らないと考えた可能性があると私は思います。少なくとも，それがミスだとしたら，ミスをした弁護士はそういうでしょう。そうでなければ弁護過誤で訴えられかねません。

　第5としては，陪審が偏見を持つなら裁判官だって同じだとなぜ考えないのかも疑問です。アメリカの州の裁判官は選挙で選ばれるところが多く，そこに住む人びとの大多数が偏見の固まりなら，その偏見におもねらないと次期の当選が危ういはずです。

　確かにアメリカは人種差別での苦い歴史を持っている国です。しかし，自分に不利な結果が出たらすべて差別のせいだと即断するのはあまりにも単純です。それは裁判で手続を尽くし，証拠を集めたりする過程の意義をいっさい無視することになります。その過程に参加した12名の陪審がすべて人種差別主義者であるといっていることになります（本件の刑事裁判では全員一致で無罪だったようです）。そのように即断したとすれば，むしろその記者自身が実は「内なる外国人差別意識」を無意識に示したのではないかと疑うことさえ可能です。

　ともかく服部さんの事件の問題は，陪審審理にあるのではなさそうです。事件の背景にある銃社会アメリカという実態こそが問題であり（だからこそ，服部さんのご両親はこの点での運動を進められたのです），事件が起きた後の裁判のレベルでは，特に刑事裁判において，実体法のルールとして，正当防衛が広く認められすぎているのではないかということこそが問題だと思われます。

3 アメリカの陪審制

　裁判員制度が始まり，わが国では裁判員になった人の負担が問題となっています。アメリカでも陪審になった場合，その人たちには大きな負担となります。本屋さんに行くと，「陪審の義務を回避する方法」と題する書物が売られていたりします。わが国の裁判員裁判第1号事件では4日間の集中審理でしたが，服部君事件の刑事裁判は7日間，第8回で取り上げたマクドナルド・コーヒー事件は8日間，これは極端な例ですが，1994年にアメリカン・フットボールのスター・プレイヤーが殺人罪に問われたO. J. シンプソン事件では1995年に何と9カ月以上審理が続いた例さえあります。

　裁判員制度開始に合わせて，陪審となる負担について NHK がアメリカで取材したニュース番組を見ました。バランスをとって，負担が大きいと苦情を申し立てる人と，意義のあることだからと肯定的な人の両方に取材していましたが，後者の立場の人が，「負担ではありませんか」という問いかけに「コミュニティのためだから」と答えたことに，インタビュアー自身がはっとした様子が感じられました。「国民の義務だから」でもなく，「民主主義」とか「権力の行使や監視」というような難しい言葉でもなく「コミュニティのため」。自分たちが生活しているこの地域，あるいは共同体を守るためだというのです。このような意識を持つのは簡単なようで，難しいことです。当該地域で起きた事件だから，当該地域に住む人がその解決に参加するということです。アメリカにおいて，陪審制度が，負担でも義務でもなく当然のことと意識されている背景には，建国以前からの歴史的な事情もあります。

▶ 独立前の2つの歴史的事件

　アメリカでは合衆国憲法で陪審審理の権利が保障されています。独立に至る過程では次のような事件がありました。2つ有名なものを紹介します。

　1つは1735年のピーター・ゼンガー（John Peter Zenger）事件です[14]。ゼンガーはニュー・ヨークの雑誌発行者で，ニュー・ヨーク植民地の総督批判記事を掲載し，扇動記事による名誉毀損（seditious libel）の罪に問われました。時は，アメリカ植民地がイギリス本国の圧政に抗議を強めた時代でした。起訴するには**起訴陪審**（大陪審＝grand jury）による起訴の承認が必要でしたが，現地の人からなる起訴陪審は起訴を認めようとせず，総督はやむをえず**検察官起訴**（information と呼びます[15]）に切り替えました。しかし，裁判で陪審（有罪・無罪を決定する陪審）は無罪を宣言したのです。これはアメリカにおける言論の自由の歴史上重要な事件ですが，同時に陪審の意義も高めました。

　2つめは，1773年の Boston Tea Party（ボストン茶会）事件です。同じ年，イギリスは茶法（Tea Act）を制定し，東インド会社にアメリカへの茶の輸入独占権を与えました。これに抗議したボストン住民がボストン港に停泊中の東インド会社船舶に夜間侵入し，積み荷の茶をすべて海に投棄した事件です。イギリス政府はこれに憤激し，ボストン港を封鎖し，マサチューセッツ植民地の自治権を奪うような措置をとりましたが，その中に，植民地で自由に選任された陪審審理の権利を奪う措置も含まれていました。

　これらの事例は，陪審制度が，イギリス本国の圧政に抵抗する

14）　田中英夫『アメリカ法の歴史㊤』60頁（東京大学出版会・1968年）。

15）　これに対し，大陪審が承認する起訴は indictment（インダイトメントと発音します）と呼びます。

手段として機能した歴史を示しています。そこで，アメリカでは
その建国時に連邦憲法や州の憲法に陪審審理を受ける権利を保障
する規定を入れることになったのです。

▶ 陪審制の概要

アメリカにおける陪審制度の概要を記します[16]。

①陪審には**大陪審**（grand jury）と**小陪審**（petty jury）の2種類
がある。通常，陪審といえば後者を指す。前者は起訴陪審とも呼
ばれ，刑事事件で起訴を行うか否かを決定する。検察官が正当に
起訴権限を行使しているか否かを監視する役目だが，自ら起訴す
ることもできる。ただし，イギリスでは1933年に廃止法が制定
された。アメリカでは**合衆国憲法第5修正**で大陪審手続を受ける
権利の保障が明記され，連邦の刑事手続について適用されている。
州については，各州の自由とされ，検察官起訴だけが行われ大陪
審を用いない州も多い。以下，小陪審（通常の陪審）について記
す（大陪審については第11回参照）。

②陪審は刑事陪審と民事陪審に分かれる。アメリカ合衆国憲法
では第3編第2節第3項に「すべての犯罪の審理は陪審によって
なされなければならない」とあり，第6修正でも公平な刑事陪審
による審理が保障されている。これは州の刑事手続にも適用され
ると解釈されており，刑事陪審はアメリカでは憲法上の権利である。

民事陪審は第7修正が保障するが，コモン・ロー上の訴訟で訴
額20ドルを超えるものという制限がついている。さらに，これ
は州裁判所の民事手続には適用がないものと解釈されている。た
だし，州はそれぞれの憲法その他で民事陪審の審理を受ける権利

16）　田中英夫『英米法総論[下]』444頁以下（東京大学出版会・1980年）。

を保障しており、アメリカではどこでも民事事件についても陪審審理が行われている。

③陪審の選定方法は、以下のとおりである。まず連邦の場合、合衆国市民で18歳以上の当該地裁管轄権内に1年以上居住していること、1年以上の懲役刑の前科がないこと等の要件を満たす者の中から無作為抽出で陪審員候補者リストが作成される。候補者に選ばれると、葉書、電話等で連絡があり、裁判所に出頭して、voir dire（**陪審選考手続**）が行われる。両当事者の弁護士（刑事では一方は検察官）に challenge for cause（**理由のある忌避**）と per-emptory challenge（**理由不要の忌避**）の権利が認められ、弁護士または裁判官から質問がなされて、当該事件に利害関係や偏見のあると思われる候補者が排除される。

④陪審は12名で全員一致の結論を出すのが伝統的な形だったが、憲法上の要求ではないとされ、民事事件では6人制や、民事・刑事事件とも10対2での評決が認められたりしている。しかし、刑事事件では伝統型の全員一致制を維持しているところが多い。

⑤陪審の役割は、民事事件では原告・被告のどちらを勝訴させるかだけでなく、原告が勝った場合の損害賠償額も認定する。刑事事件では有罪・無罪の判断を行い、量刑は裁判官が定めるが、ただし、死刑にするか否かだけは特別な陪審で判断する州が多い[17]。刑事・民事事件ともに裁判官も一定の役割を果たし、標語

17）　同じ英米法といってもイギリスにはそもそも死刑はありません。世界全体を見ると死刑を維持している国は少数であることに注意が必要です。アメリカでも死刑はありますが、37州と連邦においてという意味であり（2007年末時点）、死刑のない州も相当あります。そして、死刑のあるところのほとんどで、死刑判断に陪審の関与を認めるのは、より慎重にという趣旨であり、いうまでもありませんが人民裁判でどんどん死刑にしようという趣旨で

としては「事実問題は陪審，法律問題は裁判官」となる。日本のように一緒に合議することはない。立証段階の終了後，裁判官からの説示を受けて，陪審だけが別室に入り，秘密で評議し結論を出す。

なお，イギリスでは，1933年の制定法により民事陪審の範囲を著しく限定した。名誉毀損・誣告・悪意訴追・詐欺・不法監禁に限ることとなった（しかもこれらの事件でも裁判官の判断で陪審審理をやめることもできる）。一方，アメリカでは民事・刑事事件ともに広く利用されている。

▶ 陪審制に対する賛否の議論[18]

もっともアメリカでも陪審制に批判がないわけではありません。たとえば，ハーヴァード大学ロー・スクール教授で日本でも有名な**マーク・ラムザイヤー**（J. Mark Ramseyer）氏は，かつて日本の新聞に「おすすめできない陪審制度」と題する論説を投稿したことがあります[19]。また，日本では服部君事件ばかりでなく，むしろ民事陪審で企業の製造物責任が問われる事態について，自動車など輸出企業を中心にアメリカの陪審制への疑問が提起されました。他国のこととしても，実際にその影響をもろに受けるからです[20]。

はありません。これらについては，参照，岩田太『陪審と死刑』（信山社・2009年）。

18)　以下の記述は，樋口範雄「米国における陪審制度」小林秀之編『日米知的財産訴訟』58頁以下（弘文堂・1994年）を利用しています。

19)　朝日新聞1992年9月7日朝刊。これに対して，作家で「陪審裁判を考える会」の代表も務める伊佐千尋氏と，マサチューセッツ州の弁護士ジェオフリー・ピーターズ（Jeoffrey Peters）氏が反論を掲載しました（同じく朝日新聞1992年9月22日と11月5日）。この時期からすでにわが国では参審制や陪審制に準じた制度の導入が検討されていました。

ここでは陪審制への批判点とそれに対する反論をまとめておきましょう。

第1に，陪審制はコストがかかるという批判があります。裁判手続を利用する当事者から見ても，裁判官だけの裁判に比べて，陪審候補者を呼び出し選考し事実審理の後でその評議に委ねるのですから，必ず時間が余計にかかります。陪審への日当・交通費などの訴訟費用もかかります。陪審になる側からしても，それぞれの生活から，突然1通の呼出状で呼び出され，仕事も何も投げうって関係ない人の裁判に関与せざるをえないのですから，大変なコストだといえます。

第2に，陪審が入ることによって裁判の予測可能性が著しく減少し法的安定性が損なわれるという批判があります。英語では，裁判がlottery（賭け事）になるといわれます。さらに，結果が確実に予想できないことにつけ込んで，意味のない訴訟が増加するおそれがあります。しかも陪審の評決には理由がなく結論だけです。当事者にとっても，あるいは訴訟に注目していた他の人にとっても，その後いかにすればよいかが必ずしも明らかになりません。このような法的安定性の欠如は，法や裁判に対する信頼をも損なうことになります。

第3に，陪審は誤る可能性があります。まず，陪審は無知であり能力がないから，間違いをしでかしやすいとされます。次に，陪審は感情的であり情緒的判断に流されやすく，偏見を持って判断するので誤判をしやすいともいわれます。最後に，陪審は，そのとき限りの判断者であって何ら責任を負う必要がないので，無責任な判断を下しやすく，したがって誤判に至る可能性が強いと

---

20) たとえば参照，シンポジウム「民事陪審——製造物責任訴訟における陪審を中心として」アメリカ法1990年2号167頁（1990年）。

も批判されます。

これらの批判に対しては，次のような形での反論が考えられ，また実際に反論がなされています。

第1のコスト論に基づく批判に対しては，まず，陪審審理は必然的に集中審理を要求するのでむしろ裁判が迅速化するという反論があります。しかし，結局，コスト論への真正面からの反論は，それが意味のあるコストならコストをかける意義があるとする主張でしょう。要するに，コストを上回るベネフィット（benefit）があるのなら，むしろ利益があるということです。

アメリカにおいて，陪審制度によるベネフィットとして，通常いわれるのは次の4点です。①まず，司法権も三権の1つとしての権力機関であり，国民の自治を実践する場として陪審制を位置づけることができます。②次に，政権にある者が反対勢力を抑えようとして裁判を利用する場合が典型ですが，権力の濫用をチェックする機能が期待されてきました。③さらに，法が形式化し，あるいは社会の常識から乖離した場合に，陪審の存在によって，法が常識の線に帰ってくることもあるとされています。④最後に，アメリカにおいては，司法部批判，より明確にいえば裁判官批判に対するバッファー（緩衝装置）としての機能も重視されています。これは，州の裁判官は選挙で選ぶところが多いので，仮に陪審制がないとすると，政治的な色彩の強い事件では裁判官が直接圧力を受けることになるからです。陪審の存在によって，裁判の結果は裁判官だけの責任とならず，むしろ通常の住民の中から選ばれた陪審の判断だとされ，裁判官選任過程が著しく政治化することが避けられます。

第2の法的安定性阻害論には，次のような反論がありえます。

まず，陪審の介在によって結果が予測しにくいことになったと

しても，だから訴訟が増加するとは必ずしもいえません。双方の当事者が危険回避的であれば，かえって和解が増加し，訴訟に至らない，あるいはいったん訴訟になっても，事実審理前に和解するということにもなります。また，これまでの陪審に関する実証的研究では，陪審の結論はおおむね裁判官と同じものであり，結論が異なる場合は，事案自体が合理的に見て意見が分かれるような性質のケースだとされています[21]。

理由がなくてその後の行動の指針とならないという批判については，次のような弁明ができます。陪審は，典型的には12人の判断ですから，全員一致であったとしてもその理由はさまざまであり，とても説明しきれるものではないはずです。また，事実認定がその任であって，理論や法についてならばともかく，事実について，なぜそれが事実であったと判断したのかを説明せよというのはそれ自体難しい話です。民事事件では，陪審の評決の形を，結論だけを述べる**一般評決**（general verdict）でなく，事実の争点を分けてそれぞれ答えさせる**個別評決**（special verdict）を用いることによって，陪審の判断の理由をわかりやすくするという対応もあります。

最も問題なのは，陪審は誤るという第3の批判です。しかし，この誤判論に対しても，いくつかの反論が可能です。

まず，偏見があるから誤るという点については，陪審選考手続において，偏見のあると思われる陪審を排除する工夫がなされているということがあります。もちろんそれでは不十分な場合もあるでしょう。しかし，単独裁判官と比べてみると，裁判官の場合，偏見があってもそれをチェックできません。それに対し，陪審は，

---

21) たとえば，古典的な研究として，Harry Kalven, Jr. & Hans Zeisel, The American Jury（1966）があります。

評議の際に 12 人で意見交換するわけですから，それぞれの偏見がチェックされることになります。

　能力がなく無知ではないかという批判については，陪審の任務は事実認定であり，裁判官も事実認定については素人だという反論が可能です。技術的なことがわからない点も同様です。社会心理学の調査では，高学歴の 1 人よりもさまざまな学歴でも複数で行う判断の方が正しい判断に到達しやすいという結果を示すものがあり，それが正しいなら，陪審の方が単独裁判官よりよいことにもなります。

　陪審は無責任だからという議論も，裁判官との比較で答えることになります。裁判官もまた，判決について責任を負わないからです。もちろん，現実に，官僚的な裁判官制度がとられていて裁判官にも出世の観念があるところでは，自ら出した判決が上訴されて覆されるといわば成績に響き，無責任どころではなくなるという状況も考えられます。しかし，そのような体制には，それなりの違ったデメリットが伴うでしょう（上役である上級審の意向ばかり考えて裁判するような）。

　ここでも，アメリカにおける主要な反論は実証的な研究に基づくデータによります。先にも述べたように，陪審と裁判官との判断がくい違ったケースは，陪審が誤ったというより，合理的な人なら見解が異なりうるというようなハード・ケースであったとされているからです。少なくとも陪審は誤るという批判は実証されていないことになります。

●　蛇足ですが　●

　陪審への主要な批判とそれに対する反論を述べてきました。しかし，現実的にアメリカで陪審制が強く批判されて制度が変更に

なるとか廃止になるとは思われません。その理由に，憲法上の保障とされているので変更・廃止が難しいといわれることがあります。確かに憲法改正は難しいことです（何しろ，合衆国憲法については4分の3の州が賛成しないといけません。男女平等条項を入れる憲法修正が4分の3にわずか3州不足して通らなかったこともあります）。しかし，憲法について取り上げる第13回でも申しますが，それでも必要な憲法改正はなされてきました。

　結局のところ，多数のアメリカ人は，自分が陪審になるのは負担だと感ずるものの，この制度を意義あるものだと考えているのです。その意義とは，自分が暮らす「コミュニティのため」になるからです。同時に，裁判もまさに権力の行使であり，それをチェックする役割を果たすのは自分たちだという意識があるのでしょう。

　日本の裁判員制度がどうなるかは今後の重要な課題です。しかし，それが「裁判員と国民が一緒になって悪い人にお仕置きをする制度」[22]になるとすればそれは問題です。しかし，まさに人を死刑にするような権力の行使に法律の素人が参加し，それをメディアが報道していく中で，次のような可能性もあります。

　①裁判は必ずしも真相究明の場ではないことが知られるようになること。真相究明に近づく努力をすることはもちろん重要であるものの，神様でない限りわからないこともあること。わからないで人を死刑にすることの恐ろしさから，刑事裁判は真相究明よりも，無辜の人を有罪にしないための手続であること。「陪審は誤る」という議論をしましたが，実は陪審であれ裁判官であれ，

---

　22)　コリン・P.A.ジョーンズ『アメリカ人弁護士が見た裁判員制度』10頁（平凡社新書・2008年）。

有罪の人を間違って無罪にすることはかまわないのです。決して
あってはならないのは，無罪の人を有罪にすることです。そうい
う刑事裁判というものの本質を，メディアがわかるようになる可
能性があります。

②それは，裁判官もまた普通の人で，わからない事実を前にし
て悩む存在であることが今までより知られるようになることにつ
ながります。「お上の事には間違はございますまいから」[23] とい
うことが建前や理想に過ぎず，裁判も「人間がやることだから」
というリアリズムに基づく批判や提言がなされるようになる可能
性があります。

今回のポイント

陪審制度と裁判員制度は違うものです。共通点は，法律の素人が
裁判に参加しているというところくらいで，むしろ違いが目立ちま
す。違うものについて，簡単に優劣を論ずることはできません。し
かし，それでも比較の視点を入れると，互いの違いが疑問点として
浮かび上がり，必要なら改善へという話になります。ここでは裁判
員制度について 2 点だけ指摘します。

第 1 に，刑事裁判が「疑わしきは罰せず」を原則とするのなら，
裁判員 6 人，裁判官 3 人からなる合議体の決定が過半数でよいこ
とには疑問を感じます。陪審制度では全員一致の決定という伝統を
一部改めましたが，それでも単なる多数決ではなく圧倒的多数の賛
成が必要です（しかも刑事裁判では全員一致制の方が多数です）。
Beyond a reasonable doubt（合理的疑いを入れない程度の立証）が
原則なら，相当数の人が反対した場合，有罪判決は出せないはずだ
からです。

---

23)　森鷗外「最後の一句」『日本現代文学全集(7)』（講談社・1962 年）。

第2に，しかし，そもそも日本では何対何で結論が出されたかはわからないようです。確かにアメリカでも陪審の評議は秘密とされていますが，他方で陪審制度のあり方について考えるため，実際の事件について模擬陪審を使った実証実験をしたり，陪審へのインタビューなども認められています。裁判員の守秘義務も重要ですが，実際の裁判員の体験をもとにした制度改善のための評価も必要なはずです。透明性が信頼を生むのは裁判も同じだからです。

第11回

三浦事件と二重の危険

1 はじめに

前回，アメリカの陪審と比較しながら裁判員制度についてふれました。重大な刑事裁判だけに適用があることが，その特色の1つでした。アメリカの刑事裁判についても少しだけふれておきましょう。

2008年2月，サイパン島で1人の日本人が逮捕され大きく報道されました[1]。いわゆる三浦（ロス疑惑）事件で逮捕された容疑者はすでに日本で無罪判決を受けており，1981年に事件の起きたカリフォルニア州で新たに裁判が行われるかにつき，メディアでも「二重の危険」や「一事不再理」という法律用語が飛び交う事態となりました。アメリカの刑事裁判が日本人に適用される場面となったのです[2]。

アメリカ合衆国憲法第5修正は刑事手続上の人権を保護する規定の1つで，いわゆる二重の危険の禁止を明記しています。「何

---

1) その後，同年10月にロサンゼルス市警の留置場で容疑者が自殺ということでこの事件は終わります。いわゆるロス疑惑事件の経緯および自殺を知らせる報道として，朝日新聞2008年10月12日「三浦和義元社長が自殺：移送先のロサンゼルスで」。

2) 以下の説明は，樋口範雄「二重の危険または一事不再理——アメリカの状況」法学教室333号6頁以下（2008年）を利用しました。

人も同一の犯罪について重ねて生命または身体の危険にさらされることはない（nor shall any person be subject for the same offense to be twice put in jeopardy of life or limb）」。連邦制度をとるアメリカでは，それぞれの州にも憲法があり人権規定が置かれていて，これと同旨の規定が多くの州憲法にも明記されています。いったいこの二重の危険（double jeopardy）とは何を意味するのでしょうか。

　日本国憲法39条は「何人も，実行の時に適法であった行為又は既に無罪とされた行為については，刑事上の責任を問はれない。又，同一の犯罪について，重ねて刑事上の責任を問はれない」と定めています。このうち，第1文の後半と第2文が，アメリカ憲法の趣旨と対応するように見えます。実際，わが国では両者を合わせて英米法にいう二重の危険の禁止を定めたと解する説があります[3]。しかし，他の説として，両者ともにヨーロッパ大陸法の一事不再理の原則を述べたものと解するものがあり，さらに第1文後半は一事不再理，第2文は二重処罰の禁止を定めたと解する説もあり，しかし，いずれをとっても具体的な事案で効果が異なることはないといいます。

　要するに，わが国では，憲法39条のこの部分をめぐって学説の対立があり，それは英米法的な二重の危険の禁止と解するか，大陸法的な一事不再理と解するかの相違だということです。ところが，いずれをとっても結論が変わるような事態は想定されていないというのですから，いったい何のことだといいたくなります。

　3）　日本の学説の状況については，たとえば，伊藤正己『憲法』352頁（第3版・弘文堂・1995年），芦部信喜（高橋和之補訂）『憲法』239-240頁（第4版・岩波書店・2007年），長谷部恭男『憲法』271-272頁（第4版・新世社・2008年）などを参照。

第1の疑問が生まれます。そもそも，本来，**二重の危険**と**一事不再理**とは異なるものなのかどうか。そしてそれが異なるとすれば，何らかの効果の違いも出てきてよさそうなものだが，それが出てこないのはなぜか。

さらに，少し想像力を働かせて，ある日本人がアメリカで殺人を犯し，アメリカでの裁判で無罪になったと仮定してみましょう。帰国した後に，日本の警察は彼を逮捕して裁判にかけることができるのでしょうか。答えは「もちろんできる」です。わが国の刑法5条は，「外国において確定裁判を受けた者であっても，同一の行為について更に処罰することを妨げない」と明記しているからです。そして，先に掲げた憲法39条との関係については，「刑罰権行使につき，2回，裁判又は刑の執行を受ける場合があることとなるが，……憲法39条の一事不再理の原則は同一裁判権に属する場合の規定であるので同条に違反するものではないとされる（最〔大〕判昭28・7・22刑集7巻7号1621頁参照）」[4]。すでに，憲法に抵触しないと明示する最高裁判決があり問題がないとされています。

ここからは第2の疑問が生まれます。日本の裁判所なら，当然，日本へ帰ってきた容疑者を逮捕して裁判にかけることが認められるのに，日本で無罪のときアメリカに行って逮捕された場合に，それが大きな問題となるのはなぜか[5]。

---

4) 大塚仁ほか編『大コンメンタール刑法(1)』100頁〔古田佑紀＝渡辺咲子＝田寺さおり〕（第2版・青林書院・2004年）。参照，西田典之『刑法総論』401頁（弘文堂・2006年）。

5) 日本のメディアの論調は，「日本で無罪になったのにまたアメリカで裁判するとは」という調子が強かったようです。しかし，日本法が，アメリカで無罪となってもまた裁判することに何ら問題ないとされている点を指摘することはほとんどなかったようです。

いずれにせよ，これらの疑問を解くためには，アメリカ法における二重の危険の法理について知る必要があります。

2 二重の危険 (*double jeopardy*)

▶ 二重の危険の意義[6]

先にも述べたように，アメリカ合衆国憲法には**二重の危険**を禁止する明文規定があります。連邦最高裁によれば[7]，その意義は次の３つの憲法上の保護を被告人や被疑者（＝容疑者）に保障するところにあるとされます。

①無罪になった後に同じ犯罪について再び起訴されるのを禁ずること。

②有罪になった後に同じ犯罪についてさらに起訴されるのを禁ずること。

③同じ犯罪について二重に処罰するのを禁ずること。

そこで鍵となるのは，「同じ犯罪」とは何かであり，連邦最高裁は，それぞれの犯罪を規定する条文が同一の要素の立証を求めているか否かという同一要素テスト（the same elements test）を適用して判断すると述べてきました（それを明示した1932年の判決の名前から Blockburger test と呼ばれます[8]）。しかも，当初は，この憲法上の保障は連邦犯罪を対象とする連邦の刑事手続だけに適用

---

6)　以下の記述については，Michael J. Hagburg, Statutory Bars to Dual Sovereign Prosecutions: The Minnesota and North Dakota Approaches Compared, 72 N. D. L. Rev. 583（1996）に多くを負っています。

7)　North Carolina v. Pearce, 395 U. S. 711（1969）.

8)　Blockburger v. United States, 284 U.S. 299（1932）. See also, United States v. Dixon, 113 S. Ct. 2849, 2856（1993）.

されたのですが，1969年には，州の刑事手続にも適用されると判示してその対象を拡大しました[9]。

ただし，連邦制度をとり，各州も憲法を有するアメリカでは，すでに多くの州憲法に二重の危険を禁ずる規定があり，さらに法律で二重の危険の禁止を定めるところもあったので，1969年になってようやく二重の危険の禁止が州の刑事手続に適用されたと考えるのは誤りです。二重の危険は，アメリカの憲法の伝統に照らして最も基本的な人権保障の理想を体現したものだと考えられてきたのです。

二重の危険が想定しているのは，次のようなシナリオです。刑罰権を行使する政府が，陪審審理でいったん無罪となった人を即座にまた逮捕し，別の陪審の下で，有罪になるまで裁判にかける，そのような事態は許さないということです。前回も述べたように，刑事手続は無罪に傾斜した制度であり（疑わしきは罰せず），本当は有罪の人間を無罪とする過ちは見逃しても無実の人を有罪にするようなことは絶対にしないという制度ですから，ある犯罪について1度裁判にかけた以上は，重ねてその人を（刑事手続の）危険にさらさないという趣旨なのです。

これに対し，大陸法の一事不再理の制度は，文字通り，裁判が1度あればそれを繰り返さないという意味ですから，裁判の確定判決の効力の絶対性（裁判制度の安定性の維持）を根拠にするとされています。それに比べ，二重の危険は，刑罰権の行使に対する人権保障のための制度という意義を強く表現したものだといわれています。言い方が乱暴ですが，あえていえば，一事不再理は上

---

9) Benton v. Maryland, 395 U. S. 784, 794 (1969). これは，合衆国憲法の人権規定をどこまで州政府の人権侵害にも適用すべきかという問題です。これについては第15回で取り上げます。

から目線の概念であり，二重の危険は被告人や容疑者から見た観念だということです。

このように，二重の危険は，ある犯罪について，被告人とされて死刑や懲役刑に問われる危険は1度だけに限るという人権保障の制度ですから，アメリカでは，事実審理をへた1審判決（通常は陪審審理）で無罪になると検察側が上訴できないことになっています。有罪判決には上訴できるのに無罪となると上訴もない，これも二重の危険に触れるからだと説明されています。二重の危険が確定判決の効力という話ではないことを端的に示すものです（もっとも，アメリカでは陪審による無罪判決は即確定判決とみなしているということもできますが）。

このことは，外国ですでに裁判が行われているのをどのように見るかという問題にも関係します。わが国の憲法39条を，大陸法の一事不再理を体現すると解し，確定判決の効力と説明するなら，その射程を同一裁判権に属する場合に限るのは容易になります。たとえ外国で裁判にかけられていても，わが国の裁判の確定判決が出されたわけではないからです。文字通り，一事不再理ではなく日本では初めて理す（＝裁く）べきことになります。

ところが，アメリカ法の二重の危険は，何であれ権力による刑罰権の行使を抑制して人権を守ろうとするのですから，たとえ外国の裁判権の行使でも，すでに危険が生じて何らかの手続が行われた以上，それを蒸し返せば二重の危険に該当するという考えが生じやすいのです。しかも，連邦制度をとるアメリカでは，その国内ですでに刑罰権を行使する主体が複数存在します。連邦政府と州政府があり，さらに，州政府自体が50もあるのです。そこで，アメリカでは，他州で裁判がすでに行われた場合，あるいは連邦犯罪として刑事手続が行われた場合に，「同じ犯罪」につい

て別の州で刑事手続を開始してよいかが重要な問題となってきました。

▶ 他の裁判権の行使と二重の危険——連邦の立場

連邦憲法の定める二重の危険の禁止には，重大な例外があると連邦最高裁は解釈してきました。「異なる主権の法理」（dual sovereignty doctrine）と呼ばれる例外です。同一要素の立証によって同じ犯罪を 2 度裁いても，それが異なる主権による場合は，合衆国憲法第 5 修正の二重の危険の禁止に反しないというのです（要するに日本法の立場と同じです）。「合衆国の市民は同時に州の市民でもある。2 つの主権に忠誠を負うということもできる。したがって，これら 2 つの法域の犯罪に対し刑罰に服する場合もありうる。同じ行為が両方の法の違反や犯罪になることもありうるのである」[10] という 19 世紀半ばの判示に始まる法理は，たとえば，ある銀行強盗が連邦犯罪としては無罪とされた後に州法上の強盗罪で有罪となるのを認める効果を持つことになりました[11]。

ただし，実際に，ある犯罪が州法上の犯罪であると同時に連邦犯罪にもなるという事例は 19 世紀には少なかったのです。犯罪といえば州法上のものが大半であり，「異なる主権の法理」が実際に用いられて二重の起訴が行われるようになるのは 1920 年代の禁酒法の時代だといわれます。この時期以降，連邦政府が連邦犯罪の範囲を拡大し，異なる主権の下での二重の危険が現実的な課題となりました。実際，1922 年，連邦最高裁は，ワシントン州法により州法上の禁酒法で有罪とされた事例で，後に連邦法上

---

10) Moore v. Illinois, 55 U. S. (14 How.) 13, at 19 (1852). See also, Fox v. Ohio, 46 U. S. (5 How.) 410, 435 (1847).

11) Bartkus v. Illinois, 359 U. S. 121 (1959).

の禁酒法違反で刑事手続を開始し有罪としても憲法に反しないと明言しました[12]。そして，1959年以降，人種差別反対運動が盛り上がる中，連邦の公民権法違反行為について，最初に州法上の何らかの罪で裁かれ無罪またはごく軽い罪で終わる事例が続出する事態を背景に，なお連邦犯罪として訴追できるようにするため，異なる主権の法理が頻繁に活用されるようになったそうです[13]。

その後1985年になると，連邦と州ではなく，2つの州において同一の殺人罪が起訴された事案で，連邦最高裁は2番目の起訴を有効と判断しました[14]。この事案は，次のようなものでした。

> ①被告人は，妻を殺害するためにヒットマン（殺し屋）を雇った。雇った行為はアラバマ州で，実際の殺害行為はジョージア州で起こった。
> ②ジョージア州でまず裁判が行われ，被告人は有罪を認め司法取引に応じた。
> ③ところが，アラバマ州でも殺人罪で起訴され被告人は二重の危険を抗弁として持ち出したが，連邦最高裁はその主張を認めなかった。

このようにして異なる主権の法理は，少なくとも連邦憲法上，二重の危険の禁止に対する重要な例外法理として確立したといえます。

その背景にあるのは，たとえば禁酒法の例でいえば，それに対する規制や実際の科刑に地域差があり，禁酒法を全国的な課題だと意識するなら，州レベルの規制に任せきることはできないとす

---

12) United States v. Lanza, 260 U. S. 377, 385 (1922).

13) See, Christina Gayle Woods, The Dual Sovereignty Exception to Double Jeopardy: An Unnecessary Loophole, 24 U. Balt. L. Rev. 177, at 181-183 (1995).

14) Heath v. Alabama, 474 U. S. 82 (1985).

る判断がありました。同様に，アラバマ州とジョージア州の殺人の例でいえば，ジョージア州では被告人は自ら罪を認めて司法取引を行っているのですが，アラバマ州としては，司法取引後の刑では不十分だと判断して，起訴に及んだと思われます。

　言い換えれば，異なる主権の法理とは，ある犯罪が複数の法域に関係するケースで，先に審理した他の法域で十分な刑罰がなされていないと判断される場合に，この法理を持ち出して2回目の起訴を行えるようにする法理と見ることができます。したがって，この法理は例外的に用いられるものであり，実際，連邦検察官のマニュアルでは，「やむにやまれぬ事情」(compelling federal interest) がある場合だけ，二重の起訴を行うこととされているのです[15]。

　しかし，それは被告人の権利として主張することができるわけではありません。たとえば，いわゆる三浦事件がアメリカにおいて連邦犯罪であり連邦裁判所に起訴される事案であれば，異なる主権の法理により二重の起訴を妨げることはできないわけです。

　要するに，連邦憲法上は，アメリカでもわが国と同様に，二重の危険の禁止は同一の裁判権に属する場合にだけ適用されると解されてきたのです。

▶ 他の裁判権の行使と二重の危険──州の立場

　これに対し州のレベルではやや様相を異にします。たとえ例外的に持ち出されるものであっても，異なる主権の法理は，二重の危険に対する重大な例外となります。そこで，州の中には，この

---

　15)　異なる連邦裁判所に二重起訴がなされた事件名から Petite policy と呼ばれます。United States Attorney's Manual § 9-2. 142 (1992). See, Hagburg, supra note 6, at 588-589.

ような例外法理を認めないか，またはその適用を制限する動きが
生じたのです。すでに連邦犯罪として裁かれているか，または他
州で裁かれている事件について，その州で2度目の起訴を許すか
否かは，アメリカの連邦制度の下では州の自由であり，したがっ
て，州ごとに考え方が異なるのに何ら違和感がないのです。

　そもそも二重の危険の禁止を定める連邦憲法の規定は，
1969年まで州の刑事手続に適用されるとは考えられていません
でした[16]。州は，それぞれ独自に憲法または制定法で二重の危険
の禁止を定める必要があり，また実際そうしていました。その際，
少なからぬ州で参考にしたのが19世紀半ばのニュー・ヨーク州
における法典化，とりわけ刑事訴訟法典と刑法典の草案だといわ
れます。フィールド（David Dudley Field）の影響力による法典編
纂運動の成果として作られた刑事訴訟法典（1850年）と刑法典
（1864年）は他州に大きな影響を及ぼしましたが[17]，それぞれの
法典には，自州の裁判ばかりでなく，他州や他国，準州での裁判
についても[18]，二重の危険の禁止を明示する規定が挿入されてい
たのです。つまり，そこでは異なる主権の法理ははっきりと否定
されていました。このような趣旨の規定を持つ州は，カリフォル

　16)　前掲注9)の判例とそれに対応する本文参照。
　17)　この時期の法典編纂運動につき，田中英夫『英米法総論(上)』273-274頁
　　（東京大学出版会・1980年）。
　18)　この文言に「連邦」が含まれていない点が注目されます。これは，この
　　当時，連邦犯罪とされるケースが少なく，大きな問題として意識されていな
　　かったことを示しています。しかし，後に，ニュー・ヨーク州やインディア
　　ナ州の裁判所は，これは意識的な脱漏ではなく，この規定の趣旨は他の法域
　　という意味であり，当然，連邦裁判所での刑事手続も含まれると判示しまし
　　た。People v. Lo Cicero, 200 N.E. 2d 622, 623-624（N.Y. 1964); Wilson v.
　　State, 383 N.E. 2d 304, 305-306（Ind. 1978). なお現在の法律では govern-
　　ment（政府）や United States という語句を入れて，連邦政府による裁判も
　　明示的に含まれることを示すものが多いのです。

ニア州を含めて少なくとも 24 州にのぼるとされていました。

　ところが，近年，アメリカで犯罪に対する厳しい態度が支持されるにつれて，このような態度にも変化が現れてきました。たとえば，1980 年，ミネソタ州では母と娘を誘拐して 7 週間監禁する事件が起きました。それが州を越えた誘拐罪として連邦犯罪として裁かれたために，二重の危険を理由に州法上の強姦罪に問うことができないとされ，ミネソタ州内で問題となりました。そこで，ミネソタ州での二重の危険の禁止を定める法律に「2 つの起訴が法と事実の要素を同一にする限りにおいて」という語句を追加する修正が行われたのです[19]。これなら連邦犯罪としては誘拐罪であり，州は強姦罪として再び被告人を裁くことができることになります。

　同様に，州の裁判所が二重の危険の禁止の範囲を限定的に解釈する例も現れます。たとえば，ノース・ダコタ州では，他州の刑事手続が行われた場合の二重の危険の禁止を明示する法律がありながら，フロリダ州で禁止薬物頒布の共謀罪で有罪とされていた被告人に対し，ノース・ダコタ州でも同じ禁止薬物の所持と頒布の罪を問うことを認めました。それはノース・ダコタ州内における薬物頒布はフロリダ州で裁かれる行為ではなく，共謀罪は禁止薬物の所持と頒布とは異なるという理由からです[20]。

　さらに，先に述べたような法改正をしたミネソタ州で，法改正以前の時点での犯罪が問題になった事件があります。違法な銃器取引の共謀罪により連邦裁判所で裁かれ司法取引をした被告人が，同じ事実に基づき，拾得物，盗品などの故物売買や無許可の銃器

---

19)　前掲注 8) の Blockburger 判決で連邦最高裁が明示した要件を取り入れただけだとされています。

20)　State v. Mayer, 356 N. W. 2d 149, 151 (N. D. 1984).

販売で州の裁判所にも起訴されました。ミネソタ州最高裁はこの起訴を認め，「2つの起訴が法と事実の要素を同一にする限りにおいて」という改正法の要件は，新たに付加されたものではなく，実は解釈で導き出せるものを明確に示しただけだと述べたのです（だから法改正前の事件でも起訴できるというわけです）[21]。

　要するに，州の中には二重の危険の法理の意義を強調し，連邦と異なり「異なる主権の法理」という例外まで否定してきた州が少なくなかったのですが，1980年代以降，犯罪に対する厳しい態度が強まるにつれて，二重の危険の範囲を限定的に解釈する傾向が強まっていることがわかります。カリフォルニア州で2004年に「他国」という語句を削除する法改正がなされたのも，このような傾向を端的に示す動きだと理解することができます。

▶ カリフォルニア州の判例

　サイパン島で逮捕された三浦和義氏は，いったんはカリフォルニア州で裁判にかけられることになりましたから，ここではカリフォルニア州の先例を見てみましょう。

　第1の先例は，カリフォルニア州最高裁が，二重の危険の禁止が適用になるのは，「同じ行為」について2度目の起訴が行われた場合であり，その場合の「同じ行為」とは何かを明らかにした1974年の判決です[22]。本件では，麻薬に関するおとり捜査を行っていた連邦捜査官が取引の現場とされる場所において拳銃で脅され金品を強奪された事案で，まず連邦捜査官に対する暴行・傷害罪で連邦裁判所が審理しましたが無罪となりました。その後，

---

21)　State v. Aune, 363 N. W. 2d 741, 746 (Minn. 1985). この州最高裁判決によれば，議会による制定法の改正は実は不要だったことになります。

22)　People v. Belcher, 520 P. 2d 385, 390-391 (Cal. 1974).

州の裁判所で，同じ事件について銃器を持った強盗事件として審理が行われた際，州最高裁は，州法上の犯罪では，物品の強奪という新たな要素を立証する必要があり，すべて「同じ行為」が問題になっているわけではないとして，2度目の起訴を有効にしました。

第2の事例は，ごく最近の2007年の事例です[23]。被告人は酔っぱらい運転でパトカーの追跡を受け，猛スピードでカリフォルニア州からネバダ州へ逃げ込みました。ネバダ州の警察が追跡を引き継ぎ，被告人は80マイル（130キロ）での暴走のあげくガードレールに衝突して止まり捕まります。すでに酔っぱらい運転の前歴のある被告人は，カリフォルニア州で重罪としての酒酔い運転と，他者の危険を無視しての逃走罪で起訴されました。しかも，カリフォルニア州では，いわゆる「3度の犯罪は必ず終身刑」という法律（three strikes law と俗に呼ばれるもの）が施行されており，被告人はその要件を満たすことになりました。そこで持ち出したのが，すでにネバダ州で逮捕され有罪を認めているので二重の危険の禁止に反するという抗弁です。ネバダ州で，被告人は軽罪としての酒酔い運転を認め，すでに刑に服していたからです。

カリフォルニア州の第1審裁判所は被告人の主張を認めましたが，控訴裁判所はそれを覆して二重の危険の主張を認めませんでした。道路交通法違反行為は一連の行為に見えますが，ネバダ州の裁判ではネバダ州で生じた部分だけを裁いていること，さらにネバダ州では軽罪としての違反行為を裁いており，カリフォルニア州の裁判では，カリフォルニア州内における部分の違反行為と，そもそも重罪としての違反行為が問題になっているので，同じ行

23）　People v. Bellacosa, 54 Cal. Rptr. 3d 691（2007）.

為についての二重の危険にはあたらないと判断されました。

第3の事例は，2008年4月に「ロス事件の類似ケース，再訴追は認めず　米・加州地裁」との見出しで報じられた事件です[24]。それによると，カリフォルニア州サンディエゴ郡の地裁は，メキシコ人の被告人が1988年にカリフォルニア州で元妻を殺害した後メキシコに逃亡し，メキシコで11年の刑に服しほぼ6年服役した後仮出所し，2007年に再びカリフォルニア州で逮捕された事案について，二重の危険の禁止を適用し公訴棄却にしました。すでに述べたように，カリフォルニア州では，2004年に法改正を行い外国の裁判について二重の危険の禁止を解除したのですが，改正以前の事件で再度の起訴を認めるのは，合衆国憲法第5修正の事後法の禁止にあたるという理由です。

三浦事件でも同じような判断が示された可能性もあります。しかし，見過ごすことのできない違いもあります。メキシコ人のケースでは11年の刑に服していることや，何よりも，「同じ行為・同じ事件・同じ罪」ですでに裁かれていることになるのかが，三浦事件では争われたはずだからです。しかし，審理のなされないままで事件は終わりました。

3　まとめ

以上の記述から，アメリカ法における二重の危険の禁止について，次のようなことを指摘できます。

第1に，二重の危険の禁止は被告人・容疑者の人権保護の法理

24）　朝日新聞2008年4月13日朝刊。San Diego News, Judge Dismisses Murder Charge in 1988 Slaying of El Cajon Woman, City News Service April 11, 2008 Friday 1: 32 PM PST.

です。それをさらに他国（他の法域）の裁判にも広げたのは，アメリカでも一部の州における人権重視の姿勢の表れです。しかし，アメリカの連邦の刑事手続でも多くの州でも，わが国と同様に，他国の裁判は，二重の危険の禁止に含まれないと解してきました。とりわけ，最近，犯罪に対する重罰化・厳罰化の傾向が強まっていること，その1つの表れとして，カリフォルニア州でも2004年に法律を改正し「他国の裁判」については二重の危険の禁止を適用しないように変えたところに注目すべきです。

　第2に，それが他国（他の法域）の裁判にも及ぶとする州でも，そもそも二重の危険の禁止は，同じ犯罪，同じ行為について2度目の危険を禁ずるという意味であり，「何が同じ犯罪・同じ行為なのか」については解釈の余地があります。

　第3に，その解釈に際しては，明らかに，先行する他の法域における裁判のありようが意識されていると思われます。その法域で，たとえば司法取引により軽い罪で済んでいる場合や，何らかの抗弁が成功して無罪になっているケースでは，新たな起訴は，何らかの異なる要素を含む別の犯罪であるとして二重の危険の禁止に触れないとされる可能性があるということです。犯罪に対しより厳しい姿勢をとることが支持されている現在では，この傾向はいっそう強まっていると見ることができます。

　●●　蛇足ですが　●●

　犯罪に対する厳罰化は，アメリカばかりでなく日本でも同様です。前回，陪審には2種類あると述べて，**大陪審（起訴陪審）**に触れました。「大」というのは，通常12名の陪審よりも大きい数で構成される（たとえば連邦では23人）ので大陪審と呼ぶのですが，これは犯罪を起訴するか否かにかかわる陪審です。

戦後わが国でも，大陪審制度に類する**検察審査会**ができました。検察審査会法1条は，「公訴権の実行に関し民意を反映させてその適正を図るため，政令で定める地方裁判所及び地方裁判所支部の所在地に検察審査会を置く」と定め，その任務として「検察官の公訴を提起しない処分の当否の審査に関する事項」を審査するとしています（同法2条）。これをアメリカの大陪審と比較すると，大きな違いがありました。

　①アメリカでは，大陪審は起訴・不起訴の両方に関与するのに対し，日本では不起訴処分の不当な場合にだけかかわる。

　②アメリカでは，大陪審に決定権があるが，日本では起訴相当・不起訴不相当の勧告権限だけしかない。

　つまり，日本では検察が起訴したことについて異議申立てをすることはできず，起訴しなかった場合だけ，起訴したらどうかという勧告しかできなかったのです。

　ところが，裁判員制度の施行と並んで検察審査会法も改正され，2009年5月からその権限が強化されました。こちらの方はあまり注目されていないようですが，重要な改正です。それは，11人で構成される検察審査会が8人以上の賛成で「起訴相当」と判断し，それに対して検察がなお起訴しない場合に再度「起訴相当」議決が出たときは，「起訴議決」がなされ，裁判所が指定した指定弁護士が起訴をするというのです。これまでは勧告だけにとどまっていたものが，一定の要件の下に，起訴の決定権まで認められたことになります。

　それはわが国の検察審査会が大陪審に近づいたということなのでしょうか。いえ，それは大いに疑問です。

　第1に，わが国では，これまで誰を犯罪者にするかは，実質上，

検察庁の「縄張り」だとさえいわれるほど特異な起訴実務が行われてきました[25]。有罪・無罪は裁判所で決まるはずですが,「検察は容疑者が有罪であるという確証がないと起訴しない」という慎重な態度がとられ,その結果,99％以上という驚くべき有罪率が維持されてきたのです[26]。

しかし,それでも無罪になるケースももちろんあります。したがって,検察の縄張りに風穴を開けるのなら,検察審査会が「起訴不当」を2度繰り返したら,「起訴はやめ」という制度も一緒に取り入れるべきだったのではないでしょうか。

第2に,大陪審は,検察官が起訴するに足る証拠があると主張することが正当か否かをチェックする役割のほかに,自ら起訴をする権限も持っています。しかし,それは,アメリカでは検察官も選挙で選ばれるので政治的圧力を受けやすく,たとえば政治家が問題を起こしたケースなどでは起訴しないケースがあることを想定しています。わが国の場合,そのようなケースのために改正がなされたとは思えません。

何よりも大陪審制度も,陪審や今回の二重の危険の禁止同様,容疑者・被告人の人権に配慮した制度なのです。起訴をするというのはまさに権力の行使であり,それを誰が行っても濫用の危険があります。犯罪に対する厳罰化の流れの中で,権力の行使の方向だけで制度改正が行われるのは危険ではないでしょうか。

問題は,「何でも警察や刑事司法に頼ろう」という風潮にあるのかもしれません。法の使い方は刑事制裁ばかりでなく,さまざ

---

25) コリン・P. A. ジョーンズ『アメリカ人弁護士が見た裁判員制度』82頁（平凡社新書・2008年）。

26) 参照,平野龍一「現行刑事訴訟の診断」『団藤重光博士古稀祝賀論文集（4）』407頁（有斐閣・1985年）。

まな手段があり工夫がありえます。近視眼的に刑事制裁強化を図るだけで社会が安全になりよくなるかにつき、再考する必要があるのは日本もアメリカも変わりがありません[27]。

今回のポイント

　アメリカの刑事裁判のうち、二重の危険と呼ばれる法理を取り上げました。"Double Jeopardy" は映画の題名にもなるほど有名な言葉です[28]。第1審の裁判所で陪審が無罪と宣言すると、どうして上訴もなく無罪が確定するのかと日本人なら不思議に思うのですが、第1審が無罪、控訴審でも無罪、それが最高裁で有罪（しかも死刑）にもなりうる制度の方が不思議だとアメリカ人なら思うかもしれません。最高裁だから正しいとは限らず、これほどに結論が分かれるようなら、beyond a reasonable doubt という要件が満たされるはずがないからです。

---

27)　法的制裁のあり方について幅広く考察するものとして、佐伯仁志『制裁論』（有斐閣・2009年）（なお同書73頁以下には二重の危険の意義についての分析もなされています）。法の行き方として、制裁型でなく支援型の行き方もあると論ずるものとして、樋口範雄『続・医療と法を考える――終末期医療ガイドライン』233頁以下（有斐閣・2008年）。

28)　トミー・リー・ジョーンズ主演の1999年の映画ですが、この映画での「二重の危険」の使い方は誤りだと指摘されているそうです。

第12回

アメリカの弁護士・法律家

1 はじめに

　アメリカでは**法曹一元**の制度がとられています。これは，裁判官，検察官，弁護士のいわゆる法曹三者とさらにロー・スクールの教授も含めて，すべて弁護士から始まるという制度です。はじめから「自分は裁判官」と決めて裁判官でスタートし，裁判官で終わるような縦割りの制度になっていません。今回は，アメリカの弁護士を中心とする法曹のあり方について説明しますが，その前に，弁護士からなる裁判官についての2つの挿話から話を始めます。1つは連邦最高裁で新たに任命された女性裁判官の話，もう1つは連邦裁判所の構成パターンの話です。

▶ 2009年連邦最高裁では

　アメリカの連邦最高裁は9人の裁判官から構成されます。建国当初は6人だったり5人だったりしたこともありますが，1869年以来現在までその数は9人です。大事なのは，アメリカの法律家もロー・スクールの学生も，現在の最高裁の裁判官9名の名前をすべていえるのではないかという点です。日本の最高裁裁判官は15人ですから数の上でも大変ですが，それでも日本の法学部生や法科大学院生，さらに弁護士でさえ，この15人のう

ち何人の名前をあげることができるでしょうか。最高裁長官の名前すら怪しいのではないでしょうか。

さて，2009年8月，そのアメリカ最高裁に新しい裁判官が誕生しました。ソニア・ソトマイヨール（Sonia Sotomayor）氏です。女性であり，ヒスパニック系で最初の最高裁入りとなりました。アメリカの連邦裁判所の裁判官は，すべて大統領が指名し，上院が承認することで選任されます。いったん選任されたら終身務めることができます。地方裁判所から控訴裁判所へというような「出世」もありません。今度のソトマイヨールさんは連邦裁判所の控訴裁判所の裁判官でしたが，誰であれ法律家から選ばれるので，今回も下馬評にはロー・スクール教授なども候補にあがっていました。

5月，オバマ大統領が自ら指名したソトマイヨールさんを紹介する記者会見を開きました。それによって，彼女がどのような人か紹介してみましょう（以下は，私の意訳で，演説のうまい大統領になった気分で訳してみます）[1]。

▶ソトマイヨール裁判官を紹介する演説

「ありがとう，ありがとう。どうか皆さんお座りください。いやー，私も興奮しているのです。憲法が大統領に与えた多くの責任の中で，最高裁の裁判官を指名することほど重要で大きな影響を与えるものは少ないのです。なぜなら最高裁裁判官は終身務める

---

1) 2009年5月26日に行われたこの演説（Obama's Sotomayor nomination remarks）は次のウェブサイトで見ることができます（http://www.msnbc. msn.com/id/30943237/）。また，ホワイトハウスのウェブサイトにもありますが，こちらにはスペイン語版も掲載されています（http://www.white house.gov/the_press_office/Remarks-by-the-President-in-Nominating-Judge-Sonia-Sotomayor-to-the-United-States-Supreme-Court/）。

ことが可能であり，大統領よりも長くその任務に就くからです。しかも200年以上前に文書化された基本原則を現代の最も困難な課題に適用するという重大な任務です。だから，私はこの決定を軽々にはしませんでした。

　最高裁の裁判官に必要な資質だと私が考えたことは次のようなものです。第1に最も重要な資質は，精密な知性であり，法をよく知り，複雑な法的問題について論点を抽出し明確な回答を与える能力です。第2に，裁判所の役割とその限界について深い理解を有することです。特定のイデオロギーによるのではなく，先例を尊重しながら，眼前の事実に対し忠実に法を解釈し適用する能力です。これら2つの資質はいずれも重要ですがこれでもまだ足りません。

　というのは，かつて**オリヴァー・ウェンデル・ホームズ裁判官**が言ったように，**法の生命は論理ではなく経験**だからです。さまざまな障壁や困難や不運によって試された経験，それにもめげずにこれらの困難に打ち勝ってきた経験です。この経験こそ，さまざまな人びとの境遇への共感や，いかに世界が動いており，どのようにして普通の人びとが生きているかを理解させるものです。それこそが最高裁での裁判で絶対に必要なものです。

　（以下，退職するスーター裁判官への賛辞を述べた上で）そこで，さまざまな人びとの助言を受けた上で私が指名することにしたのは，偉大な最高裁判官になると私が信ずる，人に力を与えてくれる女性（inspiring woman），ニュー・ヨーク州のソニア・ソトマイョール裁判官です。

　30年に及ぶ輝かしい経歴の中で，ソトマイョール裁判官はほとんどあらゆるレベルの裁判所で働き，深い経験と広い視野を得ました。連邦地方裁判所裁判官に共和党のジョージ・W・ブッシュ大統領が指名し，その後民主党のビル・クリントン大統領が控訴裁判所裁判官に指名したというのも，彼女の資質と資格を証明しています。今度最高裁入りすることで，現在の裁判官にはない

さまざまな経験を加えてくれるでしょう。

ソトマイヨール裁判官は，アメリカを代表する2つの大学を卒業し，大都市の検察官，会社の法務部門も経験しました。連邦地方裁判所裁判官として6年務め，第1審の事実審裁判所裁判官の経験を持つ唯一の裁判官として最高裁に入るのです。それは最高裁に新たな視点を与えてくれるでしょう。過去11年間はニュー・ヨークにある第2巡回区控訴裁判所裁判官でした。この裁判所は全国でも最も忙しい裁判所ですが，彼女は，憲法問題その他重要な事件を処理し，同僚や弁護士，調査官たちから尊敬を勝ち得てきました。

地方裁判所裁判官時代に裁いた事件はほぼ450件に上ります。そのうちの1件は，私を含めて多くのアメリカ人が本当に心配した事件でした。1994年と95年にかけてのプロ野球のストライキ事件です。彼女はわずか15分——何であれ迅速さは野球ファンが大好きなものです——わずか15分で読み上げた判決でストライキ終了の**インジャンクション**を出しました。ソトマイヨール裁判官が野球を救ったという人もいます。

彼女は地裁裁判官になる前は，複雑な商取引に関する訴訟を扱うロー・ファーム（法律事務所）のパートナーでした。そこでは世界経済の動きに対する洞察力を養ったわけです。その前は，マンハッタンの検察官事務所の検察官でした。犯罪というものが家族やコミュニティにどういう影響を与えるかを，そしてそれといかに闘うべきかを直に学んだのです。

しかし，これらの貴重な経験と並んで，彼女自身の生い立ちがユニークで重要です。彼女は，ヤンキー・スタジアムから遠くないサウス・ブロンクスの公営アパートで育ちました。自然にヤンキース・ファンになりましたが，そうだからといって上院の他チームファンが欠格事由にしないでほしいと思います。

ソニアのご両親は第2次大戦中にプエルト・リコからニュー・ヨークへ移住してきました。お母さんは陸軍女性部隊に加わ

ったのです。お父さんは工場で働き，3年生までしか学校にも行っていませんでした。英語も話せない人でした。しかし，お母さんと同様に，彼は働こうとする意欲と，家族に対する強い思いと，**アメリカ・ドリーム**を信ずる心を持った人でした。

　ソニアが9歳の時にお父さんは亡くなりますが，その後，お母さんは週6日看護師として働き彼女とその弟さんを育て上げました。弟さんもお母さんと同様ここにいらっしゃいますが，医師として立派に働いています。ソニアのお母さんは，その地域で唯一百科事典を子どものために購入し，カトリックの学校に子どもたちを通わせ，いい教育さえあればアメリカではすべて不可能なことはないと信じていました。

　こういう家族や友人や教師たちのおかげで，ソニアはプリンストン大学へ入る奨学金を得てトップの成績で卒業し，イェール・ロー・スクールに入るとイェール・ロー・ジャーナルの編集者にも選ばれ，今日に至るのです。その道のりの中で，幾多の困難に出会い，それらを乗り越えて，かつてご両親が夢見たアメリカン・ドリームを生き抜いたのです」。

　演説はソトマイヨール裁判官が8歳で小児糖尿病にかかったことなど，もう少し続くのですが，いずれにせよこれを直に英語で聞いた聴衆の間には感動を呼んだことでしょう。もしかしたら大統領は自分の経歴と重なる部分があると感じながら演説していたかもしれません。ソトマイヨール裁判官が本当に偉大な最高裁裁判官になるか否かは今後を見なければなりません。しかし，彼女が，アメリカン・ドリームの体現者であることは確かです。教育もお金もなく第2次大戦中に移住してきた両親から生まれた女の子が，最高裁の裁判官になるのですから。ヒスパニック系で最初，女性としても3人目です。

　もちろん，彼女が例外中の例外であることは確かであり，この

演説もシニカルに聞こうと思えばそうもできます。しかし，大統領と最高裁裁判官候補者として記者会見に現れている2人が現実の存在であることも確かであり，しかも2人ともロー・スクール出なのです。"Inspiring（人に勇気を与える）"というキャッチ・ワードとともに，ヒスパニック系はもちろん，アジア系であれインディアン出身であれ，さまざまな人たちにアメリカン・ドリームの実証例を見せているのです。

▶ 連邦裁判所の構成員

2009年5月のAP通信の記事は，連邦裁判所の裁判官がどのような人たちで構成されているかを伝えています[2]。見出しは「110人の最高裁裁判官のうち106人が白人男性」というものですが，大きな変動も教えてくれます。要点は次のようなことです。

①これまでの連邦最高裁裁判官は全部で110人。そのうち106名が白人男性で，2名が黒人男性，女性が2名だった（今度女性は3名になったわけです。ソトマイヨール裁判官就任で現在の裁判官9人は，2名が女性，黒人男性が1名となりました）。

②連邦地方裁判所と控訴裁判所を合わせると裁判官の数は793人。1977年のカーター大統領時代以前にF. D.ルーズベルト大統領以後女性を任命した数はわずか8人。レーガン大統領時代でも女性はわずか40人だった。ところが現在は212人にもなっており4分の1を超える。

③州最高裁の裁判官は選挙で選ばれるところが多いが，ほぼ3分の1が女性裁判官である。40%というところも多い。

---

2) Associated Press, May 20, 2009.

④背景には女性弁護士の増加がある。すでに弁護士の3分の1は女性であり，ロー・スクール卒業生の半数は女性である。

⑤人種になると話は少し異なる。793人の連邦裁判官のうち，88名が黒人，60名がヒスパニック系，8名がアジア系アメリカ人である。まだインディアン出身者はいない。それでもカーター大統領の時代から人種的少数者の任官も大きく増えてきている。

2 アメリカの弁護士

アメリカの弁護士に関する基礎知識を説明しておきましょう[3]。

①弁護士資格も州ごとに与えられている。厳密にはアメリカの弁護士とは，ニュー・ヨーク州弁護士であったりミシガン州弁護士であったりする。

②その数おおよそ100万人といわれる（アメリカ弁護士会のウェブサイト情報では2009年に118万386人)[4]。日本では日本弁護士会のウェブサイトに行けば，今日現在，弁護士が何人かがわかる（たとえば，2009年11月1日現在で2万7141人)。日本と比べて50倍に近い数の弁護士がいることになる。

③大学を卒業し3年制のロー・スクールを出て各州の司法試験を受ける。司法試験は，選択式の全国共通試験と各州ごとの法に関する論文試験からなるが，合格率が100%に近い州も多く，難しいといわれるニュー・ヨーク州などでも50%くらいで，そもそも年2回試験があるため，ロー・スクール卒業生（毎年4万人

---

3)　以下の説明の一部は，E. Allan Farnsworth, An Introduction to the Legal System of the United States（3d ed. Oceana Pubns, 1996）によります。

4)　参照，http://www.abanet.org/marketresearch/resource.html#Lawyers

以上）はほぼすべて弁護士資格を得る[5]。

④働き方としては，弁護士100人中，大まかにいうと75人は開業弁護士，10人は企業内法務弁護士，10人は政府関係（検察官を含む），そして5人が裁判官やロー・スクール教授[6]。州知事や連邦議会議員の半数以上が法律家であり，司法省だけで2000人以上の弁護士，ニュー・ヨーク市法務部だけで400人以上の弁護士を抱えているといわれる。

⑤弁護士費用については，それぞれの当事者が負担するアメリカン・ルールが原則（イギリスは敗訴者負担が原則で，イングリッシュ・ルールといわれている）。ただし，時間チャージで報酬を受け取るほかに，**contingent fee**（**成功報酬**）といって，依頼人には何ら資金がなくとも，相手方から賠償金を取得したらそこから報酬を取るという約束で依頼を引き受けることが認められている。

▶ 弁護士と広告

アメリカの弁護士のイメージを知るために，私の授業ではいくつかの判例や弁護士倫理の問題などを参照します。その一例が，1977年の連邦最高裁判決 Bates v. State Bar of Arizona です[7]。

これは弁護士になったばかりのアリゾナ州の弁護士が，争いのない離婚なら175ドルというように提供するサービスと報酬額を新聞広告で宣伝し，懲戒処分に付された事件です。この当時，アリゾナ州ばかりでなくどこでも弁護士の宣伝広告は厳しく制限されていました。懲戒処分に付された弁護士は州最高裁に訴えたの

---

5)　司法試験の各州別合格率は http://www.ncbex.org/bar-admissions/stats/ で Bar Admission Statistics を見るとわかります。

6)　前掲注4）のアメリカ弁護士会のウェブサイトには2000年時点のそれぞれの割合が示されています。

7)　Bates v. State Bar of Arizona, 429 U. S. 1021（1977）.

ですが棄却され，連邦最高裁に上告しました。

　ここで，私は 2 つの点を学生に尋ねます。1 つは，何に基づいて訴えたのだろうかという請求原因。もう 1 つは，州の弁護士資格と懲戒処分についてなぜ連邦最高裁に上告できるのかという問題で，いずれもアメリカ法的には重要な課題です。

　まず最初の点の正解は，連邦法としての独禁法違反（不公正な取引制限）と**連邦憲法第 1 修正の表現の自由**ですが，問題はなぜ営業の自由の侵害だと主張しなかったかです。独禁法違反はともかく，広告・宣伝の問題なら，憲法上の議論としては職業や経済的行為の自由に直接関連する規定を考えるのが妥当だと思われるからです。

　実際，そのような主張が連邦憲法第 14 修正のデュー・プロセス条項に基づいて強力に主張されていた時代がありました。しかし，本書第 15 回で説明するように，1970 年代においては，その主張は通りそうになかったのです。経済的自由の規制には合憲性の推定が働き，合理性審査だけしか行われないことが連邦最高裁の判例で確定していたからです。

　本件の裁判では，独禁法違反の主張は退けられました。広告規制を指示しているのは最終的に州最高裁であり[8]，州の主権に属する行為に連邦独禁法は適用されないとされたからです。しかし，連邦最高裁は連邦憲法第 1 修正に反すると判断し，原告のベイツ弁護士を勝訴させました。広告も言論の一種であり，商業的言論（commercial speech）として憲法上の保護があり，実質的審査が行われて広告規制は違憲とされました。

　8）　州弁護士会の規則であり，懲戒処分をしたのも州弁護士会ですが，最終的に法曹の資格や処分の権限は州最高裁にあるからです。ここでも裁判所と弁護士会が一体となった運営がなされ，法曹一元を実感させます。

弁護士会側は，弁護士が専門職であり，広告で依頼人を募るような通常の営業とは違うという議論を展開しましたが，表現の自由という話になるとそのような主張とはうまくかみ合わないことになります。アメリカにおける表現の自由の幅広さと，その議論の強さを実感させます。

ともかく，この判決を契機にアメリカにおける弁護士広告は大きく自由化されます。事件自体はアリゾナ州の話だったのですが，連邦憲法違反となれば，すべての州が従わなければならないことになります。今では，アメリカでは新聞広告はもちろん，テレビにも弁護士が登場して得意分野等を宣伝するコマーシャルが見られます。

第2の論点は，本件がどうして連邦最高裁に上告されたのかという問題です。それは，連邦憲法と連邦の独禁法が問題になっていたからです。前にも述べましたが[9]，連邦裁判所はどんな事件でも引き受けることができるわけではなく，それは連邦最高裁も同様です。裁判管轄権の及ぶ事件は連邦憲法で限定列挙されており，その中に，連邦憲法・連邦法・条約に関する事件（まとめて**連邦問題事件＝federal question case** と呼びます）とあるからです。ただし，連邦憲法上の論点を指摘すれば連邦最高裁で審理を受けられるかというとそうではありません。連邦最高裁への上告は，certiorari（**サーシオレイライ**と読みます）と呼ばれる手続によることになっており，これは**裁量上告**と訳されています。誰の裁量かといえば，連邦最高裁自身の裁量によるのであり，裁判管轄権があっても引き受けない自由があります[10]。

---

9) そこでは，原告・被告が州籍を異にする diversity of citizenship 事件（州籍の相違事件，短く diversity case と呼びます）について，連邦裁判所にも訴えることができる点を指摘しました（第8回参照）。

実際，最近の統計では毎年連邦最高裁への上告申立ては 7000
件から 8000 件にもなりますが，受理されるのは何と 100 件程度
にすぎません。

▶ 直接勧誘の禁止

　話を弁護士広告に戻しましょう。1977 年にベイツ判決が出さ
れた翌年，オハイオ州の弁護士が交通事故の被害者の入院先に駆
けつけ成功報酬という条件で代理人となり，その行為によって懲
戒処分を受けた事件が連邦最高裁で審理されました。広告の一形
態として，このような直接勧誘（personal solicitation）を禁ずる法
曹倫理規則に反したからです。弁護士はベイツ判決同様，表現の
自由を主張しましたが，連邦最高裁はこの規制を合憲としました
（Ohralik case）[11]。その結果，このように直接会いに行ったり，被
害者宅へのダイレクト・メールや電話で勧誘する行為を禁じても，
それは適切な規制だとされています[12]。

　その 15 年後，今度はフロリダ州で，弁護士ではなく公認会計
士（CPA＝certified public accountant）がパーティ等で名刺を配る
など直接勧誘して懲戒処分を受け，連邦最高裁に上告してきまし
た。そして，連邦最高裁はこの規制を違憲にしました（Edenfield
case）[13]。

　そこで問題が生じます。弁護士に対して直接勧誘を禁ずること

10）　Four person's rule（4 人賛成のルール）と呼ばれて，9 人の裁判官のう
　　ち 4 人が賛成しないと上告を受理しないことになっています。

11）　Ohralik v. Ohio State Bar Assn., 436 U. S. 447 (1978).

12）　弁護士の悪口で，"ambulance chaser" という言葉があります。何らかの
　　事故や事件の後，救急車を追いかけて仕事をとろうとする弁護士を指します。
　　しかし，直接勧誘が禁じられている州では懲戒処分の対象となります。

13）　Edenfield v. Fane, 507 U. S. 761 (1993).

は合憲とされ，公認会計士に対しては違憲とされるのはなぜか。私の授業では，この区別をどのように説明できるだろうかと尋ねます。そこには，アメリカにおける弁護士のイメージが何より鮮明に出ているように思うからです。

　①依頼人はどのような人か──CPA の業務は会計監査その他ですから，依頼人はビジネスマンである。弁護士の場合，オハイオ州のケースのように，今事故にあって悲嘆に暮れている人，困難な状況で途方に暮れている人である場合が少なくない。法の素人であるばかりでなく，つけ込まれやすい状況にある。

　②業務の内容と専門家としてのイメージ──CPA の主たる業務は帳簿や数字の分析であるのに対し，弁護士の業務の主要なものは交渉である。その結果，CPA は能弁である必要はないが，弁護士は能弁であり，言葉で説得する技術に長けていなければならない。

　③プライバシーへの侵入度──CPA が仕事を売り込んでも，それはまさに依頼人のビジネスの部分に入ってくるだけ。しかし，弁護士は，当該紛争に絡むあらゆる生活関係に絡んでくる可能性が強く，業務の押し売りはいっそう強い生活関係への侵入という側面を持つ。

　このような差異を考えると，直接勧誘の弊害は弁護士について現れやすいといえるでしょう。そのような考慮もあって，CPAならよいが弁護士は不可とする規制も合理的だとされたのです。

▶ 弁護士のイメージ
　アメリカの弁護士を形容する形容詞として，"persuasive"，"ag-

gressive", "manipulative" という言葉が用いられることがあります。Persuasive（説得力がある）というのはプラスのイメージがあり，aggressive（攻撃的，積極的）はアメリカでは必ずしもマイナスとは限りません。しかし，manipulative（人を操る）は一般的にはマイナスの言葉でしょう。

アメリカ弁護士会自身が，弁護士のイメージについて調査した報告書があります[14]。たとえばそこには「次に並べた機関や人たちは信頼できると思いますか」という問いに，「非常に強くそう思う」と「強くそう思う」という回答をした人の割合が掲載されています（下表）。

(%)

	1998 年調査	2001 年調査	2002 年調査
医師	46	42	50
行政府	26	27	46
連邦最高裁	50	32	46
弁護士	14	14	19

弁護士より医者の方がずっと信頼されていることがわかります。他の調査項目では，弁護士は正義が実現されるよりも勝つことだけを考えている（74%）とか，弁護士は依頼人に奉仕するより自分の金儲けに関心がある（69%）とか，弁護士の悪いイメージを強調するような結果も出ています。

しかし他方では，「弁護士が少ない方が社会はよくなる」は51%で，多いといえば多いのですが，意外に少ないともいえます。さらに，「総合的に見てあなたが雇った弁護士の働きに満足して

---

14) Public Perceptions of Lawyers: 2002 Consumer Research Findings (Ameican Bar Association, April 2002) (http://www.abanet.org/litigation/lawyers/).

いるか」という問いかけには，何と 75% 以上が満足していると
回答しているのです。

このような調査からすると，アメリカの弁護士は一般的に評判
の悪い存在ですが，しかし，いざとなった場合は頼りになるとい
えます。世界のあらゆる人が敵になっても弁護士だけは味方にな
ってくれるからです。アメリカでは，依頼人と弁護士の関係は，
単なる契約関係ではありません。英語では fiduciary relation
（信認関係）の典型であり，依頼人に対し全力かつ忠実にその利益
を図る存在であるとされているからです[15]。

3 法曹倫理

アメリカのロー・スクールでは，**法曹倫理**（legal ethics とか
professional responsibility と呼ばれます）の授業に，たとえ必修科
目でなくとも学生は皆参加します。司法試験に含まれているから
です。その中でどのケースブックにも載せられている有名な判決
がいくつかあります。

その 1 つが，1975 年のニュー・ヨーク州の事件 People v. Bel-
ge です[16]。これは弁護士が刑事事件の弁護にあたったケースで，
被告人の男は 1973 年に殺人罪で起訴されました。その後，その
男は弁護士に「実は他にも 3 人殺している」と告白します。弁護
士は，9 月に告げられた場所を掘り返して行方不明とされていた

---

15) 信認関係一般について，樋口範雄『フィデュシャリー［信認］の時代
——信託と契約』（有斐閣・1999 年）。弁護士と依頼人の関係については，
樋口範雄「弁護士と依頼者の関係」小島武司ほか編『法曹倫理』53 頁（第 2
版・有斐閣・2006 年），樋口範雄「依頼者と弁護士」小島武司ほか編『テキ
ストブック現代の法曹倫理』48 頁（法律文化社・2007 年）参照。

16) People v. Belge, 372 N. Y. S. 2d 798 (1975), 376 N. Y. S. 2d 771 (1975).

少女の死体を発見します。そして 1974 年 6 月にこの男の公判が開かれた際に，被告人が精神異常であるということを立証する一環として，これを明らかにしました。世論は憤激し，ずっとこれを秘密にしていた弁護士を激しく非難し，弁護士は遺体保護法違反等で起訴されるのですが，結果は弁護士無罪となったという事件です。

ロー・スクールでは，これをもとに議論が行われます。「自分が弁護士だったらどうすべきだったか」。ただし，すぐにも警察に知らせるべきだったということにはならないはずです。被告人には黙秘権があり，それは弁護士の守秘義務によって担保されています。被告人や容疑者は弁護士だけには何をいっても大丈夫というのがその趣旨だからです。そのため弁護士が警察に通報すれば，弁護士は懲戒処分で弁護士資格を失います。

しかし，ただ黙っていることでよいのかどうか。この事件の弁護士も深く悩んだ末に，依頼人の利益になる方法で秘密を明らかにする方策を思いついたのだと思われます。この事件をもとにして次のような試験問題が作られたりします。

> 「弁護士がこそ泥として小さな盗みを繰り返してきた Y と接見すると，Y は次のような告白をした。『先年，レンブラントの夜警が盗難に遭い騒がれたが，実はあれは俺の仕事だ。どこそこに埋めてある』と。しかも Y は不治の病にかかっているといい，実際にその後まもなく死亡してしまった。弁護士はどうすべきか。」

弁護士の守秘義務は依頼人が死んだ後にも続く義務です。「依頼人が死んだからもういいや」は通りません。ではどうすべきでしょうか。

もう 1 つの有名なケースは，1962 年の Spaulding v. Zimmerman です[17]。こちらは民事事件で，交通事故で死傷事件があり，弁護士は加害者の被告側でした。負傷した原告側から和解申出があったのですが，それ以前に被告側の依頼で原告の負傷の程度をチェックした医師が大動脈瘤を発見していました。ところが原告も原告側の医師も弁護士もそれをわかっていないのです。大動脈瘤は破裂すれば命にかかわるものであり，交通事故で生じた可能性もありますが，それを知らない原告の弁護士は少額での和解を申し込んできたのです。さて，被告の弁護士はどうすべきか，が問題でした。守秘義務や依頼人のためだけの忠実義務からは，相手方に有利になるような事実を告げるのは問題です。実際，このケースで被告の弁護士は黙って和解を受けたのです。しかし，果たしてそれでよかったのかどうか。

　この話には，実はオチがあり，本当にこの弁護士は依頼人に忠実だったのかが最後には疑問になります。というのは，この事実を依頼人にすら知らせていないからです。そして依頼人と原告は知り合いでした（原告は依頼人の運転する車の助手席に座っていたのです）。では，弁護士は本当は誰のために黙っていたのでしょうか。そこには「弁護士には守秘義務があるから」という論理程度では片付けることのできない問題があります。本当の意味で依頼人に忠実であるとはいかなることか，さらにはそれにも限界がないのか，という問題です[18]。

---

17) Spaulding v. Zimmerman, 116 N. W. 2d 704 (Minn. 1962).

18) この事件の意義について参照，ピーター・ジョイ（樋口範雄訳）「法曹倫理と医療倫理の交錯——Spaulding v. Zimmerman 事件を例にとって」ジュリスト 1277 号 80 頁（2004 年），樋口範雄「法曹倫理のあり方——1 つのケース・スタディ」小島武司先生古稀祝賀記念論文集『民事司法の法理と政策〔下〕』833 頁（商事法務・2008 年）。依頼人のための守秘義務といいながら，被告の弁護士は，実は保険会社の利益，ひいては自分の利益を図っていたの

●● 蛇足ですが ●●

　アーカンソー州とテキサス州に行き，消費者保護についてインタビュー調査をしたことがあります。リトル・ロックでは，2人の弁護士が1時間半もつきあってくれました。そのうちの先輩格の弁護士はすでに25年間，法律扶助制度の下での代理を引き受けてきたとのことでした。お金のない人へリーガル・サービスを提供してきたのです。

　ニュー・ヨークの大事務所を訪ねたこともありますが，その中には，時給で500ドルとか1000ドルとか請求する人もいます。100万人もいれば，弁護士もいろいろということでしょうか。

今回のポイント

　アメリカの法制度を支える弁護士と，弁護士からすべての法曹が生まれる法曹一元の制度を見てみました。アメリカ社会において法律家は実際に大きな役割を果たしています。"inspiring lawyer" になれるということでもあります。

―――――――――――
ではないかとの疑いがあります。

第4部	★★★★

アメリカの憲法

第13回	アメリカの独立と合衆国憲法
第14回	違憲審査制
第15回	実体的デュー・プロセス

INSPIRING AMERICAN LAW

第13回

アメリカの独立と合衆国憲法

1 はじめに

　本書の残りの3回をあてて，アメリカ憲法の説明をしましょう。そのためには何といってもアメリカ合衆国が成立することが前提であり，成立以前の経緯を簡単にまとめておきます。

　現在，アメリカ合衆国が存在する地域には，元来，アメリカ・インディアンと呼ばれる人たちが居住していました。アメリカの地名でインディアンに由来するものは多く，たとえばインディアナは文字通り「インディアンの住むところ」を意味し，ミシガンはインディアンの言葉で「大きな湖」を意味するそうです。

　しかし，通常のアメリカ史はイギリス人の植民から始まります[1]。15世紀に絶対王政のテューダー朝が成立し，エリザベス1世の時代のイギリスは国内が安定し，遅ればせながら海外進出を始めます。1588年にはアルマダの戦いでスペイン・オランダ連合軍を破り，海上での覇権を握ります。16世紀から17世紀にかけてアメリカ大陸（新大陸）への植民活動が盛んになるのです。

　この時代，新大陸を目指した人たちには3種類あるといわれま

1）　以下，アメリカ法の歴史については，田中英夫『アメリカ法の歴史(上)』（東京大学出版会・1968年），または，同『英米法総論(上)』187頁以下（東京大学出版会・1980年）を参照してください。

す。1つは冒険的商人たちの投機的行動，2つめは囲い込み運動で土地の集約が進み，土地を失った農民たち，そして3番目が，宗教的自由を求めて新天地を目指した人たちです。

1607年，現在のヴァージニア州に初めて開かれたジェームズタウンとポカホンタスの挿話などをへて，1620年には有名なメイフラワー号が現在のマサチューセッツ州プリマスに到着します。その後も続々と植民が行われ13の植民地が成立するわけです。

17世紀の間，これら植民地と本国イギリスとの間の関係は比較的平穏でした。イギリス自体が市民革命など国内問題に忙殺されていたからです。ところが名誉革命で国内が安定すると植民地支配に熱心になり，18世紀になると植民地との利害対立が深まります。たとえば，航海法（Navigation Acts）によって，ヨーロッパ大陸から植民地への輸送や，逆に植民地から大陸への輸送について，イギリス船の利用を強制したり，必ず途中でイギリスの港へ寄港させて関税を徴収することなどが行われました。植民地議会の立法に国王の拒否権があったり，その立法権限は植民地の「内部事項」に限られるとされ，本国の国会で「外部事項」について立法がなされました（植民地代表は本国の国会にいないのに）。「**代表なければ課税なし（No taxation without representation)**」という声が植民地からあがるようになりました。しかし，18世紀後半には印紙税法や茶法が一方的に制定され，後者によって東インド会社に茶の輸入の独占権を認めたことに憤激した住民が1773年の暮れにボストン茶会（Boston Tea Party）事件を起こしました。1774年には植民地代表が一堂に会して第1回**大陸会議**（Continental Congress，この場合の大陸はアメリカ大陸の意）が開かれ，パトリック・ヘンリー（Patrick Henry）の「われに自由を与えよ，しからずんば死を与えよ」という演説がなされ，1775年4月のレ

キシントンの戦いから戦闘が始まります。そして第2回大陸会議が開かれ、1776年7月4日に独立宣言が出され、1783年のパリ条約によって戦争が終結し、アメリカ合衆国が成立するのです。今回は、アメリカの独立からアメリカ合衆国憲法の成立までを記します。

2 独立宣言とアメリカ法の成立

アメリカの植民地が独立を宣言した背景には、イギリスとの戦闘が続く中で、それが内乱であるとフランスやオランダの支援は内政介入になるが、独立を宣言すれば堂々と支援を受けられるという事情もあったといわれます。そもそも戦闘開始時に植民地の人たちが一致して独立を考えていたわけではありません。本国の猛省を促すためだと考えた人もいました。ところがそれが独立戦争に転化していきます。

1776年7月4日に出された独立宣言は、「13の植民地の独立宣言」と題されており、起草者は当時33歳のジェファソン（Thomas Jefferson）でした。その一部を読んでみましょう。

宣言は、自然法や自然の神の法（Laws of Nature and of Nature's GOD）によって、人民が独立を認められる場合があるという文章から始まり、「われわれは、自明の真理として次のことを信ずる」として、いくつもの重要な点を列挙します。

We hold these Truths to be self-evident, that all Men are created equal, that they are endowed, by their CREATOR, with certain unalienable Rights, that among these are Life, Liberty, and the Pursuit of Happiness. --That to secure these Rights, Governments are instituted among Men, deriving their just

Powers from the Consent of the Governed, that whenever any Form of Government becomes destructive of these Ends, it is the Right of the People to alter or to abolish it, and to institute new Government, laying its Foundation on such Principles, and organizing its Powers in such Form, as to them shall seem most likely to effect their Safety and Happiness.

「自明の真理として信ずること」は次のようなことです。

①すべての人が平等に造られ，神によって一定の不可譲の権利を付与され，その中に，生命，自由および幸福を追求する権利が含まれていること。

②これらの権利を確保するために人びとの中で政府が組織され，政府の正当な権力は被治者の同意に基づくこと。

③いかなる形態の政府であれ，この目的を壊すようなものになったときは，それを変更し廃止するのは人民の権利であり，自分たちの安全と幸福を実現するような原則によって基礎づけ，そういう形態によって，新しい政府を樹立することも人民の権利であること。

そして，政府を軽々に変えるのは好ましいことではないが，それにも限度があるとして，イギリス本国がいかに植民地の人民に対し不当かつ非道な措置をとってきたかを列挙し，「そんな政府を追い出し，将来の安全を確保してくれる新しい政府を樹立するのは，人民の権利であり義務である（it is their Right, it is their Duty, to throw off such Government, and to provide new Guards for their future Security）」と宣言しているのです。

何しろ時は 1776 年です。日本でいえば江戸幕府の第 10 代将軍徳川家治が田沼意次を重用していた時代です。フランス革命もま

だこれからという時代に，すべての人の平等と，生命，自由，幸
福追求権を謳い，さらに悪い政府を打ち倒す革命権まで宣言した
のは，世界で初めてでした。

▶ アメリカ法の形成

アメリカはイギリス本国から独立を宣言しました。しかし，独
立宣言が「13の植民地の独立宣言」と題されていたように，1つ
の国としての独立というより，今まで存在した植民地が結束して
本国イギリスから独立したということです。この事情はアメリカ
法の性格に大きく影響しました。

同時に，独立を嫌がり本国に帰っていった人たちも出ました。
その数は植民地全体のその頃の人口の5%にもなりました。イギ
リスに帰った人たちの中には法律家が多かったともいわれます。
残った人たちは，文字通り「アメリカ人」であることを選択した
人たちでした。

アメリカ法の形成について大きな特色は次の2点です。第1に，
植民地時代はイギリス法が行われていましたが，それを継続する
かについて議論があったこと。第2に，結果的にイギリス法を継
受することになるのですが，継受も州ごとに行われたことです。

第1点。イギリス法継受に有利な事情は次のような点がありま
した。

①従来，各植民地でイギリス法が行われていたこと。コモン・
ロー上の原則では「植民地ではコモン・ロー，征服・割譲で得た
土地なら現地法」というものがあり，イギリス国王からの植民特
許状には，植民地でもコモン・ローが適用になると明記されてい
た[2]。

②独立前のスローガンは「われわれにもイギリス人の権利を与

えよ」であり，まさにイギリス人と平等の法の適用を求めていた
こと。

　③法を知るための便宜として，ブラックストン（William Black-
stone）の『**イギリス法釈義全4巻**』が植民地でも広く読まれてい
たこと（それに対し，フランスでナポレオン民法典その他ができるのは
数十年後だったこと）。

　これに対し，イギリス法継受に反対する理由もたくさんありま
した。

　①イギリスは独立を勝ち取るため戦った相手であり，フランス
は味方であったこと。

　②本国へ帰っていった人たちに法律家が多かったことによるコ
モン・ローへの反感。

　③宗教上の自由を求めて新大陸に移住してきた中で多かった清
教徒には，裁量を重んずるエクイティへの反感も存在したこと。

　④何より大きいとされる，本国との社会的経済的事情の相違。
たとえば，コモン・ローでは家畜が畑をあらした場合に無過失責
任を問われ，囲いを作る義務が課されていたが，植民地では所有
地が広くそれは無理だったことや，コモン・ロー上の長男子単独
相続なども無縁だったこと。

　こうしてみるとイギリス法継受に反対する議論も有力でしたが，
結局のところ，フランスでの法典化がまだ十分でなかったことや，

　2）　後にスペインから割譲して得たカリフォルニアその他の地域では，ヨーロ
　　　ッパ大陸法に属するスペイン法の伝統が残りました。たとえば，カリフォル
　　　ニア州には民法典があることや，夫婦財産制についても community prop-
　　　erty（共有財産制）がとられました。

従来からイギリス法が行われてきたということで，イギリス法が継受されたのです。ただし，社会的経済的事情の相違から「**アメリカに適用可能な限りでの継受**」とされたことが何より重要です。判例法は先例を重んずるわけですが，先例を重んじながら盲従しないという態度がとられ，ルールをアメリカの現実に照らして再吟味するという「自由な法創造の契機」が当初から存在したことになります。

第2点。実際のイギリス法継受は，旧植民地ごとになされました。たとえば次のように[3]。

①ヴァージニア型——イギリスのコモン・ローおよび1607年以前のイギリスの制定法を継受すると議会で定めた。

②ニュー・ジャージー型——これまで効力を持ってきたイギリスのコモン・ローおよび制定法を継受すると議会で定めた。

③コネチカット型——何ら定めず，裁判所に委ねる。

アメリカの連邦制度が，わが国の47都道府県による地方自治とはまったく異なることがわかります。法もそれぞれで勝手に継受したのです。もちろん，それぞれのstatesでそれぞれの憲法も作られました。ただし，結果的に，細かな相違はあっても13のstatesすべてでイギリスのコモン・ローを中心とする法が継受されたのです。

しかし，statesは，建国当初のこの時期は「州」と訳すより「邦」と訳す方が適切なことがわかります。旧植民地の連合国が形成されたのであり，1787年のアメリカ合衆国憲法制定までの

---

3) 伊藤正己＝木下毅『アメリカ法入門』49頁（第4版・日本評論社・2008年）。

10年間は，Confederation（邦の連合）時代と呼ばれます。憲法は
なく，連合規約（Articles of Confederation）が作られていました。

3 アメリカ合衆国憲法の制定

さて，アメリカ独立の際，独立がいやな人たちはイギリスに帰
国したと説明しました。残った人たちが一枚岩だったかといえば
そうではありません。アメリカでは，独立以来現代まで，states
を中心に考える人（州権派＝Republicans）と連邦を中心に考える
人（連邦派＝Federalists）の対立が続けられてきました。

連合（Confederation）体制では，明らかに states が中心であり，
連合には，外交・軍事にかかわる権限しかなく，財政も独自の収
入源がなく，関税も states が徴収していました。軍事といって
も，そのような状況では常備軍を置けるわけもなく，さらに連合
規約は全員一致でないと改正もできませんでした。これだけ弱い
連合体制に対する批判や不満がすぐに出てきました。

①金融業者：急進派と呼ばれた一部の states では議会を握っ
た無産層が債務猶予などの法律を通過させ，強力な連邦政府がそ
のような動きを抑制してくれることを望んだ。

②工場主：states ごとの保護関税が製品の流通を阻害し，アメ
リカ全体での市場形成を阻んでいた。

③投機家：独立戦争時の公債を安く購入し，強い中央政府が額
面で支払うことを期待した。

④不動産業者・農民：西部開発にはインディアンを排除する必
要があり，中央政府の強い軍備のバックアップを必要とした。

1786年にはマサチューセッツで シェイズの乱（ダニエル・シェ

イズ〔Daniel Shays〕大佐が率いた減税・債務猶予・債務拘禁の停止などを求める反乱）が生じた際にも，連合は何ら手を打つことができず，連合よりも強力な中央政府（連邦政府）が必要だとの議論が強まりました。その結果，アメリカ合衆国憲法が制定されるのです。ただし，そこでもどこまで連邦政府の権限を強めるかについては議論が分かれました。連邦派対州権派の対立が生じたのです。

▶ アメリカ合衆国憲法を見る

　それでは1787年9月にまとまったアメリカ合衆国憲法（The Constitution of the United States）を，まず一瞥することにしましょう。その構成は次のようになっています。

> Preamble（前文）
> Article I（立法部）
> 　　　　Ⅱ（執行部）
> 　　　　Ⅲ（司法部）
> 　　　　Ⅳ（州の間の関係等）
> 　　　　Ⅴ（改正）
> 　　　　Ⅵ（最高法規）
> 　　　　Ⅶ（成立手続）

　こう見るとすぐにいくつかの特色に気づきます。まず，憲法を統治機構を定めた規定と人権規定に分けると，ここには人権規定の編がありません。第1編（Ⅰ）から第3編（Ⅲ）までは，いわゆる3権について記し，第4編（Ⅳ）と第6編（Ⅵ）は，アメリカ合衆国が連邦制度をとったために必要な規定です。連邦政府だけでなく州政府もあるのですから，州と州との間の関係を定め[4]，さらに州と連邦との関係も定める必要が生じます[5]。

人権規定がないことについては，イギリス国王のような人民を迫害するおそれのある連邦政府を作るわけではないので不要だとの議論もなされましたが，それを理由に憲法制定に反対する意見も強まったので妥協がなされました。

　とりあえずこの憲法案で憲法を制定し，第1議会の最初の仕事を憲法改正として，人権規定を盛り込むというのです。そこで，この憲法が4分の3の州の賛成を得て成立したのが1788年9月であり，1789年3月に開かれた第1議会で憲法改正案が策定され，第1番目から第10番目までの修正から成る **Bill of Rights**（**人権規定**）が追加され，これは1791年に成立しました。

　そこで，1787年にアメリカ合衆国憲法が制定されたといわれるのですが，original Constitution（最初の憲法）というときには，1791年の第10修正までを含めて呼ぶことが普通です。言い換えれば，アメリカ合衆国憲法は本体部分と10個の修正とを合わせたもので始まったのです。

▶ 前　文

前文の原文を次に掲げます。

> We the People of the United States, in Order to form a more perfect Union, establish Justice, insure domestic Tranquility, provide for the common defence, promote the general Welfare, and secure the Blessings of Liberty to ourselves and our Poster-

---

4)　第4編の冒頭には，各州は，他州の法律や判決に対し「十分な信頼と信用（full faith and credit）」を与えなければならないと書かれていて，互いの法や裁判を尊重する義務を課しています。

5)　第6編は最高法規と題されており，これは州法よりも連邦法が優位にあるという規定です。たとえば，州の憲法と連邦の法律の内容が抵触した場合，州の憲法の効果は否定されます。

> ity, do ordain and establish this Constitution for the United
> States of America.

　「われら合衆国の人民は」で始まるこの宣言には，憲法を制定する目的が列挙されています。その中に「われらとわれらの子孫に自由のもたらす恵沢を確保」することが掲げられているのは，日本国憲法にもとり入れられて懐かしい気さえします。ともかく，何よりまず a more perfect Union（いっそう完全な連合体）を作るためだったのです。

　前文は，わが国の憲法同様，直接の法的な効果はないとされており，いよいよ本文が始まります。それが 7 つの Article に分かれ，さらに section に分けられています。ここではそれぞれ編，節と訳し，節の中で細分化されているものは項と呼びます。

▶ 第 1 編
　第 1 編は立法部で連邦議会について規定します。

> Section 1. All legislative Powers **herein granted** shall be vested
> in a Congress of the United States, which shall consist of a
> Senate and House of Representatives.

　私の授業では，この文章で最も重要な語句は何かと尋ねます。正解は herein granted です。日本国憲法 41 条「国会は，国権の最高機関であつて，国の唯一の立法機関である」と比較すると，その違いがわかります。アメリカでは，「すべての立法権は上院と下院から成る連邦議会（Congress）に属する」と単純に書かれていないのです。「ここで認められた立法権」という制約があり「ここ」とは，この憲法を指します。言い換えれば，連邦議会の権限は合衆国憲法が認めた範囲に限られており，およそあらゆる

事項についての「唯一の立法機関」ではないのです。書かれていない事項についても立法権を有するのは，一般的な福祉権能（police power）を持つ州議会なのです。

そこで，アメリカの連邦政府を limited government（制限政体）と呼びます。この基本原則は，議会ばかりでなく行政部にも司法部にも及びます。

実際に立法部が何ができるか主要なものを列挙しているのが，第8節になります。そこでは18項目があげられていますが，最も重要なものは第3項です。

Section 8. The Congress shall have Power...
　3) To regulate Commerce with foreign Nations, and among the several States, and with the Indian Tribes;（外国との通商ならびに各州間およびインディアン部族との間の通商を規制すること）

この中の「各州間の通商を規制すること」が重要で，これをinterstate commerce clause（州際通商条項）と呼びます。短くcommerce clause ということも多いのです。

たとえば，「政府は郵便局を開設しようとして，土地の所有者Yと交渉したが売ろうとしない。土地収用をすることができるだろうか？」という問題があるとします。

第8節第7項に「郵便局を設け，郵便道路を建設すること」とあるので，郵便局の開設は連邦政府の権限内であり，実際，アメリカでは郵便事業は連邦政府がやっています。そのために公用収用（eminent domain）しようというのですが，当然できそうで，そうではありません。憲法に公用収用権が書かれていないからです。

しかし，それができないというのもおかしいので，最後の第

18項にある、第1項から第17項までに列挙された権限その他の条項で認められた権限を実施するために「必要かつ適切な」法律を作ることができる（necessary and proper clause と呼びます）という条項を利用して、ようやく連邦政府の公用収用が可能となるのです。これに対し、州の福祉権能には公用収用権は当然含まれているとされています。

　したがって、後に述べる違憲立法審査権の行使についても、日本と異なる側面が出てきます。わが国であれば、人権を規制する何らかの法律が作られた場合、それが違憲の人権規制か否かが問題とされます。しかし、アメリカではその判断をする前に、それが連邦法である場合、そもそも連邦政府にその規制法を制定する権限があるか否かが問題となるのです[6]。日本の違憲審査が1段階だとすれば、アメリカの連邦法についての違憲審査は2段階で行われることになります。そして、連邦法の根拠規定として最も多用されてきたのは州際通商条項なのです。

▶ 第2編・第3編

　第2編は執行部ですが、執行権はアメリカ大統領に属すると規定しています。任期は4年。1951年の第22修正により3選禁止が明記されたので、現在は2期までしか務めることができません。

　第3編は司法部で、司法権は最高裁と、連邦議会が設置する下級裁判所に属するとされています。重要なのは第2節で司法権が

---

6) そのため日本では理解しにくい違憲判決が出されます。比較的最近、連邦議会に法律を制定する権限がないとして違憲判断が出された例として、United States v. Lopez, 514 U. S. 549 (1995)（小中高校の周囲300メートルの範囲内に銃器を持ち込むことを連邦犯罪として抑えようとした連邦法が違憲とされた）。他の例として、United States v. Morrison, 529 U. S. 598 (2000)（女性への暴力の抑制を図ろうとした連邦法がやはり違憲とされた）。

及ぶ対象が列挙されているところです。ここでも連邦議会と同様に，連邦裁判所が裁判できる事件はこれらに限られているということです。第1項だけ原文を示しましょう。私のつけた下線部分が特に重要です。

Section 2. The judicial Power shall extend to all Cases, in Law and Equity, arising under this Constitution, the Laws of the United States, and Treaties made, or which shall be made, under their Authority;--to all Cases affecting Ambassadors, other public Ministers and Consuls;--to all Cases of admiralty and maritime Jurisdiction;--to Controversies to which the United States shall be a Party;--to Controversies between two or more States;--between a State and Citizens of another State, --between Citizens of different States, --between Citizens of the same State claiming Lands under Grants of different States, and between a State, or the Citizens thereof, and foreign States, Citizens or Subjects.

　下線部は3つありますが，1番目が**連邦問題**（連邦憲法，連邦の法律，条約に基づく事件，federal question），2番目が連邦政府が当事者となっている事件，そして3番目が**州籍相違事件**（**当事者が異なる州民である事件**，diversity case）で，連邦裁判所に係属する事件の主要なものです（そうそう，最初の下線部に in Law and Equity とあるのに気づきましたか。意味はわかりますね）。

　さらに2点指摘すると，まず，ここには事件や紛争を表すのに Cases と Controversies という言葉が使われており，たとえば違憲審査でも，裁判権が及ぶのは抽象的審査権ではなく，具体的な争いが生じた後の具体的審査権であるとする解釈の根拠となっています。次に，これらは連邦裁判所だけが審理できる事件を列挙

しているのではなく，原則として州裁判所もこれらを審理できるということです。連邦裁判所にだけ専属管轄となる事件とは，連邦法に基づく事件でしかもその法律で専属管轄が明記されたものに限られています。あくまでも基本は州が中心の連邦制度であることがわかります。

▶ 修正条項と人権規定
　合衆国憲法の改正はこれまで27回，そのうち最初の10箇条は1791年に一括して採択された人権規定です。重要な修正条項の見出しだけ並べてみましょう。

第1修正　　信教，言論，出版および集会の自由
第4修正　　不合理な捜索，逮捕，押収の禁止
第5修正　　大陪審の保障，二重の危険，デュー・プロセスおよび財産権の保障
第6修正　　刑事陪審の保障その他刑事上の人権
第7修正　　民事陪審の保障
第8修正　　残酷で異常な刑罰の禁止等
第13修正（1865年）　奴隷制の廃止
第14修正（1868年）　デュー・プロセスおよび平等保護条項等
第15修正（1870年）　人種による差別に対する選挙権の保障
第16修正（1913年）　所得税条項
第18修正（1919年）　禁酒条項　ただし，第21修正（1933年）で廃止
第19修正（1920年）　女性参政権
第20修正（1933年）　レーム・ダック・セッション廃止条項など

これらについて1つひとつ説明することは本書ではできません。ここではアメリカ憲法の入口に立つくらいの説明しかできないのです[7]。

　ただし，世界で最古の成文憲法である合衆国憲法が200年以上の時をへて，わずか27回の修正条項を付け加えただけで現行法として生きていることには，連邦最高裁の力が大きい点を強調しなければなりません。これらの憲法の条文を読んだだけではその意義はわからないのです。実際にはそれについて争われた幾多の判例を読む必要があり，それによって「書かれた憲法」が「生きた憲法」になったのです。本書の残りの2回で，その様子の最も基本的な部分について説明します。

●　蛇足ですが　●

　世界最初の共和国憲法である合衆国憲法にも，18世紀の産物であるという証拠も歴然としています。社会権という発想がないのもそうですが，それ以上に当時存在していた**奴隷制**を前提とする規定が散見されます（現在ではその後の憲法改正で改められています）。

　①第1編第2節第3項は，連邦下院議員の数を各州に割り当てる基準を人口比例としているのですが，その条項に「自由人以外のすべての者の数の5分の3」という表現があります。これは奴隷制の行われていた南部がこのときだけは奴隷も1人と数えるよう主張し，北部はゼロにすべきだとして対立した結果の妥協です。

　②同じく第1編第9節第1項には「連邦議会が人びとの移住および輸入を禁ずることはできない」とする規定があり，ここでも

---

　7)　アメリカ憲法の概説書として，松井茂記『アメリカ憲法入門』（第6版・有斐閣・2008年）参照。

人について輸入という表現が使われていました。

③さらに第4編第2節第3項でも，他州へ逃亡しても元の所有者に権利があり，引き渡さなければならないと定めて，北部へ逃亡してもそれで自由になれるわけではないと明記していました。

よく知られていることですが，奴隷制が廃止されるのは1861年から4年間の南北戦争（Civil War，アメリカ的には内乱という意味です）をへて，第13修正がはっきりと奴隷制の禁止を謳う時点，1865年のことになります。そしてその後も，人種差別問題はアメリカの重要課題になり続けています。しかし，世界が狭くなり，どの国にもさまざまな人種の人が生活するようになると，それはアメリカだけの問題ではなくなりました。

> **今回のポイント**
>
> アメリカがイギリスから独立し，世界でもユニークな連邦国家を樹立する経緯を見ました。政府は何のためにあるか，人民の安全と幸福を守らないような政府ならいらないと世界に宣言してアメリカ合衆国は始まりました。しかも，まず国ありきではなく，州（states）があったのです。その後，寄せ集め的な連合ではなく「いっそう完全な連合体」を作るために連邦憲法が1787年に制定されました。それがいまだに現行法であり，修正箇条を含めて，連邦最高裁の解釈によってアメリカの基本法であり続けています。

第14回

違憲審査制

1 はじめに

日本国憲法は81条で「最高裁判所は，一切の法律，命令，規則又は処分が憲法に適合するかしないかを決定する権限を有する終審裁判所である」と明記し，違憲立法審査権が裁判所にあることを明らかにしています。

連邦制度をとるアメリカでは，やや事情が複雑になります。何しろ，議会も連邦議会ばかりでなく州にもあり，もちろん裁判所も州にもあるからです。そして憲法も連邦憲法と州憲法の両方があります。したがって，違憲審査も3面で考えられます。

①州法が州憲法に反するか否か——これは最終的にその州最高裁が決定します。

②州法が連邦憲法に反するか否か——これは連邦最高裁が決定します。

特に②については，前にも触れましたが，合衆国憲法第6編に最高法規条項があるため，実は，州憲法を含む州法は連邦憲法どころか連邦の法律に反することができません。それについても連邦最高裁が最終的判断者となりますが，このケースでは連邦法違反ということなので，違憲審査とはいえないかもしれません。

③連邦法が連邦憲法に反するか否か

問題は，この③のケースです。というのは，連邦議会が定めた法律とは，大統領が拒否権を発動しなかったという意味で，他の2つの権力が当然憲法に違反しないと判断して制定したものだからです[1]。2対1です。それにもかかわらず裁判所が違憲無効と宣言することのほうが優位に立つ，いったいそれはなぜかが問われます。

「それは憲法に定めてあるからだ」という回答は日本では有効ですが，アメリカではすでに見たように合衆国憲法のどこにもわが国の憲法81条のような内容の文言はないのです（なかったでしょう？）。つまり，日本がとり入れたアメリカの違憲審査権は，実は判例法で作られたものなのです。裁判所が自らそうだといって，それを他の権力も受け入れたということなのです。それって，すごいことだと思いませんか。まさに判例法国の面目，躍如たるものがあるというべきです。今回は，アメリカの違憲審査権の成立と展開に大きくかかわった3つの重要判例を紹介します。

2 *Marbury v. Madison* (1803)

最初の事件は1803年の Marbury v. Madison です[2]。ここには3人，Mで始まる人物が登場し，授業で説明していてよく間違えます。2人は，判例名にも登場するマーベリとマディソン，もう1人は，最高裁首席裁判官としてこの事件を裁いた**マーシャル**（**John Marshall**）です。事件の背景には，例の連邦派対州権派の

---

1) そういう意味では①の州法対州憲法でも同じ問題は起きます。しかし，アメリカの違憲審査制が大きく問題となったのは連邦最高裁が絡む場面であったので，こちらは大きな問題とは意識されませんでした。

2) Marbury v. Madison, 1 Cranch 137（U.S. 1803）.

政治的争いと政権交代がありました。

▶ 事件の背景

　合衆国憲法は 1787 年に作られたわけですが，有効に成立する
には 4 分の 3 以上の州の賛成が必要であり，それが達成されたの
は 1788 年 9 月でした。それから大統領を選び議会を作り，しか
もようやく 1789 年 3 月に開会した第 1 議会では，まず憲法改正
案の発議が行われました。1789 年裁判所法（Judiciary Act of 1789）
も作られました。建国当初はありとあらゆる制度作りが行われて
いたはずです。

　大統領には建国の英雄ワシントン（George Washington）が文句
なく選ばれました。彼は 2 期大統領を務めますが，連邦派対州権
派という争いから超然とした存在といわれ，しかし実際にはハミ
ルトン（Hamilton）など連邦派の人を重用したとされます。その
後 1796 年の選挙で第 2 代大統領に選ばれたアダムズ（John Ad-
ams）は純粋な連邦派で，州権派を弾圧するために Sedition Act
（扇動法）などを作り，連邦派対州権派の争いが激化しました。

　そして，1800 年秋の選挙でアダムズは再選を狙い，それに対
し州権派が担ぎ出したのがジェファソン（Thomas Jefferson）だ
ったのです。このときの選挙で，ジェファソンが勝ち，議会の多
数派も初めて州権派が握りました。アメリカ史上初めて政権交代
が起こったのです。

　そこで連邦派が一計を案じます。司法部だけは連邦派が死守す
ることを考えます。アダムズ大統領の片腕であったマーシャルを
最高裁首席裁判官にするとともに，1801 年裁判所法を制定して
連邦裁判官のポストを大増設し，そこに連邦派の人たちを続々指
名したのです。これが可能になったのは実は憲法の規定にありま

す。というのは，合衆国憲法第1編第4節第2項に，連邦議会は毎年12月の第1月曜日に開会するとあり，1800年12月の連邦議会ではまだ選挙前の人たちが議員だったからです。なぜなら，1788年9月に憲法が成立し，それから選挙が行われたために，連邦議会の議員は（そして大統領も）任期が翌年3月4日から始まり，アメリカの権力分立制度では解散もないため，下院は2年，上院は6年の任期が終了しない限り，選挙があっても議席を失わないからです。その結果，12月から3月3日までは，選挙で敗れた連邦派がまだ多数派だった議会とアダムズ大統領が政権を握り続けることになり，この lame-duck session（傷ついたアヒルのような議員が集まって開く議会）によって，きわめて政治的な裁判官増員が決まったのです。

　もちろん州権派は抵抗したでしょう。その結果，法律が通って大統領が指名しさらに上院で承認する手続が遅れ，最後に回された最下級の治安判事（justice of the peace，日本でいえば簡易裁判所裁判官）については，3月3日までに辞令交付のなされない人が出ました[3]。

　その中の1人がマーベリだったのです。上院の承認も得ているのですから，マーベリは辞令の交付を求めます。しかし，1801年3月4日から大統領となったジェファソンは，国務長官に任命したマディソンに辞令を交付しないよう命じます。その結果が Marbury v. Madison だったわけです。

　マーベリは，最高裁判所に直接訴えて，現政権の非道・違法な行為を主張しました。手続的には，1789年裁判所法13条によって，mandamus（職務執行令状）を出すよう求めたのです。Writ of

---

3)　3月3日の真夜中に辞令交付が間に合った裁判官は midnight judge と呼ばれました。てんやわんやの騒ぎだったことを象徴する言葉です。

mandamus とは，裁量の余地なく当然しなければならないことを怠っている場合にそれをせよと命ずる命令状です。

これを受けた最高裁には，マーシャル首席裁判官がいます。彼は，アダムズ大統領の下で国務長官を務め，いわばこの一連の動きの首謀者です。したがって，何としてもマーベリの訴えを認めたいと考えます。憲法上の任命手続はすべて適法に終了しており，残るのは辞令（紙切れ）の交付だけなのです。それを拒むマディソンら州権派には正当な理由はないはずです。

他方で，マーシャル率いる最高裁が職務執行令状を出しても，マディソンが「恐れ入りました」というはずもありません。彼らはこれら政治的策謀に怒っているのですから。

したがって，マーシャルは窮地に陥りました。マーベリを勝たせなければ自分が最高裁入りした意味はない，しかし，勝たせても辞令交付が実現する見込みはなく，逆にせっかく連邦派が死守した裁判所の権威をおとしめることになる。進むことも退くこともできない状況で，いったいあなたならどうするでしょうか。

▶ マーシャルの発想

実は，マーシャルは 1801 年から 1835 年まで最高裁首席裁判官を務め，その間にアメリカ憲法上重要な判決をいくつも出した人です。何と 1000 件以上の裁判に関与し，その半数以上の 519 の判決を自ら書いています。マーベリ判決も自らが書きました[4]。

進退窮まった状況で，マーシャルが選んだ結論は次のようなも

---

4) 連邦最高裁を訪ねると，売店等が並んでいる地下の大きな通路に，これまた大きな座像が鎮座しています。マーシャルです。彼は，連邦最高裁の草創期にその重要性を高めた人として，おそらくアメリカの法律家で 3 人をあげよといわれれば必ずその 1 人に入る人物です。

のでした。まず，マディソンが辞令を交付しないことの違法性を徹底的に批判する。その後，「しかし」と続けて，マーベリはそれでも勝てないと結論づける。なぜなら，彼が救済を求めるために訴えてきた手続を定めている 1789 年裁判所法 13 条が違憲無効だから，というものです。

　先にも述べたように，マーベリは職務執行令状を請求して最高裁に訴えたのですが，それは 1789 年裁判所法 13 条に，このようなケースではただちに最高裁に訴えてよいと明記してあったからです。

　ところが，合衆国憲法第 3 編第 2 節第 2 項には，「最高裁判所が第 1 審としての裁判管轄権を有するのは，大使その他の外交使節や領事が関係する事件と州が当事者であるすべての事件」と明記されており，その他の事件はすべて上訴審としての裁判管轄権を有すると書かれているのです。言い換えれば，行政府に対する職務執行令状を出すか否かを第 1 審として裁判できるとは書かれていません。要するに，1789 年裁判所法 13 条は合衆国憲法に認められていない権限を最高裁に認めたということであり，憲法に反しているのです。

　その結果，マディソン＝ジェファソン側は勝訴しました。違憲無効とされた法律も，1789 年裁判所法であり，自分たちが主導して作ったわけでもありません。怒ることもできず，やむをえず勝訴を喜ぶほかはありませんでした。

　他方，連邦派にとっては，名を捨てて実を取った形です。しかもこれ以上大きいものはないという果実です。事件は敗訴でしたが，最高裁には違憲立法審査権があるとして，連邦派の支配する裁判所の権威を大きく高めたのです。

　そして，救済の与えられなかったマーベリには，アメリカ憲政

史上永遠に名前を残すという名誉が与えられました。

この事件でのマーシャルの技には，一種の天賦の才を感じない
わけにはいきません。同時に，窮地に陥った依頼人を抱える法律
家は，程度こそ違え同じような状況に陥る場面は少なくないと思
われます。そのようなケースで必要な法律家の資質は何かを教え
ていることは確かです。

もちろん今から見れば，そもそもこの事件の経緯自体に深く関
与していたマーシャルが裁判官として裁くこと自体が問題です[5]。
しかし，なにしろ1803年です。日本では，「この桜吹雪が目に入
らぬか」と奉行席から啖呵を切った遠山金四郎景元はまだ10歳，
北町奉行になるのはその後30年以上たってからです（少しドラマ
と現実を混同したかもしれません）。

3 *Dred Scott v. Sandford* (1857)

第2の事件は1857年のDred Scott v. Sandfordです[6]。実は，
連邦最高裁が連邦法を違憲とするのはマーベリ判決以後これが2
件目なのです。その間，50年以上，違憲審査権を行使しなかっ
たことになります。その背景には，州権派も実際に連邦政府を握
ると，連邦政府は何もすべきでないというわけにいかなくなり，

---

5) 現在，イギリスやオーストラリアでは natural justice（**自然的正義**）とい
う原則が強調されます。それは2つのルールから成り，1つが nobody shall
be a judge in his own cause（自らの事件で裁判官になってはならない）で
あり，もう1つが notice and hearing（通知と聴聞，つまり，当事者の適切
な異議申立ての機会を作るべし）です。アメリカではこの言葉は多用されま
せんが，手続的デュー・プロセスの要件として組み込まれています。マーシ
ャルは前者に反していたことになります。

6) Dred Scott v. Sandford, 19 How. (60 U.S.) 393 (1857).

連邦政府がやらなければならないことはするようになり，そういう意味で現実的になったこと（典型は，ジェファソン大統領が1803年にフランスからルイジアナを購入したことです[7]），当時の連邦政府の活動はそれほど幅広くなかったこと，さらにマーシャルの政治的センスの力によるといわれます。

ともかく第2の事件は1857年のドレッド・スコット判決であり，時代は南北戦争前夜でした。この判決が戦争を引き起こす原因の1つになったともいわれます。

▶ 事件の背景

ドレッド・スコットはミズーリ州の奴隷でした。この事件を理解するには，その当時までの奴隷制の状況を知る必要があります。

前回述べたように，合衆国憲法は奴隷制の存在を前提としていました。自由人という表現が出てくるのもその一例です。建国時の13州は奴隷制を認める南部の奴隷州が6，否定する北部の自由州が7と拮抗していました。北部ではすでに奴隷制反対運動がありましたが，その中心目標はこれ以上奴隷州を増やさないことと，北部へ逃れてきた逃亡奴隷の援助でした。奴隷制廃止そのものは困難だったのです。その後，西部開発が進み，それらが準州から州に昇格する際に，奴隷州になるか自由州になるかが問題となりました。北部・南部の対立は，自然的境界であったオハイオ川の北は自由州，南は奴隷州となって決着していました。1819年までに自由州が4つ増加し，奴隷州が5つ増えて11対11とな

---

7) これを Louisiana purchase と呼びます。このときのルイジアナは，メキシコ湾からカナダ国境まで続く膨大な土地でした。憲法には，大統領の権限としてこのようなことができるとは書かれていないのですが，ジェファソンはアメリカにとって有利な取引を逃す手はないと考えたのです。

りました。

アメリカの地図を見ると、中央部の南北にミシシッピ川、そこから東へ分かれるオハイオ川が大きな川として目立つのがわかります。問題は、州の新設が1819年時点でミシシッピ川に到達したことです。大河の西にはオハイオ川のような自然的境界はなく、ただ大西部が広がっているだけでした。そこで、1820年、ミズーリ州ができるときに、新たなルールを作る必要が生じ、連邦議会は**ミズーリ妥協法**（Missouri Compromise Act、ミズーリ協定法とか互譲法とも訳されます）と呼ばれる法律を作ってそれに対処しました。ミズーリ州は奴隷州とするが、今後はミズーリの南の州境となっている北緯36度30分を基準として北部・南部を分けるというものでした。また、東海岸の最北部に人口が増えたので、そのときメイン州を州に昇格させて、自由州と奴隷州の数の均衡も保ちました。

さて、そこでドレッド・スコットです。彼はその所有者とともにミズーリ州からイリノイ州と上ルイジアナ準州（現在のミネソタ）へ旅し、数カ月滞在してミズーリ州に戻ります。そこで、スコットは自由州への移住によって自分は奴隷でなくなったと主張し、自由人であることの確認を求めて出訴したのです。ミズーリ州の裁判所では敗訴しました。

そこで次の策として、元の所有者がSanford氏（ニュー・ヨーク州市民、なお判例集の表記は誤記らしいのです）にスコットを売却し、その後スコットは再度サンフォード氏のassault（暴行という不法行為）を理由に今度は連邦裁判所へ出訴したのです（diversity of citizenship、州籍の相違を根拠にした訴えです）。これらの経緯を見れば、実はサンフォード氏には暴力的な不法行為を働く理由もないので、明らかにこのような訴訟を作るための工夫だったこと

がわかります。奴隷を自由にするための方策として，裁判を使ったわけです。これが成功すれば，スコットだけの問題ではなく，奴隷全体に大きな影響を及ぼすことを意図した訴訟でした。

　しかし，連邦地裁でもスコットは簡単に敗訴します。そして，上告を受けたトーニ（Roger Taney）首席裁判官率いる最高裁は，次のように述べてスコットの訴えを退けました。

　①黒人は憲法のいう citizen の中に入らず，州籍の相違も問題にならないので連邦裁判所に裁判管轄権はない。スコットの身分は現に居住するミズーリ州法による。上訴棄却。

　②さらに傍論として，仮に本件のような訴えを認めるとすれば，その根拠となっている北緯 36 度 30 分以北で奴隷の所有を禁ずるミズーリ妥協法は，単に自由州に連れて行っただけで奴隷という財産が奪われることになるので，**合衆国憲法第 5 修正のデュー・プロセス条項**に反し，due process of law なしに財産権を奪うもので違憲無効だと明言した。

　かくして，奴隷制に 1 つのくさびを打ち込むための法廷闘争は成功しませんでした。しかし，そればかりでなく，最高裁は傍論ではあるものの，ミズーリ妥協法を違憲と判断しました。それは北部と南部の妥協すら無効だといったに等しく，南北対立を激化させたといわれます。そして奴隷制反対を掲げるリンカーン大統領の登場，1861 年からの南北戦争に至るのです。

4　*Lochner v. New York*（1905）

　3 番目の重要判決は，1905 年の Lochner v. New York です[8]。

前の 2 つの判決と異なり，この判決で違憲無効とされたのは連邦法ではなくニュー・ヨーク州法です。しかし，19 世紀末から1937 年までほぼ半世紀近く続いた **Lochner era**（**ロクナー時代**，この判決名からそう呼ばれます）には，州法や連邦法の違憲判決が続出しました。まさに違憲審査権花盛りの時代になったのです。しかも，この時代の花形はデュー・プロセス条項であり，それによって保護されたのは契約の自由を中心とする経済的自由でした。この時代を象徴するものとして，この判決はすこぶる重要です。

▶ 事件の背景

南北戦争後，合衆国憲法について 3 つの改正がなされました。第 13 修正（1865 年，奴隷制の廃止），第 14 修正（1868 年，デュー・プロセスおよび平等保護条項等），第 15 修正（1870 年，人種による差別に対する選挙権の保障），これらをまとめて **Civil War amendments**（**南北戦争による修正**）と呼びます。

これらの趣旨は一見して明らかです。リンカーンが奴隷解放宣言を出し，戦争が北部の勝利に終わったので，実際に奴隷制を廃止し，奴隷から人になった人たちを，名前を変えた奴隷制の下に置かないような措置がとられたのです。

アメリカ憲法上もこれら 3 つの修正は大きな意義を有します。

①奴隷制は南部諸州で行われていた。そこで，連邦憲法が州の人権侵害を禁ずる要素を大きくとり入れることになった。たとえば，第 14 修正は，はっきりと「nor shall any State deprive any person of life, liberty, or property, without due process of law;

---

8) Lochner v. New York, 198 U. S. 45 (1905).

nor deny to any person within its jurisdiction the equal protection of the laws（いかなる州も，法のデュー・プロセスなしに，何人からも生命，自由又は財産を奪ってはならない。その権限内にあるいかなる人からも，法の平等な保護を奪ってはならない）」と規定する。その対象が any State であることを明記した。

　その結果，連邦政府による人権侵害から人権を守るという合衆国憲法の基本的性格が，同時に州に対する人権保障の道具となることになった。

　②奴隷制という極限的な人種差別が問題とされたので，初めて差別を禁ずるための平等保護条項が憲法に入った。

▶ 差別を禁ずるための

　このうち第1点の重要性はどんなに強調しても強調しすぎることはありません。連邦最高裁が違憲審査権を持つといっても，その根拠になる憲法の規定が必要です。従来，合衆国憲法のほとんどの規定は連邦政府に関するものであり，州法を違憲とする根拠がなかったのです。州法を違憲とするのは州の憲法であり，したがって州最高裁がその最終的な権限を握っていたのです。ところが，第14修正の出現によって，連邦最高裁の違憲審査権の範囲が格段に拡げられました。

　しかも，第14修正のデュー・プロセス条項の対象が解釈によって拡げられ，重要性がさらに倍加します。明らかにこの修正は，解放された奴隷について，（奴隷制を公認してきた）州政府から人権を保障することが制定の契機でした。しかし，文言は，黒人ばかりでなくすべての人を対象としており，この規定を，とりわけ経済的な自由を制約する州法への障壁にしようとする考えがすぐさま出されたのです[9]。

連邦最高裁は，当初そのような試みをすべて退けていたのですが，徐々に態度を変えて第14修正成立後20年の間に，経済活動の重要な担い手である企業活動について州が何らかの規制を行う場合，手続ばかりでなく実体的内容についてもデュー・プロセス条項が問題となりうると判示するに至ります。

次回さらに詳しく紹介しますが，この場合のデュー・プロセスとは手続ではなく，法の実体的内容が憲法に反するという意味なので，**実体的デュー・プロセス** (substantive due process) **法理**と呼びます。

▶ ロクナー判決

この事件では，ニュー・ヨーク州における製パン工場の労働時間規制がデュー・プロセスなしに契約の自由を侵害するとして違憲とされました。ロクナー氏は経営者であり，1日10時間，1週60時間以上働かせてはならないとする州法に違反して起訴され有罪とされました。そこで，この法律自体が合衆国憲法に違反するとして連邦最高裁に上告し，最高裁は5対4で違憲と宣言しました。そのポイントは次のようなことです。

①多数意見は，第14修正の文言には「自由」としか書かれていないにもかかわらず，それに契約の自由が含まれるとし，本件州法の目的と手段の関連性について厳格な審査を行った。この州法は，製パン工場の従業員が長時間労働によって健康を害するの

---

9) その経緯についての詳細は，田中英夫「私有財産権の保障規定としてのDue Process Clause の成立」同『英米法研究(2)』147頁（東京大学出版会・1987年）。See also, Gerald Gunther, Constitutional Law 433-439 (12th ed. Foundation Pr., 1991); John E. Nowak & Ronald D. Rotunda, Constitutional Law §11. 2 (7th ed. Thomson/West, 2004).

を防止することを目的としていると主張されたが，長時間労働と従業員の健康とに「直接の関係」はなく，「実質的な効果」もないとして一蹴した。従業員の健康維持には他の手段もあり，労働時間規制は不要であり違憲であると結論づけた。

　さらに多数意見は，製パン工場の従業員の健康を守るという目的は，実は「虚偽（sham）」だとした。「この種の法律が，実は，他の動機によって制定されているという事実に目をつぶるわけにはいかない」。それが何かといえば，労働者と使用者の間の経済力や交渉力の差を是正しようとする目的であり，それは「単に，純粋な労働法」というほかない。そして，労働法は契約の自由を侵害するものとして違憲だとした。

　②このような多数意見を，自由放任主義と適者生存の社会進化論を勝手に憲法に読み込むものだとして鋭く批判したのが**ホームズ裁判官**である。

> 「第14修正はハーバート・スペンサー氏の社会進化論を制定したものではない。……憲法は特定の経済理論を具体化するために作られたものではない。……**一般的な命題が具体的な事件を解決することはない。**……（問題とされている制定法にまったく合理性がないという場合でない限り，裁判所による勝手な意味を持ち込んでの解釈を許せば），第14修正の自由という言葉はまったく誤った使い方をされていることになる。合理的な人間であれば，本件の法律を労働者の健康に配慮するための適切な手段だと考えることは十分可能である。」

　このホームズの反対意見には，後に**司法消極主義**と呼ばれる態度，立法部の判断に対する司法の謙抑性を強調する立場が明らかです。彼は先例に基づく裁判のあり方を説き，自由を制約する措置がこれまでも合憲とされてきた例をいくつもあげました。日曜

を安息日として働くことを禁ずる日曜休業法（Sunday laws），一定以上の高利を禁ずる暴利禁止法（usury laws）などです。しかし，ロクナー時代に彼の考えは少数意見に終わり，彼が亡くなった後，1937年になって最高裁はようやくその立場を180度転換します。ホームズは"great dissenter（偉大な少数意見者）"と呼ばれました。また，違憲審査に消極的な司法消極主義がこの時代には進歩的だと評価された点にも注目すべきです。

●● 蛇足ですが ●●

　アメリカの権力分立制度は，連邦制度がとられているため複合的になっています。今回も強調したように，アメリカの政治的な争いの基本には建国以来，今でも連邦派と州権派の対立があります。たとえば，民主党政権で医療保険の国民皆保険化が提案されていますが，それに反対する勢力は，連邦政府がそれだけ巨大になることへの恐れも必ず主張します。しかし，誤解してならないのは，州権派も，決して州政府が巨大になって何でもやることを期待しているわけではないということです。第14修正のデュー・プロセス条項について述べたように，そこでは州政府が何かをしようとしたときにそれを妨げる役割が連邦憲法にあてがわれていました。

　要するに，アメリカの連邦制度とは，連邦と州とが互いに牽制して権力を分立させる制度です。しかも，連邦政府，州政府それぞれの内部で，さらに，立法・行政・司法の三権分立が行われています。これらの仕組みはすべて，いずれかの権力が巨大になって個人を押しつぶすことがないようにするための制度的工夫です。

　独立宣言にあったように，最も大事なものは個人であり，その自由を守るためにこそ政府は存在し，自由を制約するようなら政

府はいらないし，むしろ廃止すべきものになります。そのような考えが極端に走ったのがロクナー時代だといえます。陪審制度を正当化するのも，個人の生活に最も身近なコミュニティを守るためだとされており，元々，当事者の自由を守るために作られた制度であったことも想起されてしかるべきです。

今回のポイント

何といっても最大のポイントは，アメリカにおける違憲審査権が最高裁自身の判例法に基づくという点です。先例となったマーベリ判決自体，そもそも政権交代の嵐の中で生まれ，政治と法の関わりを強く意識させた事件でした。2番目のドレッド・スコット判決も，さらに3番目に紹介したロクナー判決も，アメリカにおける政治と法の関係を考えさせます。この点について，ハーヴァード・ロー・スクールでアメリカ法史を講ずるホーウィッツ（Morton J. Horwitz）教授は次のように述べています[10]。

「法と政治を分離させたい，これは，これまで常にアメリカの法思想家が望んできたことであった。『多数者による圧制』という脅威に常におびえる特異な民主的政治文化の下で，アメリカの法律家たちは，独立革命以来，政治に汚されない法の自律的システムという観念のうちに，『人による統治ではなく，法による統治』を具体化しようと努めてきた。

法と政治の間の闘争は，アメリカ史上，さまざまな形をとって現れた。……法と政治の論争自体が，多数者の専制に対する恐れの1つの表現であり，この恐れはアメリカの法思想および政治思想の一貫したテーマとなった。独立革命期とその後しばらくの間は，多数派の専制という問題は，文化的・政治的・経済的支配に負けない強

10） モートン・J.ホーウィッツ（樋口範雄訳）『現代アメリカ法の歴史』7頁（弘文堂・1996年）。

さで，宗教的支配の恐れとして語られていた。だが，最大の恐れの対象といえば，それは**富の再配分と平準化**だった」。

これは，政府が介入して何らかの富の再配分を行うような行為はすべて「政治」であり，法はそれとは截然と立場を異にしなければならないという態度の表れです。自由を守る法は時に「政治」に抵抗する有力な手段となり，その際に憲法とそれに基づく違憲審査権が「政治」を覆す道具となったのです。しかし，ホーウィッツ教授の著書は，そのような考えの限界もまた明らかにしています。

第15回

実体的デュー・プロセス

1 はじめに

アメリカ合衆国憲法については多くの説明すべき事柄があります。たとえば，広告宣伝の自由まで対象範囲に含む表現の自由をめぐる諸判例（第1修正をめぐる事件です）や，同じく第1修正では宗教の自由や政教分離にかかわる多くの判例があります。第4修正の不合理な捜索・押収をめぐる判例や，第6修正の列挙する被疑者や被告人の権利をめぐって争われた判例の数々も同様です。しかし，何もかも本書でふれることはもとよりできないので[1]，本書の最後に，実体的デュー・プロセス法理を取り上げることにします。ここでも，連邦最高裁がいかに重要な役割を果たしてきたかがわかると思います。

合衆国憲法にはデュー・プロセス条項が2つ存在します。 1つは連邦政府に対する制約として（第5修正），もう1つは州政府に対する制約として（第14修正）。文言はほぼ同一で，「何人からも，法のデュー・プロセスによらずに生命，自由または財産を奪ってはならない」と規定しています。原文では，deprive any person of life, liberty, or property, without due process of law というこ

---

1) アメリカ憲法上のさまざまな問題を概観するには，松井茂記『アメリカ憲法入門』（第6版・有斐閣・2008年）を参照してください。

とが禁じられているのです。

　かつては「法のデュー・プロセス」を「法の適正手続」と訳したことがありました。「プロセス」とは，何であれ一定の目的遂行のための過程，工程，手順を意味し，「デュー」とは，当然そうあるべき状態を指す形容詞で，「正当，適正，しかるべき」というような意味を持ちます。さらに，法律用語としての「プロセス」には，訴訟手続の意味があり，特に「訴状」を意味する場合もあります。Service of process といえば訴状の送達を意味し，process agent といえば，送達代理人を指すのです。したがって，「法のデュー・プロセス」を「法の適正手続」と訳すのは，この言葉本来の意味からすればまさに正当であるはずです。

　ところが，アメリカ憲法上のデュー・プロセスは，適正手続にとどまらない内容を持つに至りました。手続の適正ばかりでなく，法の内容（実体）もまた適正であることを要求する条項となったのです。もちろん連邦最高裁の憲法解釈を通して。その結果，「法の適正手続」という訳は，デュー・プロセス条項の意味するもののうち，**手続的デュープロセス**（procedural due process）を意味するケースでは適訳ですが，一般的な訳としては不適当（undue）となりました。両者を含む意味で「法の適正な過程」という訳もありますが，ここででは，カタカナ書きでデュー・プロセス条項とし，デュー・プロセスが，**実体的デュー・プロセス**（substantive due process）をも意味するようになった経緯とその現状を紹介します。

　実体的デュー・プロセスと手続的デュー・プロセスの違いについては，次のような教科書設例を見るのがわかりやすいと思います[2]。

▶ 設　例

　エイズに感染した患者を直ちに強制入院させるという法律をある州で作ったとする。その内容は，エイズの疑いが出てきた患者について，いっさい反論や不服申立てを許さず一方的に強制入院措置をとるもので，2人の医師がエイズの疑いありとすることだけを要件としていた。このような法律が制定されたとすると，アメリカ憲法の下では，手続的デュー・プロセスにも実体的デュー・プロセスにも反するものとして違憲無効とされる。

　まず，手続的デュー・プロセス条項は，政府の行為により不利益を受ける対象者に通知と聴聞の機会を与えることをその基本的内容として要求する。いわゆる "notice and hearing（通知と聴聞）" という要件である。したがって，仮に，この法律が，強制入院措置をとる前に，①裁判所の手続によりエイズに罹患していることが確認されること，②対象者には弁護人が付けられ，裁判のようなタイプの審理が保障されること，さらに③いったん不利な決定がなされても，上訴の機会が保障されること，などの慎重な手続を定めているなら，手続的デュー・プロセスの要件は満たされることになる。

　ところが，これだけでは実体的デュー・プロセスの要件を満たしていないとされる。人身の自由を大きく制約する法律については，**厳格審査**（strict scrutiny）が適用される。そして，仮にエイズの拡大を防止するという目的が「やむにやまれぬ正当な政府の目的（compelling governmental interest）」だと認められたとしても，そのための手段が「最も人権侵害にならないようなもの（the least restrictive means）」でなければならず，本件では，少なくとも強制入院措置のような人身に直接重大な影響を及ぼす手段よりほかの適切な手段があると考えられる。たとえば，エイズ

---

2)　ここでの例は Allan Ides & Christopher N. May, Constitutional Law: Individual Rights 57（4th ed. Aspen, 2007）にある例を少し変えて利用しています。

を感染させるおそれのある行為について一定の行為規制（避妊具の使用など）など強制入院より緩やかな措置がいくつもありうる。そうだとすると，たとえ手続的デュー・プロセスを満たすような慎重な手続が定められていたとしても，この法律は（実体的）デュー・プロセス違反として違憲とされる。

2　ロクナー時代の実体的デュー・プロセスとその終焉

前回紹介したように，19 世紀末から 40 年以上，いわゆるロクナー時代が続きました。デュー・プロセス条項に基づき，連邦最高裁がさまざまな経済規制立法や社会立法を違憲としたのです。ロクナー時代の判決には次のようなものがあります。

① Allgeyer v. Louisiana（1897）[3]──ルイジアナ州の財産について，ルイジアナ州法に則っていない保険会社の損害保険を付けることを刑罰をもって禁ずる法律が違憲とされた。

② Lochner v. New York（1905）[4]──ニュー・ヨーク州の製パン工場での労働時間を 1 日 10 時間，1 週あたり 60 時間に制限する州法が違憲とされた。

③ Adair v. United States（1908）[5]──州際通商条項に基づき，鉄道会社が従業員と結ぶ黄犬契約（yellow dog contract＝組合加入を禁ずる契約条項）を禁止した連邦法が，契約の自由をおかすとして，デュー・プロセス条項に反するとされた。判決の中で，契約

---

3)　Allgeyer v. Louisiana, 165 U. S. 578（1897）.

4)　Lochner v. New York, 198 U. S. 45（1905）.

5)　Adair v. United States, 208 U. S. 161（1908）. 連邦法であるため合衆国憲法第 5 修正のデュー・プロセス条項違反とされています。

の自由こそ原則で規制は例外であり，制約が正当化されるのはきわめて例外的な場合だけだと宣言されている。同じく，Coppage v. Kansas（1915)[6]では，同趣旨の州法が違憲とされている。

④ Adkins v. Children's Hospital（1923)[7]——女性労働者に対する最低賃金を定めた首都ワシントンでの法規制が違憲とされた。

▶ ロクナー時代の終焉と憲法革命

ロクナー時代を終わらせる契機になったのは 1929 年に始まる大恐慌です。自由主義を極限にまで進めた経済も，恐慌で破綻したからです。ところが，1936 年には女性労働者の最低賃金を定めるニュー・ヨーク州法がデュー・プロセス違反で違憲とされ[8]，さらにフランクリン・ルーズベルト大統領の下で推進されたニュー・ディール諸立法が合衆国憲法上の根拠を欠くという理由で違憲とされるなど，連邦最高裁が州や連邦政府の経済規制立法を違憲とする動きは続いていました。

1936 年，圧倒的多数の投票で再選されたルーズベルト大統領が打ち出したのが court packing plan（裁判所抱込み策）です。最高裁判所の違憲判決の多くが 5 対 4 で出されており，このプランは最高裁裁判官の増員を骨子とし，ニュー・ディール政策に好意的な新たな裁判官の選任を認める内容でした。

そこに出されたのが 1937 年のウェスト・コースト・ホテル（West Coast Hotel）判決でした[9]。女性や少年労働者について最低賃金を定めるワシントン州法が問題となり，1923 年のアドキン

---

6) Coppage v. Kansas, 236 U. S. 1（1915). 州法なので合衆国憲法第 14 修正のデュー・プロセス条項に反するとされました。

7) Adkins v. Children's Hospital, 261 U. S. 525（1923).

8) Morehead v. New York ex rel. Tipaldo, 298 U. S. 587（1936).

9) West Coast Hotel Co. v. Parish, 300 U. S. 379（1937).

ス（Adkins）判決[10]で同趣旨の法律が違憲とされていたことからすれば当然違憲となるはずですが，5対4で合憲とされたのです。その後，この判決を契機として，ニュー・ディール立法についても連邦議会の立法権限内にあるとして合憲判決が出されるようになり，明らかに流れは変わりました。言い換えれば，連邦最高裁は憲法解釈を自ら大きく変更したのです。これは**1937年の憲法革命**（Constitutional Revolution of 1937）とさえ呼ばれました。

ウェスト・コースト・ホテル判決以降，デュー・プロセス条項の意義はこう変わりました。

①契約の自由はこの条項が保護する自由に含まれるものの，基本的な自由とはもはやいえないので厳格審査を必要としない。**合理性審査**（rational basis test）だけ行う。

②契約の自由を規制する法律を審査する際に，裁判所が自らの判断（それが賢明か否かの判断）を立法部の判断に代えて行うことはしない。法律の合憲性が推定される。

③当事者間の経済力・交渉力を是正し，弱者に救済を与えようとする目的の立法についても，公共の福祉に関係しないとして違憲無効とすることはない。

その後現在に至るまで，経済的自由について実体的デュー・プロセス違反とされた例はありません[11]。

---

10)　Adkins v. Children's Hospital, 261 U. S. 525 (1923). このウェスト・コースト・ホテル判決で明示的に判例変更されました。

11)　松井・前掲注1）284頁。

3 実体的デュー・プロセスの新たな活躍の場面

このようにして，ロクナー時代は過去のものとなりました。それとともに実体的デュー・プロセス法理も終わりを告げたのでしょうか。それに一定の回答を与えたのが，1938 年のカロリーヌ・プロダクツ（Carolene Products）判決でストーン裁判官による判示に付けられた脚注 4 です[12]。

この事件自体は，牛乳に似せた脱脂ミルクの販売を禁止する連邦法について，州際通商条項に適正に基づく法律といえるか，デュー・プロセス条項に反しないかが争われたものです。連邦最高裁は，合理性審査基準を適用してこの法律を簡単に合憲としました（反対は 1 人のみ）。それ以上に，多数意見を書いた**ストーン**（Harlan F. Stone）**裁判官による脚注 4** がその後に大きな影響を与えることになりました。そこでは，次の 3 つの例外的な場合には厳格な審査が行われうると述べられていたからです。

①当該法律が，文面上，憲法の明示的な禁止規定に反するように見える場合。例としては，第 1 修正以降の人権規定に明らかに反するもの，たとえば，言論出版の自由を禁止すると定めているような場合。

②不適切な法律を改廃するために通常予想される政治的過程自体を制約するような法律。たとえば，投票権を侵害するような場合。

③明確に区分された少数者をねらい打ちし，その人たちが自らに向けられた偏見や不利益のために，通常の政治過程では保護を

---

12) United States v. Carolene Products Co., 304 U. S. 144 (1938), at 152-153 n. 4.

受けられないような場合。

これら3つの類型のうち，後者2類型は，実体的デュー・プロセス条項の問題ではなく，**平等保護条項**の問題として扱われるようになります。②類型では，投票権の平等が問題となり，③類型では，人種その他政治的少数者と呼ばれる人たちへの差別的取扱いが問題とされたからです。しかし，①類型は，平等の問題以前に，憲法が明示的に保障する権利の侵害が問題となっており，それがデュー・プロセス条項の保護する自由にあたるとされて，実体的デュー・プロセス法理が活用される途を残しました[13]。

ただし，この時点では，あくまでも憲法の明文規定で保障されている人権（たとえば言論の自由）だけが例外的に厳しい審査基準の対象であるとされていました。明文で記されていない自由や権利の規制は，契約の自由など経済的自由と同様に合理的審査基準で判断されるわけです。

ところが，1960年代半ばになって，経済的自由以外の個人の自由の分野で，しかも憲法の明文規定に定めていない自由や権利について，実体的デュー・プロセス条項の保護を及ぼす判決が現れます。その最初がグリズウォルド（Griswold）判決です[14]。

▶ 実体的デュー・プロセスの復活

グリズウォルド判決で問題となった法律は，避妊具の使用やそれを勧めることを禁ずるコネティカット州法でした。連邦最高裁

---

13) この問題は，合衆国憲法第1修正から第8修正に明記された人権が，第14修正のデュー・プロセス条項の保護する自由にすべて組み込まれて，州による人権規制に対して実体的デュー・プロセス法理が働くか否かという点と重なる問題です。これについては，今回の蛇足を参照してください。

14) Griswold v. Connecticut, 381 U. S. 479（1965）.

は，7対2でこの法律を婚姻生活におけるプライバシー（marital privacy）を侵害するものとして違憲としました。多数意見は，プライバシーという文言は合衆国憲法にないものの，多くの条項から当然に浮かび出てくるものだとしたのです。デュー・プロセス条項の「自由」だと簡単にいってしまえば，ロクナー時代への復帰ととられかねないこと，他の条項に基礎があるといえば，ストーン裁判官の脚注4の例外の①類型にあたると考えられることなど，そこには苦心の跡がうかがわれます[15]。

　その後，連邦最高裁は，プライバシーと呼ばれる，一定範囲で自己決定を認めるべき領域を侵害する法律について厳格審査を行うようになります。しかも，多くの条項から浮かび出てくるというような当初の説明（penumbra doctrine＝半影法理とも呼ばれました）は徐々に捨てられ，結局，それらは実体的デュー・プロセス条項が保護する基本的自由にあたると明言するになりました。

　それは，最も個人的で私的な問題については，政府などほかからの介入や干渉なしに当事者が自由に選択できるということであり，**個人の自己決定**（personal autonomy）とも呼ばれています。以下，それらの具体例を列挙します。

▶ 婚姻と家族のあり方に関する自己決定権

　そもそもグリズウォルド判決自体が夫婦の営みに関係していました。その後，連邦最高裁は，異人種間の婚姻を禁ずるヴァージニア州法を違憲と宣言した判決で，婚姻の自由を「最も基本的な市民的自由の1つ」と呼びます。ただし，この分野ではデュー・プロセスと平等保護条項の連携が見られます。具体的には以下の

---

15) See Ides & May, supra note 2, at 73-76.

ような判例です。

① Loving v. Virginia（1967）[16]——異人種間の婚姻禁止法。合衆国憲法第14修正の平等保護条項により違憲。

② Zablocki v. Redhail（1978）[17]——前婚等による子どもの扶養料を支払わないままで，新たに結婚しようとするのを禁ずるウィスコンシン州法。やはり平等保護条項違反で違憲。

③しかし，未婚であることを社会保障給付の要件とし，結婚すると給付が受けられなくなるという規定は合憲[18]（ただし，このケースでは，給付は比較的低額のもので，生存を保障するための最低限度の保障という趣旨のものではなかった）。

④同様に，どこの州でも定められている婚姻の最低年齢や再婚のための待婚期間などの規制を違憲とする判例はない。

⑤また，近親婚の禁止や重婚禁止を違憲とする判例はない。現在，大きな問題となっているのは同性婚（same sex marriage）である。2003年にマサチューセッツ州最高裁が同性婚禁止法を州憲法上違憲とし，合理性審査をパスしないと判示したのに対し[19]，2006年にニュー・ヨーク州最高裁は同性婚禁止法を合理性審査で合憲とした[20]。さらに2009年，カリフォルニア州最高裁は，同性婚を禁ずる州民投票を合憲としたが，他方で，州民投票による法律ができるまで認められてきた同性婚は有効とした[21]。近い将来，連邦最高裁において，合衆国憲法上，同性婚の可否が争わ

---

16)　Loving v. Virginia, 388 U. S. 1（1967）.

17)　Zablocki v. Redhail, 434 U. S. 374（1978）.

18)　Califano v. Jobst, 434 U. S. 47（1977）.

19)　Goodridge v. Dept. of Public Health, 798 N. E. 2d 941（Mass. 2003）.

20)　Hernandez v. Robles, 7 N. Y. 3d 338（2006）.

21)　Strauss v. Horton, Cal. Sup. Ct. May 26, 2009.

れる事態もありうる。

　家族のあり方については，次のような憲法判例があります。アメリカでは多くの自治体が住宅地域規制条例で，一定地域を家族の住宅地域として指定しているところが多いのですが（zoning と呼びます），オハイオ州のある市では，そこでの家族の定義を細かに規定しており，ある高齢の女性が，息子と孫（孫同士は兄弟ではなく従兄弟であった。すなわち孫のうちの 1 人は息子の子ではなかった）と一緒に暮らしていたところ，孫のなかに息子の子でない 1 人が入っているのはこの規定に反しているといわれました。この事件は連邦最高裁まで争われ，家族のあり方に関するこのような規制は，実体的デュー・プロセス違反とされました[22]。

　子どもと同居していない家族が，子どもへの訪問面会権（visitation）を求めるケースが憲法事件となる場合もあります。一般的に多く問題となる状況は，夫婦が離婚してどちらかが子どもの監護権を持った場合，監護権を持たない配偶者のほうの親（つまりその子どもから見れば祖父母）が孫に会いたいと願うケースです。監護権を持つ親がそれを認めないケースでは，法の力で訪問権を得たいとする運動が起こり，アメリカではどの州でも祖父母の訪問権を認める法律があります。ワシントン州はその中でも最も緩やかな定めを置き，それが子の最善の利益にかなうと判断する場合，裁判所は誰に対してもいつでも訪問権を認めることができるとしていました。このワシントン州法が問題となった 2000 年の連邦最高裁判決では[23]，父が死亡し，残された母は，2 人の娘が父方の祖父母と会うのを月に 1 度，お泊まりはなしと制限しまし

22）　Moore v. City of East Cleveland, 431 U. S. 494 (1977).

23）　Troxel v. Granville, 530 U. S. 57 (2000).

た。祖父母が訴えて，州の第1審裁判所が，月に2日間（泊まり
あり），祖父母の誕生日にそれぞれ4時間，夏休みには1週間の
訪問権を認めましたが，連邦最高裁はこれは子の生活について親
が決めるという親の権利への不当な介入を認める点で実体的デュ
ー・プロセス違反であるとして6対3で違憲判決を下しました
（ただし，その趣旨は，一般に〔親が反対するのに〕祖父母の訪問権を認
める法律をすべて違憲としたわけではありません）。

▶ 妊娠中絶の自由

　先に述べたように1965年のグリズウォルド判決では夫婦によ
る避妊具の使用を禁ずる州法が違憲とされました。そこでは，
「夫婦の寝室という神聖な領域」への政府の介入をもってプライ
バシーの権利の侵害としたわけですが，同時に，避妊の禁止は子
を産むように強制する効果を持っているので，避妊具の使用につ
いての憲法上の保障を夫婦に限らず未婚のカップルや未成年者を
も含むよう対象を拡げていく中で，1972年に，実体的デュー・
プロセス条項が保護しているのは実は「子を持つか持たないかの
自己決定権」だと認めるに至りました[24]。

　この自己決定権は，中絶禁止法によっても阻害されていること
は明らかであり，1973年の有名な判決 Roe v. Wade を生み出す
のです[25]。そして，現在に至るまで，中絶を禁止して生命を守れ
と主張する pro-life 派と，女性の選択・自由を認めるべきだとす
る pro-choice 派の間で激しい闘いが続いています。

---

[24]　Eisenstadt v. Baird, 405 U. S. 438（1972）（未婚のカップルについて）。未
　　成年者について認めたのは，Carey v. Population Services, Intl., 431 U. S.
　　678（1977）です。

[25]　Roe v. Wade, 410 U. S. 113, 153（1973）。

ロー判決では，母体を救うために必要な場合以外はいっさいの中絶を禁ずるテキサス州法が問題となり，7対2で違憲判決が下りました。子を持つか持たないかを決める重要な個人の自己決定を大きく制約するとして厳格審査が適用され，州政府は，規制を正当化する「やむにやまれぬ利益（compelling interest）」として母体の保護と胎児の保護を掲げたものの，連邦最高裁は，妊娠を3期に分けて，第1期についてはどちらの利益も「やむにやまれぬ」ものといえないとしました。そこでは中絶禁止は違憲です。しかし，第2期には母体保護が正当目的となり，母体の安全のための規制は許されます。さらに第3期には胎児の保護が正当目的となって中絶禁止も合憲となるというわけです。このような憲法判断の枠組みが提示され，一定の範囲で女性の自己決定権が実体的デュー・プロセス条項により保護されることになりました。

　しかし，よく知られているように問題はこれで終わりませんでした。この後，各州はさまざまな「手続的」規制を打ち出し，それが不当な負担となって自己決定を阻害するほどのものか否かの憲法判断が続々と求められる事態となりました[26]。

◎合憲とされた手続的規制

　①女性から文書による同意を得ること。

　②医師に中絶手術の記録を義務づけること。

　③胎児の一部を病理学者によって検査させること。

　④十分な判断力のある未成年者ではないケースでは，親の同意を得るか，または裁判所の許可を得ない限り，両親に手術の48時間前に通知すること。

●違憲とされた手続的規制

　①医師に対し胎児の状態について詳細に説明する義務を課すイ

26）　See Ides & May, supra note 2, at 94-97.

ンフォームド・コンセント規定。

②成人女性に24時間の待機期間を義務づける規定。

③中絶を一定の病院と診療所だけに限定する規定。

④医療費が安価ですむ，一定の中絶手法を禁ずる規定。

⑤十分な判断力があるか否かを問わず，未成年者に親の同意か裁判所の許可を義務づける規定。

⑥医師に対し，中絶をした女性に関する個人情報を州に提供するよう義務づける規定。

中絶問題は大統領選のテーマともなるなど政治問題化し，1990年代になると共和党の大統領が指名した裁判官が連邦最高裁入りし，いわゆる保守派が多数となってロー判決を覆すことが予想される事態となりました。大きな注目を浴びたのが1992年のPlanned Parenthood of Southeastern Pennsylvania v. Casey判決です[27]。

問題となったペンシルバニア州法は，以下のような規定を含んでいました。

イ）医師に対し胎児の状態について詳細に説明する義務を課すインフォームド・コンセント規定。

ロ）24時間の待機期間を義務づける規定。

ハ）十分な判断力のない未成年者について親の同意を義務づける規定。ただし，例外的に裁判所の許可を求める手続がある。

ニ）医師に対し，中絶の記録と州当局への情報提供を義務づける規定。

---

27) Planned Parenthood of Southeastern Pennsylvania v. Casey, 505 U.S. 833 (1992). この判決については，樋口範雄「妊娠中絶と合衆国憲法」憲法訴訟研究会＝芦部信喜編『アメリカ憲法判例』269頁（有斐閣・1998年）参照。

ホ）夫への通知を義務づける規定。

　連邦最高裁は，このうち最後の夫への通知を義務づける規定だけを違憲とし，他はすべて合憲としました（違憲とする先例があるものについてはそれらを判例変更）。しかし，5対4の僅差でロー判決の最も基本的な部分は維持すると述べました。それは一定の限られた範囲ではあるが，女性には子を産むか中絶をするかの自己決定権があり，それは憲法上の権利だという部分です。ただし，ロー判決でとられた妊娠を3期に分ける区分は廃棄され，それに伴う第1期および第2期の規制について厳格審査をすることもやめて，新しい「不当な負担テスト（undue burden test）」が宣言されました[28]。これは，州による規制が，女性に対し中絶を選択する決定を行うのに不当な負担を課すとされれば違憲となるというものです。新しいテストでは，規制目的としては出産を促すよう説得するのも正当とされ，規制の効果としても中絶禁止に匹敵するようなものだけが「不当な負担」となるとされ，厳格審査に比べると大きな後退を意味していました。

▶ 医療の場面での自己決定権

　現在，自己決定権という言葉が用いられる文脈はわが国でも医療に関する場面が多いですね。妊娠中絶に関するロー判決も広い意味では医療の場面を問題としていました。妊娠中絶という特殊な場面ではありますが，そこでは一定の医療を求める憲法上の権

28）　不当な負担テストを提唱したのは，この判決では3人の裁判官だけでしたが，Stenberg v. Carhart, 530 U. S. 914（2000）で6人の裁判官がこのテストを支持し，中絶規制に関する審査基準として確立しました。

利を認めていることになります。

　しかし，通常，これまで医療の場面で自己決定権が問題となる状況は，特定の治療を要求するのではなく拒否する場面でした。治療拒否権としての自己決定権であり，医師対患者という文脈で，インフォームド・コンセントの権利として患者が医師の勧める治療を拒否する権利（同意を与える権利）があると論じられることが多かったのです。ただし，これは基本的に私法上の問題です。これに対し，憲法上の権利として特定の治療を拒否する権利が問題となった判決としては，次のような例があります。

　① 1905 年の Jacobson v. Massachusetts[29) では，天然痘の強制予防接種制度の合憲性が問題となった。連邦最高裁は，結論として強制接種を合憲としたが，市民には望まない治療を拒否する自由があることは認めた。

　② 1979 年の Parham v. J. R.[30) では，州立精神病院に未成年者を入院させる際に親の意思と一定の簡易な手続だけでよいとされていることが問題となった。連邦最高裁は，これを違憲とした原審を破棄したが，大前提として，患者に不必要な治療を受けない権利があることは認めた。

　③ 1990 年の Washington v. Harper[31) では，刑務所内の向精神薬の処方が問題とされ，連邦最高裁は，受刑者が自傷他害のおそれが強い精神障害である場合，薬剤の強制も違憲といえないと判断したが，その前提として，受刑者であっても向精神薬の強制処方を受けない自由や権利が認められるのは当然とした。

---

29)　Jacobson v. Massachusetts, 197 U. S. 11 (1905).

30)　Parham v. J. R., 442 U. S. 584 (1979).

31)　Washington v. Harper, 494 U. S. 210 (1990).

④ 1990 年の Cruzan V. Director, Missouri Dept. of Health[32)]では，交通事故で植物状態になった娘の栄養と水分補給をやめて尊厳死を認めてくれるよう求めた両親に対し，ミズーリ州は，それが本人の意思であるという「明白かつ説得力ある証拠」がない限り認められないとした。これに対し，それが不当な憲法上の人権侵害であるとして連邦最高裁に上告がなされた。連邦最高裁は5対4で州最高裁判決を支持したが，多数意見は，たとえ死を招くことが予想される場合でも本件のような治療を拒否する権利が憲法上認められるか否かについて，判断能力のある者にそれが認められると「仮定」しても，実際に本件では植物状態患者が問題となっており，治療拒否の判断に「明白かつ説得力ある証拠」を要求しても合理的だと結論づけた。

⑤治療を拒否するのではなく，より積極的に医師の手助けを得て「死ぬ権利」があると主張された事件が，1997 年の Washington v. Glucksberg[33)] と Vacco v. Quill[34)]である。前者では，医師による自殺幇助を犯罪とするワシントン州法が，デュー・プロセス条項に違反すると主張され，後者では同様のニュー・ヨーク州法が平等保護条項に違反すると論じられた。しかし，連邦最高裁は，自殺を助けてもらう権利はデュー・プロセス条項の保護する基本的自由には含まれないと判示し，平等保護条項が問題とされた後者のケースでも，基本的な権利も人種のような疑わしい区分も問題になっていない以上，合理性審査が適用されるとして，生命維持治療を拒否することと，積極的に薬剤を処方してもらうな

---

32) Cruzan v. Director, Missouri Dept. of Health, 497 U. S. 261 (1990). 解説として，樋口範雄「植物状態患者と『死ぬ権利』」ジュリスト 975 号 102 頁（1991 年）。

33) Washington v. Glucksberg, 521 U. S. 702 (1997).

34) Vacco v. Quill, 521 U. S. 793 (1997).

ど自殺の幇助をしてもらうのを区別することは論理的でもあり重要でもあると述べた[35]。

● 蛇足ですが ●

合衆国憲法にデュー・プロセス条項は2つありましたね。この関係は，第5修正が連邦政府に対する制約として，第14修正が州政府に対する制約として働くという意味で，明快に役割分担がなされています。しかし，その内容について注意すべき点があります。というのは，たとえば，インターネット上で政治的主張をすることにつき連邦法で規制すれば第1修正の保障する表現の自由を侵害しないかが問題となります。では同じことを州法で規制した場合はどうでしょうか。

第14修正が制定されるまでは，これは州憲法による違憲審査があれば十分とされていました。しかし，第14修正が制定されて，州はデュー・プロセスなしに自由を奪ってはならないと規定されたので，その自由には表現の自由も含まれて当然という考えが生まれます。そのような考え方からは，第1修正から第8修正までの人権規定で保障されている自由はすべて第14修正のデュー・プロセス条項が保障する自由に含まれることになりそうです。これは第5修正のデュー・プロセス条項では問題にする必要のない論点です。

結論からいうと，連邦最高裁は，第1修正以降の人権規定がす

---

35) アメリカではオレゴン州とワシントン州で，PAS（physician assisted suicide＝医師による援助を受けた自殺）と呼ばれる行為がそれぞれ州法によって適法とされています。これらについては，参照，久山亜耶子＝岩田太「尊厳死と自己決定権——オレゴン州尊厳死法を題材に」樋口範雄＝土屋裕子編『生命倫理と法』51頁（弘文堂・2005年），See, First Death Under Washington Assisted-Suicide Law, May 22, 2009 New York Times.

べて組み込まれるという立場ではなく，アメリカの市民的自由の
システムにとって「基本的（fundamental）」なものだけを**選択的
に組み込むこと**（selective incorporation）にしました。

　ただし，判例法の発展により，選択の幅が徐々に拡大し，人権
規定のほとんどが組み込まれています。組み込まれていないもの
の例は，第5修正の大陪審の規定や，第7修正の民事陪審の権利
などです。

　この結果，合衆国憲法の人権規定は連邦政府に対しても州政府
に対しても効果を発揮するものになっています。

今回のポイント

　実体的デュー・プロセス法理の生成と展開を見ると，いかに連邦
最高裁の解釈で合衆国憲法の内容が変化してきたかがわかります。
デュー・プロセス条項自体は，簡単な文章にすぎません。そこに契
約の自由がからみ，さまざまな場面での自己決定権のあり方が反映
されます。しかも，違憲審査権を行使する基準となるのですから，
議会も大統領もどうしようもないことになります。これまでいかに
連邦最高裁が大きな影響力を持ってきたかがわかります。それだけ
に裁判所のあり方はアメリカ憲法の最重要課題となってきました。
司法消極主義をとるべきか否か，憲法の解釈原理は何か等々。

　もう1点，本書を通じて明らかにしたかったのは，アメリカで
は法を語ることが自由を語ることだということです。契約の場面，
不法行為法の場面，そして憲法の場面，いずれにおいてもそこでは
自由の重要性が問題となっています。翻って，わが国では法を語る
ことは規制を語ることではないでしょうか。規制か制裁か，いずれ
にせよ法が自由を守るものではなく，自由の対極にあると感じられ
ることが多いのではないでしょうか。

　最後に，自由を守るためという点もそうですが，法や裁判が，当
事者限りの問題ではなく（それももちろん重要ですが），それによって

当事者以外の人に与える影響を強く意識している点も重要です。法があるからそれを守らなければならないのではなく，法が社会をよくするための道具であるという点こそ，アメリカ法の最大の特色といえるように思います。

授業の終わりに

　英米法，あるいはアメリカ法の教科書・概説書としては以下のようなものがあります。本書はそれらへの架け橋となるものです。

　　①田中英夫『英米法総論上下』（東京大学出版会・1980 年）
　　②伊藤正己＝田島裕『英米法』（筑摩書房・1985 年）
　　③望月礼二郎『英米法』（新版・青林書院・1997 年）
　　④砂田卓士＝新井正男編『英米法原理』（補訂版・青林書院・1992 年）
　　⑤矢頭敏也編『英米法序説』（敬文堂・1997 年）
　　⑥丸山英二『入門アメリカ法』（第 2 版・弘文堂・2009 年）
　　⑦伊藤正己＝木下毅『アメリカ法入門』（第 4 版・日本評論社・2008 年）
　　⑧木下毅『アメリカ法入門・総論』（有斐閣・2000 年）

　本書は，これらと異なり，私が行っている授業をできるだけそのまま伝える形で，英米法，とりわけアメリカ法の入門書としたものです。英米法というのはあまりにも対象が広いために，ともすると大海の中でおぼれてしまいそうになります。そこで授業の仕方もさまざまに工夫しなければなりません。私の授業にも他の人と異なるユニークさがあり，他方で共通する部分もあると思います。今後，そう何度も授業をすることができるわけでもないと

思うようになり，英米法，とりわけアメリカ法の面白さを伝える
ためには，このような入門書もあってよいのではないかと考えま
した。これをきっかけとして先に掲げた書物に進んだり，さらに
個別の領域での研究書に進まれる読者がいてくれたらありがたい
と思います。

　アメリカ法に関する個別領域の書物としては，たとえば次のよ
うなものがあります。

　　①松井茂記『アメリカ憲法入門』（第6版・有斐閣・2008年）
　　②浅香吉幹『アメリカ民事手続法』（第2版・弘文堂・2008年）
　　③黒沼悦郎『アメリカ証券取引法』（第2版・弘文堂・2004年）
　　④カーティス・J・ミルハウプト編『米国会社法』（有斐閣・2009年）
　　⑤村上政博『アメリカ独占禁止法』（第2版・弘文堂・2002年）
　　⑥宇賀克也『アメリカ行政法』（第2版・弘文堂・2000年）
　　⑦中窪裕也『アメリカ労働法』（弘文堂・1995年）
　　⑧樋口範雄『アメリカ契約法』（第2版・弘文堂・2008年）
　　⑨樋口範雄『アメリカ不法行為法』（弘文堂・2009年）
　　⑩樋口範雄『アメリカ代理法』（弘文堂・2002年）
　　⑪樋口範雄『アメリカ信託法ノートⅠ・Ⅱ』（弘文堂・2000年，2003
　　　年）

　　　　　　　＊　　　　　　＊　　　　　　＊

　本書がなるにあたっては多くの人のお世話になりました。これ
まで授業に参加してくれていろいろと示唆してくれた学生の人た
ちが第一ですが，2009年の授業では特に佐藤智晶さんの助力が
ありました。また，岩田太さん，溜箭将之さん，萬澤陽子さん，

織田有基子さん，加毛明さんには原稿段階で貴重なご助言を受け
ました。有斐閣の鈴木淳也さんには，『法学教室』での連載以来
のおつきあいでさまざまにお世話になりました。記してお礼申し
上げます。

　　2009 年 12 月

　　　　　　　　　　　　　　　　樋 口 範 雄

判例・法令索引

● 判 例 ●

Adair v. United States, 208 U.S. 161 (1908) ···251

Adkins v. Children's Hospital, 261 U.S. 525 (1923) ···························252, 253

Allgeyer v. Louisiana, 165 U.S. 578 (1897) ···251

Baldinger v. Banks, 201 N.Y.S. 2d 629 (1960) ·····································104

Bartkus v. Illinois, 359 U.S. 121 (1959) ···184

Bates v. State Bar of Arizona, 429 U.S. 1021 (1977) ····························203

Benton v. Maryland, 395 U.S. 784, 794 (1969) ····································182

Blockburger v. United States, 284 U.S. 299 (1932) ·······························181

Califano v. Jobst, 434 U.S. 47 (1977) ···257

Carey v. Population Services, Intl., 431 U.S. 678 (1977)·························259

Coppage v. Kansas, 236 U.S. 1 (1915) ···252

Cruzan v. Director, Missouri Dept. of Health, 497 U.S. 261 (1990) ·················264

Dred Scott v. Sandford, 19 How. (60 U.S.) 393 (1857) ·························237

Edenfield v. Fane, 507 U.S. 761 (1993) ··206

Eisenstadt v. Baird, 405 U.S. 438 (1972) ··259

Ellis v. D'Angelo, 253 P. 2d 675 (Cal. 1953) ·······································104

Fox v. Ohio, 46 U.S. (5 How.) 410, 435 (1847) ··································184

Garratt v. Dailey, 279 P. 2d 1091 (Wash. 1955) ··································104

Goodridge v. Dept. of Public Health, 798 N.E. 2d 941 (Mass. 2003) ··············257

Griswold v. Connecticut, 381 U.S. 479 (1965) ······································254

Hadley v. Baxendale, 9 Exch. 341, 156 Eng. Rep. 145 (1854) ····················54

Hamer v. Sidway, 124 N.Y. 538, 27 N.E. 256 (1891) ····························60

Hattori v. Peairs, 662 So. 2d 509, 513 (La. App. 1 Cir. 10/6/95) ····················162

Hattori v. Peairs, 666 So. 2d 322 (La. 1/12/96) ·····································162

Hawkins v. McGee, 146 A. 641 (N.H. 1929) ··57

Heath v. Alabama, 474 U.S. 82 (1985) ···185

Hernandez v. Robles, 7 N.Y. 3d 338 (2006) ···257

Jacobson v. Massachusetts, 197 U.S. 11 (1905) ····································263

Jersey City Medical Center v. Halstead, 169 N.J. Super. 22, 404 A. 2d 44 (1979)

··142

Katko v. Briney, 183 N.W. 2d 657 (Iowa 1971) ·······································107

Lochner v. New York, 198 U.S. 45 (1905) ·······································241, 251

Loving v. Virginia, 388 U.S. 1 (1967)···257

Lucy Webb Hayes National Training School v. Geoghegan, 281 F. Supp. 116
(D.D.C. 1967) ···141

Marbury v. Madison, 1 Cranch (5 U.S.) 137 (1803) ····························38, 232

Mills v. Wyman, 20 Mass. (3 Pick.) 207 (1825) ·······························59

Moore v. City of East Cleveland, 431 U.S. 494 (1977) ·······················258

Moore v. Illinois, 55 U.S. (14 How.) 13, at 19 (1852) ······················184

Morehead v. New York ex rel. Tipaldo, 298 U.S. 587 (1936) ·················252

North Carolina v. Pearce, 395 U.S. 711 (1969)································181

Ohralik v. Ohio State Bar Assn., 436 U.S. 447 (1978) ·····················206

Parham v. J.R., 442 U.S. 584 (1979) ··263

Pelman v. McDonald's Corp., 237 F. Supp. 2d 512 (S.D.N.Y. 2003) (Pelman I)
··129

Pelman v. McDonald's Corp., No. 02 Civ. 7821 (RWS), 2003 WL 22052778, 2003
U.S. Dist. LEXIS 15202 (S.D.N.Y. 2003) (Pelman II)·······················130

Pelman v. McDonald's Corp., 396 F. 3d 508 (2d Cir. 2005) (Pelman III) ·········130

Pelman v. McDonald's Corp., 396 F. Supp. 2d 439 (S.D.N.Y. 2005) (Pelman IV)
··130

Pelman v. McDonald's Corp., 452 F. Supp. 2d 320 (S.D.N.Y. 2006) (Pelman V)
··130

People v. Belcher, 520 P. 2d 385, 390-391 (Cal. 1974) ·····················189

People v. Belge, 372 N.Y.S. 2d 798 (1975), 376 N.Y.S. 2d 771 (1975) ···········209

People v. Bellacosa, 54 Cal. Rptr. 3d 691 (2007) ····························190

People v. Lo Cicero, 200 N.E. 2d 622, 623-624 (N.Y. 1964) ·················187

Pietros v. Pietros, 638 A. 2d 545 (R.I. 1994) ································144

Planned Parenthood of Southeastern Pennsylvania v. Casey, 505 U.S. 833 (1992)
··261

Roe v. Wade, 410 U.S. 113, 153 (1973) ··259

Spaulding v. Zimmerman, 116 N.W. 2d 704 (Minn. 1962) ···················211

State v. Aune, 363 N.W. 2d 741, 746 (Minn. 1985) ··························189

State v. Mayer, 356 N.W. 2d 149, 151 (N.D. 1984) ························188

Stenberg v. Carhart, 530 U.S. 914 (2000) ······································262

Strauss v. Horton, Cal. Sup. Ct. May 26, 2009 ································257

Surroco v. Geary, 3 Cal. 69 (1853) ···116

Troxel v. Granville, 530 U.S. 57（2000）……………………………………258

United States v. Carolene Products Co., 304 U.S. 144（1938）, at 152-153 n. 4 …254

United States v. Dixon, 113 S. Ct. 2849, 2856（1993）……………………………181

United States v. Lanza, 260 U.S. 377, 385（1922）　………………………………185

United States v. Lopez, 514 U.S. 549（1995）　…………………………………226

United States v. Morrison, 529 U.S. 598（2000）…………………………………226

Vacco v. Quill, 521 U.S. 793（1997）　……………………………………………264

Van Camp v. McAfoos, 156 N.W. 2d 878（Iowa 1968）…………………………96

Washington v. Glucksberg, 521 U.S. 702（1997）…………………………………264

Washington v. Harper, 494 U.S. 210（1990）………………………………………263

West Coast Hotel Co. v. Parish, 300 U.S. 379（1937）……………………………252

White v. Benkowski, 37 Wis. 2d 285, 155 N.W. 2d 74（Wis. 1967）………………37

Wilson v. State, 383 N.E. 2d 304, 305-306（Ind. 1978）…………………………187

Zablocki v. Redhail, 434 U.S. 374（1978）　………………………………………257

● 法 令 ●

アメリカ合衆国憲法第 3 編第 2 節第 3 項 ……………………………………168

アメリカ合衆国憲法第 1 修正 …………………………………………………204

アメリカ合衆国憲法第 5 修正 …………………………………168, 178, 240, 248

アメリカ合衆国憲法第 6 修正 …………………………………………………168

アメリカ合衆国憲法第 7 修正…………………………………………30, 140, 168

アメリカ合衆国憲法第 13 修正…………………………………………………230

アメリカ合衆国憲法第 14 修正…………………………………………204, 241, 248

ユース禁止法（Statute of Uses）………………………………………………152

事項索引（和文・欧文）

あ 行

青山善充 ……………………………52
アダムズ……………………………233
アメリカン・ドリーム………120, 200
違憲審査 ……………38, 226, 231, 266
遺言執行者 …………………………61
遺産管理人 …………………………61
医師患者関係 ………………………19
慰謝料 ………………………43, 103
一事不再理 ……………………… 178
一般評決……………………………173
違約罰 ………………………………85
イングランド法………………………146
インジャンクション………141, 154, 199
インフォームド・コンセント
　……………………………57, 260, 263
疑わしきは罰せず………………176, 182
ADR ………………………………15
エクイティ…………………28, 85, 140, 219
　──の結晶化 …………………153
　──の裁判所 …………………151
　──の補充性 …………………152
エクイティ上の訴状 　…………152
エクイティ上の養子縁組 …………144
王国の一般慣習………………………148
王座裁判所……………………………149
親子関係………………………………144

か 行

カーン………………………………121
開示………………………26, 97, 130, 133

回復しがたい損害…………………143
過失責任主義 …………………92, 117
過失相殺 ………52, 109, 111, 113, 124
過失による不法行為…………………118
がん告知 ……………………………18
危険の引受け………………………110
起訴陪審 …………………………167, 192
脚注4 ………………………………254
強制執行手続………………………155
共有財産制 …………………………219
緊急避難 ……………………………116
禁酒法 ………………………………184
クロムウェル………………………153
刑事陪審………………………………168
契約社会 ……………………………21
契約書 ………………………………10
契約の自由………72, 92, 244, 251, 253
契約を破る自由………………………67, 73
ケースブック ………6, 95, 112, 116
欠席判決 ……………………………28
厳格審査……………243, 250, 253, 260
検察官起訴…………………………167
検察審査会…………………………193
故意による不法行為…………104, 112
合憲性の推定………………………204
公用収用……………………………225
合理性審査………204, 253, 257, 264
効率性 ………………………………64
効率的契約違反……………………75, 81
子どもの不法行為………………42, 97
個別評決……………………………173

コモン・ロー……2, 30, 55, 77, 83, 84, 85,
　　　103, 135, 140, 168, 218
　　——の裁判所…………………149
婚約違反 ………………………45

さ 行

サーシオレイライ………………205
最高法規……………………223, 231
裁判員制度………………………157
裁判管轄権………………………131
裁判所抱込み策…………………252
裁判所侮辱……………152, 155, 159
財務府裁判所……………………149
3 審制 …………………………34
シェイズ，ダニエル……………221
シェイズの乱……………………221
ジェファソン………………216, 233
死刑………………………………169
自己決定権 …………256, 260, 262
自己責任…………68, 88, 128, 136, 137
事後法の禁止……………………191
事実審 …………………………29
事実審理 ………………………25
自然債務…………………………71
自然的正義………………………237
しつけ……………………………113
失踪宣告…………………………4
実体的デュー・プロセス……243, 248
私的自治の原則 …………………92
死ぬ権利…………………………264
司法消極主義………………244, 266
司法取引…………………………188
州権派………………221, 232, 245
集合訴訟…………………………129
州際通商条項………………225, 251
州籍相違事件………133, 205, 227, 239

十分な信頼と信用………………223
受益者……………………………152
熟慮機能 ………………………68
受託者……………………………152
守秘義務……………158, 177, 210
巡回制度…………………………149
商業的言論………………………204
証言録取書 ……………………97
証拠の優越…………………118, 163
小陪審……………………………168
植物状態…………………………264
職務執行令状……………………234
人権規定…………………………223
人種差別…………………………165
信託…………………………151, 153
信認関係…………………………209
神判………………………………147
人民間訴訟裁判所………………149
ストーン…………………………254
制限的土地利用約款 ……………22
成功報酬……………………126, 203
制裁の慰謝料 …………………27
誠実協議条項……………………20
精神的損害……………………43, 85
製造物責任…………………121, 122
正当防衛……………………113, 164
成文法主義………………………47
説示…………………………25, 32
説明義務 ………………………19
ゼンガー，ピーター……………167
1937 年の憲法革命 ……………253
宣言の判決 ……………………35
宣誓免責…………………………147
先例………………………………45
贈与………………………………65
訴訟開始令状……………………150

277

事項索引

訴訟方式……………………115, 150
ソトマイヨール, ソニア……………197
損害の公平な塡補 ……………95, 109
損害賠償 ……………………………39
損害賠償額の予定条項…………15, 85

た 行

代替的紛争解決（ADR）……………15
大陪審……………167, 168, 192, 266
代表なければ課税なし……………215
大法官………………………………150
大法官府……………………………150
大陸会議……………………………215
田中英夫……………………………5, 115
たばこ訴訟…………………………136
治安判事……………………………234
忠実義務……………………………211
長男子単独相続……………………151, 219
懲罰的損害賠償………25, 27, 75, 77, 84,
　　　　　　　107, 113, 119, 124
治療拒否権…………………………263
通常損害……………………………85, 87
データ・ベース ……………………38
手続的デュー・プロセス……………249
デュー・プロセス条項
　………204, 240, 242, 248, 251, 265
同性婚………………………………257
トーニ………………………………240
特別失踪………………………………4
特別損害……………………………85, 88
独立宣言……………………………216
ドッブズ……………………………76, 95
奴隷解放宣言………………………241
奴隷制………………………………229, 238

な 行

二重の危険…………………………178
二重ユース…………………………153
日本人の法意識 ……………………76
妊娠中絶の自由……………………259
熱鉄神判……………………………147
ノルマン人の征服…………………148

は 行

陪審…………………………………122
陪審審理………25, 30, 43, 107, 116, 124,
　　　　　133, 140, 144, 159, 162, 183
陪審制………………143, 150, 156, 157
陪審選考手続………………………169
陪審長………………………………159
陪審の評決…………………………25, 33
敗訴者負担 ………………………35, 203
ハウスマン, ジョン ………………57
服部君事件…………………………161
ハミルトン…………………………233
判例法主義…………………47, 97, 140
表現の自由…………………………204, 265
平等保護条項………………255, 256, 264
ファーンズワース ………56, 78, 86
フィールド…………………………187
物権法定主義 ………………………22
不法侵害……………………………141
不法な条件 …………………………66
扶養請求……………………………144
プライバシー…………11, 54, 207, 256
ブラックストン……………………153, 219
プランニング ………………15, 86, 93
プロッサー …………………………95
ペーパー・チェイス ………………56
弁護過誤 ……………………………99

弁護士広告……………………205
弁護士費用 ……………35, 75, 85
弁護士倫理……………………203
ベンサム………………………153
ヘンリー，パトリック…………215
法曹一元……………………196, 212
法曹倫理……………………206, 209
妨訴抗弁 ………………………98
法典編纂運動…………………187
法と経済学 ……………………81
訪問面会権……………………258
法律の合憲性…………………253
ホーウィッツ…………………246
ホームズ……………78, 93, 198, 244
星野英一………………………52
ボストン茶会事件…………167, 215

ま　行

マーシャル ……………………232
マクドナルド・コーヒー事件…120, 166
マクドナルド・肥満訴訟…………128
三浦事件………………………178
ミズーリ妥協法………………239
民事陪審 ……………………31, 168, 266
無過失責任 ……………………36
メイトランド…………………115
名目的損害賠償……………25, 32, 113
黙秘権…………………………210

や　行

約因……………………………53, 58

——の相当性 …………………72
約因法理 ………………………56
養子縁組………………………144
よきサマリア人 ………………63
抑止……………………………113

ら　行

ライマン………………………121
ラムザイヤー，マーク…………170
リーガル・リアリズム…………79, 94
リステイトメント ……48, 56, 69, 106
立法改革運動…………………153
理由ある忌避…………………169
理由不要の忌避………………169
隣人訴訟……………………24, 50
令状制度………………………150
レポーター ……………………38
連合規約………………………221
連邦制度……………132, 183, 245
連邦派………………221, 232, 245
連邦民事訴訟規則 ……………28
連邦問題………………………227
連邦問題事件…………………205
ロー・スクール…6, 10, 38, 41, 56, 76, 95,
　　　106, 110, 112, 196, 202, 210
ロクナー時代…………………241, 251
六本佳平 ………………………52
ロス疑惑………………………178

わ　行

ワシントン……………………233

欧 文

A

Adams, John ·······························233
administrator ·······························61
alternative dispute resolution ········15
ambulance chaser ·····················206
Articles of Confederation ···········221
assault ·····························114, 239
assize ·····································150
assumpsit ·································150
assumption of risk ····················110
authority ··································46

B

bargain·····································64
battery ····································114
Bentham, Jeremy······················153
beyond a reasonable doubt
·······························163, 176, 195
bilateral contract ·····················70
bill ·······································152
Bill of Rights ····························223
Blackstone, William ············153, 219
Blockburger test ·····················181
Boston Tea Party·················167, 215

C

casebook ····································6
certiorari ·································205
challenge for cause ··················169
Chancellor ·······························150
Chancery ·································150
charge ····································32
Cheeseburger bill·····················134

chilling effect ····························158
circuit system ···························149
Civil War amendments ··············241
class action ·····························129
commerce clause ······················225
commercial speech ····················204
common law ···············2, 47, 106, 148
community property ··················219
compurgation ···························147
consideration···························53, 58
Constitutional Revolution of 1937 ···253
contempt of court ·············152, 155
Continental Congress ················215
contingent fee ···················126, 203
Court of Common Pleas ·············149
Court of Exchequer····················149
Court of King's Bench················149
court packing plan ····················252
crystallization of equity ·············153
Curia Regis ·····························149

D

damages ····································39
debt··150
declaratory judgment ················35
demurrer ··································98
deposition··································97
deterrence····························105, 113
discipline ·································113
discovery ·····················26, 130, 133
diversity case ·····················205, 227
diversity of citizenship ···133, 205, 239
Dobbs, Dan B ·····················76, 95
double jeopardy ·······················179

dual sovereignty doctrine ···········184	Horwitz, Morton J. ·····················246
due process of law ····················240	Houseman, John ····························57

E

efficiency ································64	
efficient breach·······················75, 81	
eminent domain ·······················225	
equitable adoption ····················144	
equity ·································28	
escheat ·································151	
executor ································61	

F

Farnsworth, E.A. ·····················78	
fault principle ·····················93, 117	
federal question ·····················227	
federal question case ················205	
Federalists·······························221	
feudal incidents ·····················151	
Field, David Dudley·····················187	
fiduciary relation ····················209	
forms of action ··················115, 150	
Four person's rule ····················206	
full faith and credit ·················223	

G

general custom of the land···········148	
general damages ·······················85	
general verdict ·························173	
grand jury ························167, 168	

H

Hadley rule ·····························54	
Hamilton ·······························233	
Henry, Patrick ·························215	
Holmes, Jr., Oliver Wendell···········78	

I

indictment ······························167
information ····························167
injunction ······························141
instruction ···························25, 32
interstate commerce clause ········225
irreparable harm ·······················143

J

Jefferson, Thomas ·············216, 233
judgment by default ····················28
judgment-proof ·························100
jurisdiction································131
jury system ·····························157
jury trial ································30
justice of the peace ····················234

K

Kahn, Douglas ·························121

L

lame-duck session ····················234
law and economics························81
law school ································6
legal ethics ····························209
legal malpractice ·······················99
Lexis·····································38
limited government ····················225
liquidated damages ················15, 85
Lochner era ····························241
Louisiana purchase ····················238

M

Maitland, Frederic William ········115
mandamus ································234
Marshall, John ··························232
midnight judge ··························234
Missouri Compromise Act ··········239
motion to dismiss for failure to state
 a claim ·····························29, 98

N

National Reporter System ···········38
natural justice ·························237
necessary and proper clause ········226
necessity ································116
negligence ······························118
No taxation without representation
 ···215
nominal damages ·················32, 113
Norman Conquest ·····················148
notice and hearing ·············237, 250

O

original writ ····························150

P

penalty ··································85
peremptory challenge ················169
performance planning ·················16
personal autonomy ····················256
Petite Policy ····························186
petty jury ································168
precedent································45
preponderance of evidence ···118, 163
preventive law ··························14
primogeniture ··························151

procedural due process ··············249
product liability ·······················123
professional responsibility ···········209
Prosser, William Lloyd ················95
punitive damages ················27, 113

R

Ramseyer, J. Mark ····················170
rational basis test·····················253
Reimann, Mathias ····················121
relief ·····································151
Republicans ····························221
Restatement ·······················48, 106
restrictive covenant ····················22
risk planning ····························16
risk-averse································102

S

same sex marriage ····················257
selective incorporation ···············266
self-defense ·····························113
Shays, Daniel·····························222
Sotomayor, Sonia ·····················197
special damages ·························85
special verdict ·························173
Statute of Uses···························152
Stone, Harlan F. ·····················254
strict scrutiny ·························250
substantive due process ·········243, 249

T

Taney, Roger ··························240
three strikes law ·····················190
trespass ·······················115, 141, 150
trial ·······································25
trial court ·······························29

trust ·······························151, 153

U

unenforceable ·······························71
unilateral contract ·······················70
use ···151
use upon use ······························153

V

verdict ·······························25, 33
visitation ·······························258
voir dire ·······························169

W

wager of law ·······························147

wardship ·······························151
Washington, George·······················233
Westlaw ·······························38
win-win game ··············17, 21, 64, 87
writ system ·······························150

Y

yellow dog contract ·····················251

Z

Zenger, John Peter ·····················167
zero-sum game ··························17
zoning·······························258

●著者紹介

樋 口 範 雄（ひぐち　のりお）

1951年　新潟県生まれ
現　在　東京大学大学院法学政治学研究科教授

〔主な著書〕
『親子と法──日米比較の試み』（弘文堂・1988年）
『フィデュシャリー［信認］の時代──信託と契約』（有斐閣・1999年）
『医療の個人情報保護とセキュリティ──個人情報保護法とHIPAA法』
　（共編，第2版・有斐閣・2005年）
『医療と法を考える──救急車と正義』（有斐閣・2007年）
『入門・信託と信託法』（弘文堂・2007年）
『アメリカ契約法』（第2版・弘文堂・2008年）
『続・医療と法を考える──終末期医療ガイドライン』（有斐閣・2008年）
『アメリカ不法行為法』（弘文堂・2009年）

はじめてのアメリカ法
Inspiring American Law

2010年2月20日　初版第1刷発行

著　者	樋　口　範　雄	
発行者	江　草　貞　治	
発行所	株式会社 有　斐　閣	

東京都千代田区神田神保町2-17
電話（03）3264-1314〔編集〕
　　（03）3265-6811〔営業〕
郵便番号 101-0051
http://www.yuhikaku.co.jp/

印刷・株式会社精興社／製本・大口製本印刷株式会社
© 2010, Norio Higuchi. Printed in Japan
落丁・乱丁本はお取替えいたします。
★定価はカバーに表示してあります。
ISBN 978-4-641-04804-1

JCOPY 本書の無断複写（コピー）は，著作権法上での例外を除き，禁じられてい
ます。複写される場合は，そのつど事前に，（社）出版者著作権管理機構（電話03-
3513-6969，FAX03-3513-6979，e-mail:info@jcopy.or.jp）の許諾を得てください。